고린도후서

어떻게 설교할 것인가

두란노 HOW주석 시리즈 41

고린도후서 어떻게 설교할 것인가

엮은이 | 목회와신학 편집부

펴낸곳 | 두란노아카데미
등록번호 | 제302-2007-00008호
주소 | 서울시 용산구 서빙고로 65길 38 두란노빌딩

편집부 | 02-2078-3484   academy@duranno.com http://www.duranno.com
영업부 | 02-2078-3333   FAX 080-749-3705
초판1쇄발행 | 2007. 11. 6. 개정판1쇄발행 | 2009. 12. 1.   9쇄 발행 | 2022. 4. 12

ISBN 978-89-6491-091-7   04230
ISBN 978-89-6491-045-0   04230(세트)

두란노아카데미는 두란노의 '목회 전문' 브랜드입니다.

고린도후서

어떻게 설교할 것인가

• 목회와신학 편집부 엮음 •

두란노 HOW 주석

HOW
COMMENTARY
SERIES
41

두란노아카데미

설교는 목회의 생명줄입니다

설교는 목회의 생명줄입니다. 교회 공동체를 향한 하나님의 음성입니다. 그래서 목회자는 설교에 목숨을 겁니다. 하나님의 말씀을 가감 없이 전하기 위해 최선을 다합니다.

이번에 출간한 「두란노 HOW주석 시리즈」는 한국 교회의 강단을 섬기는 마음으로 설교자를 위해 준비했습니다. 「목회와신학」의 별책부록 「그말씀」에 연재해온 것을 많은 목회자들의 요청으로 출간한 것입니다. 특별히 2007년부터는 표지를 새롭게 하고 내용을 더 알차게 보완하는 등 시리즈의 질적 향상을 추구하였습니다. 독자 여러분의 끊임없는 관심과 격려를 부탁드립니다.

「두란노 HOW주석 시리즈」는 성경 본문에 대한 주해를 기본 바탕으로 하면서도, 설교에 결정적으로 중요한 '적용'이라는 포인트를 놓치지 않았습니다. 또한 성경의 권위를 철저히 신뢰하는 복음주의적 관점을 견지하고자 노력했습니다. 또한 성경 각 권이 해당 분야를 전공한 탁월한 국내 신학자들에 의해 집필되었습니다.

학문적 차원의 주석서와는 차별되며, 현학적인 토론을 비껴가면서도 고밀도의 본문 연구와 해석이 전제된 실제적인 적용을 중요시하였습니다.

이 점에서는 목회자뿐만 아니라 성경공부를 인도하는 평신도 지도자들에게도 매우 귀중한 지침서가 될 것입니다.

오늘날 교회에게 주어진 사명은 땅 끝까지 이르러 예수 그리스도의 복음을 전파하는 것입니다. 사도행전적 바로 그 교회를 통해 새롭게 사도행전 29장을 써나가는 것입니다. 이 시리즈를 통해 설교자의 영성이 살아나고, 한국 교회의 강단에 선포되는 말씀 위에 성령의 기름부으심이 넘치기를 바랍니다. 이 땅에 말씀의 부흥과 치유의 역사가 일어나고, 설교의 능력이 회복되어 교회의 권세와 영광이 드러나기를 기도합니다.

바쁜 가운데서도 성의를 다하여 집필에 동참해 주시고, 이번 시리즈 출간에 동의해 주신 모든 집필자들에게 이 자리를 빌어 감사의 뜻을 전합니다.

두란노서원 원장

contents *

발간사

I. 배경연구

II. 본문연구

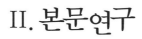

I. 배경연구

01

고린도후서의 구조와
신학적 주제들

고린도후서의 구조와 내용요약

고린도후서는 크게 세 부분으로 나눌 수 있다. 진정한 사도성에 대해 설명하면서 바울이 자신의 사도권을 변호하고 고린도 교회와의 불편한 관계를 회복하려고 시도하는 1~7장, 가난한 예루살렘 교회를 돕는 모금사업을 성공적으로 수행하려고 고린도 교인들의 참여를 촉구하는 8~9장, 자신을 비판하는 대적자들과 그들에게 설득당한 고린도 교회를 향해 그들이 도전한 자신의 사도권을 변호하는 10~13장이 그것이다.

그런데 이 세 부분에서 다루는 주제와 수사적 어감이 다른 것을 볼 수 있다. 7장에서 8장 그리고 9장에서 10장으로 넘어가는 부분의 문맥적 연결이 부드럽지 않고 주제들도 갑자기 바뀌는 것을 발견할 수 있다. 로마서나 갈라디아서 서신과는 달리 고린도후서 내에서 일관성 있는 통합적 주제와 그에 따른 조직적인 구조를 발견하기란 쉽지 않다.

그러므로 어떤 학자들은 고린도후서는 통일된 하나의 서신이 아니라 두 개 또는 그 이상의 편지로 구성되어 있다고 주장한다.[1] 그러나 필자는 고린도후서가 통일된 하나의 편지로 기록되었다고 보고[2] 주요 단원의 배경과 내용을 간략하게 소개하면서 이 서신의 구조를 개괄적으로 살펴보고자 한다.

1. 성도의 삶(1~7장)

바울은 고린도 교인들에게 인사말을 한(1:1~2) 후에 아시아에서 당한 환난에서 자신을 구해 주신 하나님께 감사를 드린다(1:3~11). 고린도 교인들의 신앙과 삶 때문이 아니라 바울 자신의 경험을 인하여 하나님께 감사드리는 사실이 특이하다. 이 문단에 나오는 고난이라는 주제는 이 서신의 주요 주제며 이 서신을 이해하는 해석적 열쇠의 기능을 가진다.

이어서 바울은 고린도 교인과 자신 사이에 발생한 오해와 갈등의 문제를 해결하려고 시도한다(1:12~2:13). 고린도 교회를 방문하려던 바울의 본래 계획이 변경되어 고린도 교인들과의 관계가 불편해졌던 바울은 자신을 변덕스럽고 불신실한 사람이라는 그들의 비판에 대해 여행계획이 변경된 정당한 이유를 설명한다(1:12~24).

그는 자신을 신랄하게 비판하여 마음을 아프게 한 무례한 일부 고린도 교인들을 막상 만나면 혹독하게 대함으로 상처를 줄까 봐 고린도 교회를 방문하는 대신 편지를 보낸 것이다(2:1~4). 그리고 그가 앞서 보낸 편지로 인해 고린도 교회로부터 징계와 치리를 받아 고통받는 사람에게도 자신은 이미 용서하였으니 고린도 교인들도 그를 용서하라고 부탁한다(2:5~11). 또한 마케도니아로 가는 동안 일어난 일들과 그가 보낸 편지에 대한 고린도 교회의 반응을 디도를 통하여 듣기를 간절히 사모했지만 듣지 못하고 마케도니아로 갔던 사실을 적는다(2:12~13).

그러고 나서는 갑자기 2:14부터 바울은 자신의 사도성과 복음 전도자로서의 실존에 대해 이야기함으로써 자신이 진정한 사도임을 강변하고 고린도 교회와의 힘든 관계를 화목한 관계로 회복하려고 한다. 자신을 그리스도의 포로며, 그리스도의 향기며, 그리스도의 종으로서 순전하게 하나님의 말씀을 전하는 자로 이해하면서 자신의 독특한 사도성을 설명한다(2:14~17). 자신의 진정한 사도성을 고린도 교인들이 증명한다고 주장하는 것이다(3:1~3).

또 자신을 하나님의 새 언약의 일꾼으로 소개하면서 하나님께서 자신을 통하여 역사하고 계심을 주장한다. 모세와 비교하면서 율법의 직분보다 훨씬 더 영광스러운 영의 직분(즉 새 언약의 직분)을 수행하는 자신이야말로 진정한 하나님의 일꾼임을 강변하는가 하면(3:4~18), 자신은 영의 직분을 수행하는 하나님의 일꾼이므로 낙심하지 않고 순전함으로 사역하며 그리스도의 복음을 전파한다고 말한다(4:1~7). 또 그는 하나님의 일꾼으로 복음을 전할 때 당하는 고난조차도 자신을 절망하게 못하며 죽음의 위험 가운데서도 부활의 소망을 가지고 하나님의 영광을 위하여 사역한다고 말한다(4:8~18).

실제로 바울은 비록 육신은 썩어져 사라지지만 하늘의 장막, 즉 부활의 영체를 덧입을 것을 사모하며 그 소망의 보증으로 성령을 주신 하나님을 기쁘시게 하는 삶을 살아갔다(5:1~10). 이러한 삶의 목적을 가진 바울의 마음을 고린도 교인들이 잘 알아 주기를 바라며 "마음으로 하지 않고 외모로 자랑하는" 그의 대적자들을 대항하여 사람을 육체대로 판단하지 말고 하나님의 화해 역사를 통해 주어진 새 창조의 관점으로 바라보아야 한다고 주장한다(5:11~21).

이어 바울은 자신이 고난과 하나님의 능력 가운데 전한 복음을 고린도 교회가 받아들이며, 소원해진 자신과의 관계를 다시 회복할 것을 요청한다(6:1~13). 즉 복음을 거역하는 자들을 떠나 자신과 교제를 가지며 세속적 가치관과 이교적 삶에 물든 사람과는 구별되어 청결한 삶을 살 것을 강조한다(6:14~7:1).[3] 고린도 교인들에게 순수한 마음으로 동고동락 하려는 자신의 마음을 전하면서 마음의 문을 열고 자신과 화목할 것을 요청한 것이다(7:2~4).

그리고 2:14~7:4에서 본론에서 벗어난 이야기를 한 후 다시 디도를 만난 사건과 바울에 대한 고린도 교인들의 신실함과 죄를 범한 사람의 회개에 대한 소식 그리고 디도를 환대한 고린도 교인들의 태도로 인한 자신의 기쁨을 이야기한다(7:5~16).

2. 연보의 모범(8~9장)

어떤 학자들은 1~7장과 8~9장은 다른 편지의 내용인데 나중에 편집되어 합쳐진 것으로 이해한다. 비록 두 부분이 독립적인 주제를 다루기는 하지만 하나의 연결된 서신으로 보는 것이 옳다.

1~7장에서 다룬 주제와는 달리 8~9장에서 바울은 가난한 예루살렘 교회를 돕는 모금사업에 고린도 교인들이 적극적으로 동참할 것을 요청한다. 헌금을 독려하기 위하여 마케도니아 교회의 모범을 소개하기도 하고(8:1~5), 예수 그리스도의 희생의 모범을 말하면서 가난한 성도들과의 공동체적 나눔을 위해 그들이 이미 시작한 헌금을 완수할 것을 이야기한다(8:6~15). 그리고 이 사역의 실행을 위해 디도와 한 동역자를 소개하며 추천한다(8:16~24). 바울은 마케도니아 교회에 고린도 교회의 모범을 소개하여 그들이 모금사업에 참여할 것을 독려하였다고 말하면서 고린도 교회의 모범을 자랑한 것이 헛되어 자신이 부끄러움을 당하지 않기를 요청한다(9:1~4). 그리고 하나님은 즐겨내는 자를 사랑하시고 축복하신다고 말하면서 자발적이고 준비된 연보를 할 것을 격려한다(9:5~15).

3. 약함으로 인한 자랑(10~13장)

어떤 주석가들은 세 번째 부분에 해당하는 10~13장이 1~9장과 다른 편지며 후대의 편집자에 의해 고린도후서에 삽입된 것이라고 주장한다. 물론 두 부분 사이에 주제와 어조의 차이가 있어 이러한 주장을 뒷받침하는 것처럼 보이지만 하나의 통일된 편지로 보는 것이 더 옳다.

이 부분은 바울이 편지를 쓰는 중에 고린도 교회의 새로운 문제에 대한 소식을 듣고 이것을 10~13장에서 해결한 내용이라 할 수 있다. 어떤 유대인들이 고린도 교회로 침투하여 다른 예수와 다른 영과 다른 복음을 전하면서 바울이 진정한 사도가 아니라고 주장하고 바울을 험담하였다. 이 문제에 대해 바울은 그의 사역의 동기의 순수성과 그리스도의 사도로서의 권위를 주장한다(10:1~18). 바울은 그의 대적자들이 그리스도를 향한 고린도 교회의 헌신을 방해했음을 지적하면서 그들이 전하는 내용과 그들의 수사적 기술을 비판한다(11:1~15).

또한 자신의 웅변 능력 부족과 권위를 행사하지 못하는 무능력에 대한 대적자들의 비판에 대해서도 반박한다. 더 나아가 대적자들이 제시하는 여러 사도의 권위와 자격 조건들을 기준으로 하더라도 자신이 그들과 비교하여 조금도 부족하지 않은 진정한 사도임을 강변한다(11:16~12:13). 영적인 은사와 체험을 가진 사도지만 오히려 진정한 사도의 표로서 자신의 약함과 고난을 자랑한다.

이어서 바울은 고린도 교회를 방문하면 폐를 끼치지 않을 것이며 음란의 죄를 범하는 자들에게만 자신의 사도적 권위를 행사함으로 그리스도가 자신을 통하여 역사하심을 그들이 알게 될 것을 말한다(12:14~13:10). 그리고 앞의 어조와는 달리 따뜻하고 부드러운 마지막 인사와 함께 축복을 기원한다(13:11~13).

4. 간략한 구조

A. 인사말(1:1~2)
B. 본론(1:3~13:10)
    a. 감사 기도문(1:3~11)
    b. 바울과 고린도 교회 사이의 오해와 갈등의 문제 해결(1:12~2:13)
    c. 복음 전도자로서의 실존과 사도성(2:14~7:4)
    d. 화해로 인한 기쁨(7:5~16)
    e. 가난한 예루살렘 교회를 돕는 모금사업(8:1~9:15)
    f. 바울에 대한 고린도 교인들의 순종과 열심을 독려함(10:1~18)
    g. 진정한 사도의 권위와 자격에 대한 주장(11:1~12:13)
    h. 사도적 권위의 행사에 대한 경고(12:14~13:10)
C. 마지막 인사(13:11~13)

고린도후서의 신학적 주제들

고린도후서는 로마서, 갈라디아서, 고린도전서와 함께 바울신학을 이해하는 데 중요한 서신이다(Hauptbriefe). 새 언약, 화해, 죽음, 고난, 바울의 목회적 기술 등 중요한 신학적 주제들이 고린도후서에 나온다.

그러나 고린도후서는 고린도 교인들에게 복음에 대한 조직적이고 체계적인 설명을 하기 위해 기록된 서신이 아니다. 바울은 고린도전서와 같이 고린도 교회 안에 발생한 여러 문제들을 해결하기 위해 고린도후서를 기록했다. 바울의 다른 서신들처럼 고린도후서 또한 상황적 서신(occasional letter)이라 할 수 있다. 그러므로 우리는 고린도후서에서 바울신학에 대한 전체적 조망을 가지는 것은 불가능하다. 다만 이 서신에 나타난 독특한 신학적 주제들은 취급할 수 있을 것이다.[4]

1. 하나님 아버지, 주 예수 그리스도, 성령

1) 하나님

하나님은 은혜와 평강의 원천이시며(1:2; 8:1; 9:14) 자비로우시고 위로하시는 분이시다(1:3~4; 7:6). 바울은 아시아에 당한 환난과 선교사역 가운데 겪은 고난 그리고 그의 대적자들의 훼방과 비난 속에서 위로하시고 평강을 주시는 하나님을 고린도후서에서 강조한다. 목회자는 환난과 핍박 가운데서 위로와 평강 그리고 구원을 주시는 하나님을 전적으로 의존해야 한다(1:9 참조).

하나님은 성령을 주신 분이시다(1:22; 5:5). 성령을 신자에게 보내 주심으로 생명을 보장해 주셨고(5:5) 하나님의 자녀로 삼으셨다(롬 8:15~16 참조). 이 성령체험이 구원의 보증이며 구원의 확신을 가져다 준다. 하나님은 주 예수를 다시 살리셨고(4:14) 성도들 또한 다시 살리실 것이다(1:9~10). 그러므로 복음과 예수 그리스도로 인한 환난과 죽음 앞에서 다시 살리시는 하나님을 의지하고, 두려워해서는 안 된다. 하나님은 성도들을 그리스도 안에서 견고케 하시고 그들에게 기름 부으시고(1:21) 가난한 성도를 즐거이 돕는 자들을 사랑하시며(9:7) 그들을 물질적으로 축복하시는 분이다(9:8). 찬양을 받기 합당하신(11:31) 사랑과 평강의 하나님이시다(13:11). 이 사실이 하나님께 예배와 찬양을 드려야 하는 근거다.

그런 하나님께서 사망에서 바울을 구원하셨으며(1:10) 그를 새 언약의 일꾼으로 삼으셨다(3:6). 다메섹 도상에서 바울에게 예수 그리스도의 얼굴에 있는 하나님의 영광을 아는 빛을 비춰 주신(4:6) 하나님은 하나님의 아들 예수 그리스도를 이방인들에게 전하게 하기 위해 바울을 택하시고 부르셨다(갈 1:15~16). 그러므로 바울의 복음은 예수 그리스도의 계시에 기원한다(갈 1:12 참조).

하나님은 예수 그리스도를 통하여 세상과 화목하셨으며 바울과 그의 동역자들에게 화목을 전파하는 사역을 주셨다(5:19). 하나님과 원수 된 인간을(롬 5:10) 친구와 같은 관계로 변화시키시고 죄로 말미암아 단절된 관계를 평화의 관계로 만드셨다(골 1:21~22 참조). 이 복된 화해 소식을 전파하기 위해 일꾼을 선택하시고 인간도 서로 화목하기를 희망하신다. 이 화해 소식을 널리 전파하는 사명이 목회자에게 우선적으로 주어졌다.

하나님은 인간을 의롭게 만드시기 위해 죄 없으신 예수 그리스도를 화목제물로 삼으셨고(5:21), 예수 그리스도와 성령을 통하여 인간에게 은혜를 베푸셔서 구원의 날을 도래시키셨다(6:1~2). 하나님은 그리스도와 연합하여 그리스도 안에 거하는 자들을 새로운 피조물로 만드셨고(5:17) 성령을 통하여 신자에게 생명과 자유를 주셨다. 그러므로 고린도후서에 나타난 바울신학의 중심은 예수 그리스도와 성령을 통한 하나님의 구원 역사라고 할 수 있다.

2) 예수그리스도
은혜와 평강의 원천이신 예수 그리스도는(1:2) 모든 사람을 대신하여 죽으심으로 인간을 사랑하셨다(5:14). 인류의 대표로서 죄인의 속죄를 위해 죽으심으로 인간을 향한 희생적 사랑을 나타내신 것이다. 그리스도는 하나님의 형상(4:4)으로서 하나님의 속성을 공유하시고 나타내신다. 즉 그분은 보이지 않는 하나님을 정확하게 그리고 가시적으로 나타내 보이셨다(골 1:15 참조). 또한 그리스도는 하나님과 인간 사이의 관계를 화목케 하는 중보자시다(5:18). 하늘의 부귀와 영광을 가지신 분이지만 성도가 영적인 부를 소유할 수 있도록 만들기 위해 성육신하심으로 가난해지셨다(8:9). 즉, 종 된 신자들을 하나님의 자녀로 만드시기 위해 그리스도께서 종이 되셨다(빌 2:6~7 참조). 죄인이던 신자들을 의인으로 만드시기 위해 죄 없으신 예수님이 십자가 위에서 죄인이 되신 것이다(5:21 참조). 이 같은 그리스도의 자발적이고 희생적인 낮아지심(케노시스, kenosis)을 통해 성도는 영적인 축복들을 받게 되었다.

예수 그리스도는 성도가 가난한 이웃을 돕고 성도를 섬기고 사랑하며 살아야 할 삶의 모범을 보여 주셨다. 그리고 신부 된 교회의 유일한 남편이신(11:2) 그리스도께서 교회를 사랑하시므로 신부 된 교회는 그리스도께 순종하며 순결한 신부로서의 삶을 살아야 한다. 또한 예배가 하나님께 열납되게 하는 통로며(1:20) 기도의 대상이신(12:8) 예수 그리스도는 하나님의 계시의 내용이시며(4:6) 계시를 주시는 분이시다(12:1).

3) 성령

성령은 장차 성도가 받을 기업과 부활의 보증이다(1:22; 5:5). 성령을 선물로 받은 자는 구원과 영생에 대한 분명한 확신을 가질 수 있다. 성령체험이 구원에 대한 확신의 근거가 된다. 또한 하나님께서 성령을 통하여 하나님의 법을 육의 심비에 새김으로 새 언약이(렘 31:31~34) 성취되었다(3:3). 에스겔서에 나오는 하나님의 약속이(겔 11:19; 36:26~27) 성령을 받은 성도들에게 성취된 것이다. 하나님께서 신자들과 새 언약을 맺으셔서 그들을 하나님의 백성으로 삼으셨음을 의미한다.

생명을 주지 못하고 도리어 죽이는 율법과는 달리 성령은 죽은 자를 살리신다(3:6~7; 참조 창 2:7; 겔 37:7~14; 갈 6:8). 종말적 실재인 성령의 강림을 통해 옛 언약이 무효화되고 새 언약이 성취되었으며 따라서 새로운 구원의 시대가 도래한 것이다.[5] 즉 율법의 시대는 끝나고 새 언약의 시대가 도래했으며 성령을 체험한 자는 의와 생명과 자유 그리고 그리스도의 형상으로 변화되는 영광을 소유하게 된다(3:17~18). 그러므로 성령을 체험하고 성령의 인도하심을 받는 신자는 율법의 권세 아래 있지 않고 율법과 죄로부터의 자유와 해방을 누릴 수 있다(갈 5:18 참조).

2. 목회자의 삶과 지도력

바울은 신학자인 동시에 목회자다. 고린도후서는 목회자로서의 바울의 자세와 삶에 대해 잘 증거한다. 그는 고린도 교회 성도들에게 고린도 교회를 방문할 것에 대해 해명할 때 고린도에서의 사도적 사역이 육체의 지혜가 아닌 하나님의 은혜로 이루어졌으며 자신의 유익이 아닌 고린도 교인들의 유익을 위한 것이었다고 강조한다(1:12~24). 바울은 영적 부모와 같이 고린도 교인들을 향한 넘치는 사랑(2:4; 12:15)과 넓고 열린 마음을 가지고 있었다(6:11). 그리고 부모처럼 영적 자녀 된 고린도 교인의 영적 유익을 위해 전적으로 희생하였으며(12:15) 그들을 날마다 염려하였다(11:28). 바울은 아버지처럼 고린도 교인들을 사랑으로 가르치고 훈계했다. 그는 복음을 통하여 그들의 아버지가 되었다(고후 6:13; 12:14; 참조 고전 4:15).

그는 고린도 성도들 위에 군림하지 않았으며(1:24) 순수한 목회를 하였고(7:2), 환난을 통한 고난의 삶의 모범을 보여 주었다(고후 1:3~11; 4:7~18; 6:3~10; 12:1~10). 뿐만 아니라 하나님의 말씀을 혼잡하게 하지 않고 하나님의 사도로서 진리를 순전하고 진실되게 전하였으며(2:17; 4:2), 죄를 회개하는 자를 용서하였고(2:5~10) 마귀의 궤계에 속지 않기 위한 영적 분별력을 가졌다(2:11). 오직 그리스도의 종으로서의 삶을 통하여 하나님과 그리스도에 대한 지식이 널리 알려지기를 원했다(2:14~16).

또한 바울 사도는 경제적으로 어려운 예루살렘 교회를 돕는 일에 적극 협력했다.[6] 그래서 고린도 교회에게 성도를 섬기는 일에 동참하도록 독려한다(8~9장). 고린도후서 8장에서 마케도니아 교회들의 모범과 예수 그리스도의 모범을 소개하면서 고린도 교회의 동참을 호소한다. 예루살렘 교회를 돕는 일이 전 교회의 공동체적 사업이므로 다른 교회가 하는 선한 사역에 적극적으로 동참해야 함을 강조한다. 이 헌금사업은 형제애의 표현으로서 가난한 교회를 구하는 구제사업이며 유대인 예루살렘 교회와 이방인 교회들의 하나 됨을 확인하는 상징적 사업이었다. 그리고 예루살렘 교회에게서 받은 영적인 빚을 물질적인 것으로 되갚는 보은의 행위였다(롬 15:26~27). 바울은 직접 헌금 전달단을 인솔하여(롬 15:25, 28) 예루살렘으로 가서 헌금을 전달함으로써 그 선한 사업을 완성했다(행 21:15~20 참조).

이어서 바울은 거짓 사도요 궤휼의 역군이며 그리스도의 사도로 가장하는 대적자들의 문제를 효과적으로 처리하였다(10~12장). 하나님에 대한 올바른 지식을 대적하는 그 어떤 이론과 대적들을 하나님께서 주신 사도의 권세로 파하려고 한 것이다(10:4~5). 그는 고린도 교회에 침투한 바울의 대적자들을 정면으로 비판하여 그들의 문제를 적나라하게 지적하였다. 육체를 따라 외적인 조건들을 자랑하는 거짓 사도들과는 달리 그는 그리스도와 복음을 위해 받은 고난을 자랑하고 인내와 표적과 기사와 능력 행함을 보여 줌으로써 자신이 진정한 사도임을 증명한다.

바울처럼 오늘날의 목회자는 교회에 침투하여 기독교 신앙과 삶을 훼파하려는 세력과 싸워 승리해야 한다. 외적인 조건을 내세워 목회자의 권위를 세워서는 안 되며, 그리스도의 능력이 온전히 자신 가운데 역사될 수 있도록 인내하고 겸손하며 약함을 자랑해야 한다. 이것이 고린도후서에서 목회자 바울에게서 배울 점이다.

또한 바울은 사역할 때 자신의 일을 동역자들에게 위임함으로써 동역자들을 잘 활용하였다(8:16~24; 12:16~18). 디도를 잘 훈련시켜 바울과 같은 사역자세로 그가 할 일을(모금사업) 대신하게 한다. 바울 사도가 디도와 같은 동역자에게 중요한 사역들을 위임하였던 것처럼 담임목사들 또한 부교역자들을 잘 훈련시키고 추천하여 훌륭하고 효과적인 사역을 감당할 수 있도록 해야 한다.

바울의 목회적 기술을 통하여 우리는 어떻게 교인들로 하여금 하나님께 합당한 삶을 살게 할 것인가에 대해 배울 수 있다. 첫째, 올바르고 적절한 하나님의 말씀으로 성도들을 권면해야 한다. 즉, 설교와 성경공부를 통하여 하나님을 기쁘시게 하는 삶의 원리와 방법을 친절하고 알아듣기 쉽게 가르쳐 주어야 한다. 둘째, 성도들을 권위 있는 하나님의 말씀으로 훈계해야 한다. 성도들이 성경 말씀대로 살지 못하고 하나님을 기쁘시게 하지 못할 때 꾸중과 때로는 치리와 징계를 해서라도 교인들로 하여금 하나님께 합당한 삶을 살게 만들어야 한다.

목회자로서의 바울의 삶을 통하여 목회자가 배워야 할 삶을 요약하면 다음과 같다. 1) 육체의 지혜가 아니라 하나님의 거룩함과 진실함으로 행하는 삶(1:12). 2) 하나님의 말씀을 혼잡하게 하거나 악용하지 아니하고 오직 진리를 드러내는 삶(4:2). 3) 오직 자신을 드러내지 말고 그리스도만을 전하는 삶. 4) 모진 핍박과 어려움 속에서도 하나님 때문에 낙심하지 않는 삶(4:7~9). 5) 날마다 십자가를 지는 삶(4:10). 6) 보이지 않는 영원한 것을 바라보는 삶(4:16~18). 7) 죽음을 두려워하지 않는 삶(5:1~10). 8) 성도를 사랑하는 삶(11:28~29). 9) 성도를 섬기는 종의 삶(4:5; 참조 고전 9:19). 10) 성도를 가르치고 훈계하며 치리하는 삶 등이다. 목회자로서의 바울의 삶은 목회자에게 귀감이 되며 목회자가 본받아야 할 전형이다.

3. 교회

교회는 하나님의 소유된 백성이며(1:1) 그리스도의 신부로서 순결을 유지해야 한다. 그러므로 성도는 믿지 않는 자와 친밀한 교제를 나누어 그들의 세속적 가치관과 생활양식을 공유해서는 안 된다(6:14~7:1). 물론 불신자들과 완전히 단절된 삶은 불가능하지만(고전 5:10), 교회와 세속은 구별되어야 한다. 성도는 살아 계신 하나님의 성전이며 하나님의 거룩한 백성이기 때문이다. 바울은 "의와 불법이 어찌 함께하며 빛과 어두움이 어찌 사귀며 그리스도와 벨리알이 어찌 조화되며 믿는 자와 믿지 않는 자가 어찌 상관하며 하나님의 성전과 우상이 어찌 일치가 되리요"(6:14~16)라고 질문하면서 우상숭배와 이교주의에서 단절된 삶을 살라고 강하게 권고한다.

그리고 바울은 고린도 교인들에게 "하나님을 두려워하는 가운데서 거룩함을 온전히 이루어 육과 영의 온갖 더러운 것에서 자신을 깨끗케 하자"(7:1)라고 권유한다. 하나님의 거룩한 백성은 세속적 인간의 삶과 가치관을 수용해서는 안 된다. 교회는 배금주의, 물질주의, 쾌락주의 같은 비성경적 세계관이 교회 내로 침투하지 못하도록 해야 한다. 그러므로 목회자는 교회의 거룩성을 보존하기 위해 교회 내에 권징과 치리를 행사해야 한다.

8장에 나오는 마케도니아 교회의 모범을 통하여 참된 교회의 모습에 대한 몇 가지 교훈을 발견할 수 있다. 1) 교회는 주님께 헌신하는 교회가 되어야 한다. 2) 교회는 교회 지도자들을 전적으로 후원하는 교회가 되어야 한다. 3) 교회는 경제적으로 어려운 교회와 이웃을 섬겨야 한다. 마케도니아 교회 성도들은 자신들의 어려운 처지에도 불구하고 가난한 예루살렘 교회를 도와주었다. 환난, 시련, 극한 가난 가운데서도 힘대로 할 뿐 아니라 힘에 지나도록 자원하여 예루살렘 교회 성도들을 돕는 일에 전적으로 참여했다.

마찬가지로 오늘날의 교회도 재정적으로 어려운 교회와 이웃을 섬기는 사역에 필요한 헌금을 하여 개척 교회와 미자립 교회를 도와주어야 한다. 그리고 구제사업과 사회봉사 선교사 후원사역 등에도 적극적으로 동참해야 한다. 동참하되 신자는 인색함으로나 억지로가 아니라 자원하는 마음과 즐거운 마음으로 헌금을 해야 한다(9:7). 남을 돕는 헌금은 성도들의 필요를 채워 주고 하나님께 영광을 돌리는 아름다운 구제사역이 되기 때문이다.

4. 고난

고린도후서는 바울의 사도적 고난에 대한 내용을 담았다(1:3~11; 6:4~10;

11:23~29). 그리스도와 복음을 위하여 많은 고난을 경험했던 바울은 '아시아에서 당한 환난'(1:8)이 너무 힘겨워서 살 소망까지 상실할 만큼 극도로 어려운 고난이었다고 고백한다. 그는 항상 십자가를 지는 삶을 살았다(4:10).

우리는 고난에 대한 바울의 신앙과 삶을 통해 몇 가지 교훈을 발견할 수 있다. 1) 하나님은 환난 중에 있는 하나님의 백성들을 위로하시고(1:3~4) 도와주신다(1:10). 그러므로 환난에 처했을 때 자신을 의뢰하지 말고 하나님의 사랑과 능력을 의지해야 한다(1:9). 2) 바울은 자신의 고난과 그리스도의 고난을 동일시 한다. 그는 그리스도의 남은 고난을 자신의 육체에 채운다(골 1:24)고 고백한다. 성도의 고난은 그리스도의 고난을 함께 나누는 것이다. 신자가 그리스도와 복음을 위하여 고난을 받을 때 그리스도의 고난에 동참하는 것이며 이것이 십자가를 지고 그리스도를 따라가는 제자의 삶이다. 3) 고난을 경험한 자는 고난을 겪는 성도들을 위로하고 기도해 주어야 한다(1:6, 7, 10). 4) 성도는 외적인 조건이 아니라 그리스도와 복음을 위하여 받는 고난을 자랑으로 삼아야 한다(11:30). 그리스도의 십자가 외에는 자랑할 것이 없어야 한다(갈 6:14). 5) 고난 속에서 하나님의 위로와 구원을 의지하며 낙심하지 않아야 한다(4:1, 16).

5. 신자의 죽음

아시아에서 당한 환난과 많은 고난을 겪는 가운데 바울은 죽음에 대해 생각한다(4:7~5:10).[7] 죽음은 겉 사람이 후패하여 소멸하는 것을 의미하는데 (5:1), 성도의 죽음은 이 세상과 세상 사람들과의 이별을 뜻하지만 주 예수 그리스도와의 영원한 교제를 가져다 준다(5:8). 성도는 죽음으로 육신의 장막, 즉 몸은 썩어져 사라지지만 하늘의 장막, 즉 영적인 몸을 덧입는 것이다(5:1; 참조 고전 15:44). 그러므로 하나님께서 성령을 통하여 생명을 성도에게 보장해 주셨으므로 죽음 앞에서 절망하지 말아야 한다.

6. 사탄

사탄은 궤계를 가지고 성도를 속이고 넘어뜨리려 하는데(2:11) 남을 용서하지 못하게 하는 것이 사탄의 계략이다. 그러므로 우리는 사탄에게 속아 넘어가지 않도록 영적으로 깨어있는 삶을 살아야 한다. 그리고 사탄은 성도뿐 아니라 믿지 아니하는 자들의 마음을 혼미케 하여 그리스도의 영광의 복음의 광채가 비취지 못하게 한다(4:4). 불신자들이 복음을 믿지 못하도록 방해하는 것이다. 또한 사탄은 그리스도를 대적한다(6:15 참조). 선교와 전도의 현장은 사탄과의 영적을 벌이는 전쟁터로 비유할 수 있다. 성도는 복음 전파를 방해하는 사탄을 그리스도의 이름과 성령의 능력으로 싸워 이겨야 한다.

사탄은 그리스도를 향하는 성도의 진실함과 깨끗함에서 떠나도록 하여 성도들이 그리스도께 전적으로 헌신하지 못하도록 방해한다(11:3). 자기를 광명의 천사로 가장할 뿐만 아니라 사람들을 미혹하며 미혹된 자들을 자신의 일꾼으로 삼아 의의 일꾼으로 가장시켜 악한 일을 행하게 만든다(14:14~15). 그러므로 사탄의 계략과 미혹에 넘어가지 않도록 영적 경각심을 유지해야 하며 복음전파와 그리스도를 향한 성도의 헌신을 방해하려는 사탄의 공작을 분쇄해야 한다.

맺는 말

고린도후서는 그리스도와 성령을 통한 하나님의 구원과 바울의 목회적 삶과 기술 그리고 고린도 교회를 향한 다양한 교훈에 대해 기록한 서신이다. 바울의 목회적 삶은 오늘날 목회자가 본받아야 할 삶이며 교인들에게 본으로서 보여 주어야 할 삶이다. 고난과 죽음 그리고 사탄과의 싸움에서 좌절하거나 실패하지 않고 승리한 바울의 삶은 오늘날 신자에게 귀감과 본이 된다. 한국 교회의 질적, 양적 부흥은 바울의 목회적 삶과 기술을 본받아 실천하는 목회자들과, 순결하고 강인한 신앙을 가진 크리스천들을 통하여 이루어질 것이다. 교회는 세속적 가치관 및 삶과는 구별된 순수한 신앙생활을 하여 세상에서 빛과 소금의 역할을 잘 감당해 가야 할 것이다.

02

바울의 기도

영적 생존의 수단으로써의 기도

기도에 관한 바울의 가르침은 우리의 통상적 생각을 크게 벗어나지 않는다. 우리 모두가 느끼는 것처럼, 기도에 관한 우리의 문제는 기도하지 않는 '교만'이지 배울 것을 못 배운 '무지'는 아니다.

역설적이지만, 기도에 관한 부지런한 독서조차 실제 기도를 유예하려는 교묘한 시도가 될 수 있다. 그러기에 기도에 관한 우리의 독서나 사색 역시 자신의 실제 기도 생활을 제고하려는 것이라야지 그저 기도에 대한 지식을 위한 것이라면 아닐 것이다.

당연한 말이 되겠지만, 바울서신은 기도가 매우 실질적 의미에서 삶의 한 부분이었음을 보여 준다. "항상 기뻐하라 쉬지 말고 기도하라 범사에 감사하라"(살전 5:16~18)는 권고는 모르는 이가 없을 것이다. "소망 중에 즐거워하며 환난 중에 참으며 기도에 항상 힘쓰며"(롬 12:12)라는 권고 역시 익숙하다. 이처럼 기도의 권고는 대개 '항상' 혹은 '쉬지 말고' 등의 강한 수식어를 동반한다. 우선 바울 자신부터가 그랬다. "항상 내 기도에 쉬지 않고 너희를 말하며"(롬 1:9). "이러므로 우리도 항상 너희를 위하여 기도함은"(살후 1:11). 이처럼 쉬지 않는 기도는 특정 인물의 전유물이 아니다. 바울이 성도를 위해 항상 기도하듯, 성도들 또한 사도 바울을 위해 기도하라는 요청을 받는다(살전

5:25). 일상적인 사역을 위해서도 그렇고(살전 5:25; 살후 3:1), 특히 바울이 사역의 중대한 기로에 서 있거나 큰 어려움에 처했을 때는 더욱 그러했다(롬 15:30). 또한 성도들은 다른 성도들을 위해서도 서로 기도한다(고후 9:14).

직접 기도에 관해 말하지는 않지만, 고린도전서에 나오는 부부 관계에 관한 가르침은 기도의 중요성을 잘 보여 준다. 고린도의 일부 금욕주의자들은 부부간에조차 성적 금욕이 더 깊은 영성의 표현이라 착각했다(고전 7:1). 하지만 이들과는 달리 바울은 원칙적으로 부부의 분방을 허용하지 않는다(고전 7:2~5). 분방이 더 큰 영적 위험을 초래할 수 있다는 이유에서였다(고전 7:2). 그런데 이 원칙에 한 가지 예외가 있다. 바로 기도다. "기도할 틈을 얻기 위하여"(고전 7:5) 잠시 동안의 분방이 허용될 수 있다. 달리 말하면, '분방 불가'라는 원칙을 잠시 깰 수 있을 정도로 기도 시간의 확보는 중요하다. 상황에 맞춘 기도도 필요하겠지만, 더 적극적으로 바울은 기도할 수 있는 상황을 만들 필요가 있다고 생각했던 것으로 보인다.

기도는 개인의 삶뿐 아니라 교회 예배에서도 중요한 요소다. 고린도전서 11장에서 바울은 여성도들 일부가 머리에 아무것도 쓰지 않고 "기도나 예언을 하는" 문제를 다룬다.

> "무릇 여자로서 머리에 쓴 것을 벗고 기도나 예언을 하는 자는 그 머리를 욕되게 하는 것이니 이는 머리 민것과 다름이 없음이라"(고전 11:5).

당시 모임에 성찬이나 성경 낭독 등 다른 순서도 있겠지만, 기도와 예언이 따로 언급되는 것을 보면 이들이 특히 큰 비중을 차지했음을 짐작할 수 있다. 실제로 은사에 관한 12~14장의 논의에서도 내용의 대부분은(방언을 통한) 기도, 감사 및 예언 등의 주제에 집중된다. 이 역시 기도의 중요성을 반영하는 현상이다. 물론 여기서 남녀 간의 차별은 확인되지 않는다. 여성도들을 향한 바울의 권고는 머리에 쓸 것을 쓰고 기도하고 예언하라는 것이지 기도나 예언을 삼가라는 것이 아니었다. 개인적이든 공동체적이든, 기도가 남녀를 가릴 사안은 아닌 것이다.

기도에 관한 바울서신의 언급들은 성도들의 삶 속에 깊이 뿌리박힌 기도의 중요성을 잘 보여 준다. '기도는 성도의 호흡'이라는, 식상한 감마저 있는 표현이 바울 공동체에서 기도가 갖는 의미를 잘 말해 주는 것 같다. 호흡이 장식이 아닌 생존의 요건이듯, 바울에게서 기도는 영적 삶을 유지하는 가장 긴요한 수단, 곧 생존을 위한 투쟁 방식의 하나였다. 예루살렘 방문을 앞둔 비장한 상황에서 바울은 유대의 믿지 않는 유대인들로부터 건짐을 받을 수 있도록 '기도로 나와 함께 싸워 달라'(롬 15:30. 개역개정에는 "기도에 나와 힘을 같이 하여"로 번역되었다. 이와 비슷한 표현이 나오는 골 4:12 참고)고 로마의 성도들에게 부탁한다. 또한 복음을 위해 생사의 경계를 넘나드는 위험한 상황에서 바울은 고린도 성도들의 기도가 이런 투쟁을 이기는 큰 도움의 하나라고 말하기도 했다(고후 1:11). '항상 기도하라'는 바울의 권고는 이런 절박한 영적 현실을 반영하는 권고였던 셈이다.

마음의 기도와 영의 기도

성령의 은사에 관한 가르침에서 보듯, 기도는 알아들을 수 있는 말뿐 아니라 방언의 형태로 할 수도 있었다. 이 역시 우리에게 낯설지 않다. 물론 방언은 기도뿐 아니라 찬송, 축복, 감사의 수단으로도 활용된다(고전 14:15~16). 하지만 방언 자체가 '하나님께 하는' 말이고 '영으로 비밀을 말하는' 행위라는 점에서 본질적으로 기도의 성격을 띤다고 말할 수 있다(고전 14:2). 바울은 모든 성도들이 방언 말하기를 바랐다(고전 14:5). 당연한 사실이라 굳이 말하지는 않았지만, 방언이 매우 유익한 것이라는 사실을 알 수 있게 하는 대목이다. 그러나 바울은 방언의 한계에 대해서도 단호한 입장을 보인다. 방언 기도를 할 때 '나의 영'은 기도하지만 "나의 마음은 열매를 맺지 못한다"(고전 14:4).

"방언을 말하는 자는 사람에게 하지 아니하고 하나님께 하나니 이는 알아 듣는 자가 없고 그 영으로 비밀을 말함이니라 그러나 예언하는 자는 사람에게 말하여 덕을 세우며 권면하며 안위하는 것이요 방언을 말하는 자는 자기의 덕을 세우고 예언하는 자는 교회의 덕을 세우나니 나는 너희가 다 방언 말하기를 원하나 특별히 예언하기를 원하노라 방언을 말하는 자가 만일 교회의 덕을 세우기 위하여 통역하지 아니하면 예언하는 자만 못하니라"(고전 14:2~5)

방언 기도는 그 내용을 이해할 수 없기에 이를 듣는 타인에게 아무런 유익이 없다(고전 14:17). 따라서 공동체의 예배에서는 방언의 가치가 절대적으로 상대화되며, 이 점에서는 이해가 가능한 '계시나 지식이나 예언이나 교훈'이 오히려 더 유익하다(고전 14:5~6). 사실 '이해할 수 있는 다섯 마디 말을 하는 것이 일만 마디 방언으로 말하는 것보다 낫다'(고전 14:19). 만일 통역이 없다면 침묵해야 한다(고전 14:28). 교회에서는 서로의 유익과 교회의 덕이 최고 가치이기 때문이다(고전 14:17, 26). 성도들이 신령한 것을 사모하는 것도 교회의 덕을 세우기 위함이고, 그래서 방언을 말하는 자들은 타인의 유익을 위해 방언의 통역을 위해 기도해야 한다(고전 14:13).

물론 이런 가르침은 공동체의 유익을 고려한 것이지 결코 방언 자체를 폄하하는 것이 아니다. 타인의 유익을 고려할 상황이 아니라면 방언으로 '자신과 하나님께 말하는 것'은 좋은 일이다(고전 14:28). 바울은 자신이 다른 누구보다 더 방언을 많이 말한다는 사실을 자랑스러워했고, 모든 성도들에게 방언을 사모하도록 권유했다(14:5, 18). 활용의 지혜가 필요할 뿐, 방언 기도 자체의 소중함을 문제시할 수 없다는 것이다. 오히려 방언 기도의 존재는 기도가 단지 의식적 의사소통 이상의 것일 수 있음을 시사한다. 방언이란 성령이 주시는 말이고(고전 12:8~10), 그런 점에서 이는 곧 성령이 드리는 기도라 할 수 있다. 로마서에서 말하는 성령의 기도가 방언인지 아닌지는 말하기 어렵지만(롬 8:26~27), 성령이 '방언 말함'을 주신다는 생각은 분명 성령이 친히 기도하신다는 생각과 그리 멀지 않다.

바울의 개인적 기도

성도들을 위해 기도한다는 언급들을 제외하면, 우리는 바울의 개인적 기도 생활에 대해 별로 아는 바가 없다. 이 점에서 육체의 가시에 관한 기도 이야기는 우리의 관심을 끈다. 고린도후서에서 바울은 자신의 '육신에 있는 가시'를 두고 기도했던 일을 회고한다(고후 12:7~10). 우리로서는 그가 '사단의 사자'라 부르는 이 '가시'의 정체를 알 도리가 없지만, 아마도 숨기기 어려운 어떤 약점이었던 것으로 보인다. 하나님께서 바울에게 이 가시를 주신 것은 그를 '쳐서 교만하지 못하게 하려는' 것이었다(고후 12:7). '엄청난 계시'(고후 2:1~6)를 경험했던 바울은 사람들의 과대평가를 받고 교만해질 수 있었다. 그래서 하나님은 바울의 교만을 막기 위해 계시뿐 아니라 그의 몸에 '가시'를 주셨다. 상식적으로 이런 약점이 사역에 도움이 될 리는 없다. 그래서 바울은 세 번이나 이 가시가 없어지기를 기도했다(고후 12:8). 물론 하나님의 응답은 부정적이었다. 하나님의 답변은 '너는 이미 충분한 은혜를 받았다', '내 능력은 (너의) 약함을 통해 분명해진다'는 것이었다(고후 12:9). 이 응답은 바울의 생각과 태도를 뒤집어 놓았다. 그는 오히려 그 가시의 존재를 기뻐하게 되었다. 바로 그 연약함을 통해 '그리스도의 능력이 내게 머물도록' 하려는 것이었다(고후 12:9). 육체의 가시와 더불어, 그가 겪는 모든 연약함의 체험들은 역설적으로 강함을 체험하는 계기들로 작용한다(고후 12:10). 그가 약할 때, 그리스도께서 오히려 강한 분으로 나타나기 때문이다. 그의 연약함과 한계 체험은 모든 희망을 하나님께 두게 하는 신앙적 박차로 작용하는 것이었다.

"우리 마음에 사형 선고를 받은 줄 알았으니 이는 우리로 자기를 의뢰하지 말고 오직 죽은 자를 다시 살리시는 하나님만 의뢰하게 하심이라 그가 이같이 큰 사망에서 우리를 건지셨고 또 건지시리라 또한 이후에라도 건지시기를 그를 의지하여 바라노라"(고후 1:9-10)

인간적 한계를 넘어가는 은총의 위력에 대한 이런 깨달음은 스스로의 통찰이 아닌 신적 깨우침의 결과였다. 이 깨우침은 기도의 응답이었다. 바울은 자기 사역을 위해 최선이라 여겨지는 것을 위해 기도했다. 그런데 하나님은 그 생각의 틀을 깨셨다.

사역의 참된 원천은 바울의 힘이나 지혜가 아니라 그리스도의 능력이며, 따라서 그의 연약함은 복음의 방해가 아니라 기회. 오히려 바울 자신의 강함, 곧 자신의 카리스마나 언변은 살아 있는 성령의 역사를 방해할 수 있다(고전 2:1~5). 그래서 하나님은 그의 약함을 고집하셨고, 그 약함 속에서 더 강한 복음의 능력을 드러내기 원하셨다. 세 번이나 반복된 간절한 기도와 하나님의 놀라운 응답을 통해 바울은 깊은 복음적 통찰력을 얻게 되었다. 이처럼 기도는 복음 사역자로서 그의 관점과 행보를 올바르게 유지하는 데 매우 중요한 역할을 했다. 기도가 그저 이유 없는 당위나, 없어도 좋은 영적 장식품이 아니라는 사실을 잘 보여 주는 대목이다.

성도를 위한 감사의 기도

바울서신의 큰 특징은 서신 초두의 감사 기도다(롬 1:8; 고전 1:4~7). 물론 실제 감사의 제목들은 대개 바울이 편지를 쓰게 된 구체적 정황을 반영한다. 또한 이 감사는 종종 성도들을 보고 싶다는 희망의 피력(롬 1:9~15) 혹은 성도들을 위한 중보의 기도로 이어진다(고전 1:8~9). 편지란 본래 직접 가서 해결할 상황이 못 될 때 보내는 일종의 차선책이라는 점에서 매우 자연스런 현상이라 하겠다.

무엇보다도 서신의 상황에 따라 감사의 내용이 달라진다. 성도들에 관한 감사와 기쁨이 넘치는 데살로니가전서의 경우, 감사 부분이 매우 길게 이어진다. 서두에서 시작된 감사의 인사(살전 1:3)는 과거 목회를 회고하는 부분에서 다시 등장하고(살전 2:13), 편지 작성 당시 바울의 기쁨을 표현하는 문맥에서 다시금 반복된다(살전 3:9). 그리고 여기서 감사가 중보기도로 연결된다. 감사와 중보기도가 결합되는 것이 통례라면(고전 1:4~10; 엡 1:15~23; 빌 1:3~11; 골 1:3~12), 1~3장 전체가 감사라고 말해도 될 정도다. 노심초사하다가 성도들의 건강한 신앙을 확인하고 난 목회자의 감격을 잘 보여 주는 대목이다. 또 바울의 감사는 성도들을 보고 싶다는 기도로 이어지는데, 이 역시 초신자들을 두고 떠나온 목회자, 할 수만 있다면 이들에게로 돌아가고 싶은 목회자의 마음을 잘 담아내고 있다(살전 2:11).

고린도전서에서도 감사는 계속된다(고전 1:4~6). 분열을 비롯한 교회 내의 여러 심각한 문제들 때문에 쓴 편지임을 생각하면 참으로 놀라운 일이다. 물론 상황이 상황인지라, 감사가 감사로만 끝나기는 어렵다. 실제 바울의 감사는, 그리스도의 증거가 확실하게 뿌리를 내려 성도들이 '온갖 언변이나 온갖 지식 면에서 풍족하게 되는'(고전 1:5) 것이다. 그런데 곧 이어지는 본론에서는 바로 이 풍족한 것들, 곧 성도들의 말과 지식이 가장 직접적인 비판의 대상으로 등장한다(고전 1:18~4:21). 바울의 비판은 한마디로 성도들이 말은 잘하지만 능력은 없다는 것이다. 이렇게 보면, 서신 초두의 감사는 단순한 감사를 넘어 뒤에 이어질 비판을 예견하는, 일종의 복선 역할을 하는 셈이다. 반면 고린도후서에서는 성도들에 대한 감사가 바울 자신을 지키신 하나님을 향한 찬송으로 대치된다(고후 1:3~11). 물론 이는 성도들과의 관계가 매우 경색된 상황과 관련이 있다. 성도들에 대한 호의적 언급이 없지는 않지만(고후 1:7), 시작부터 자신의 사도직과 복음을 변호해야 하는 상황에서 구체적 감사를 말하기는 어려웠을 것이다.

이 점에서 예외인 것은 감사가 아예 생략된 갈라디아서다. 통상적 감사는 '도무지 이해가 안 간다'(갈 1:6, 개역한글은 "내가 이상히 여기노라")는 강한 질책으로 대치된다. 지금은 성도들이 '하나님을 떠나고', '진리를 순종치 않는' 배교의 상황이다(1:6; 3:3; 5:4, 7). 그래서 편지는 시종 강한 비난과 질책성 질문들로 가득차 있다. "범사에 감사하라"고 가르친 바울이지만, 배교의 상황에서 감사 기도를 드릴 수는 없었을 것이다. 또한 성도를 위한 중보기도 역시 현재 성도를 미혹하는 자들을 향한 저주로 바뀌었다(갈 1:8~9).

로마서는 바울의 사역과 무관한 교회에 보낸 편지라는 점에서 독특하다. 여기서 바울은 로마 성도들의 "믿음이 온 세상에 전파"(롬 1:8)됨에 감사한다. 로마 방문을 준비하는 상황에서(롬 1:9~15), 이런 언급은 로마 성도들에 대한 바울의 호의적 태도를 알리는 기능을 한다(참고. 롬 1:11~12; 15:15). 소위 '남의' 교회를 방문하려는 조심스러운 상황에서, 바울은 최대한 상대를 존중함으로써 자신의 방문에 대한 호의적인 반응을 이끌어 내려는 것이다. 향후 스페인 선교가 많은 부분 로마 성도들의 도움을 필요로 하기에, 바울의 이런 신중함은 자신의 태도 때문에 선교에 지장이 있어서는 안 된다는 신념을 반영한다. 여기서도 바울은 로마로 갈 길을 열어달라고 기도하는데, 이 역시 여러 번의 방문 시도가 좌절된 후 새롭게 로마 방문을 시도하는 상황을 소개한다(롬 1:9~15; 15:32).

제사장 바울의 중보기도

바울서신은 대부분 그가 개척한 교회에 보내진 편지들이다. 따라서 그의 편지 속에는 성도들을 위한 기도가 자주 등장한다. 성도들을 위한 중보기도의 언급 외에도, 바울은 자주 자신의 기도를 편지 속에 기록했다. 바울 사도가 성도들을 위해 드리는 기도라는 점에서, 이들은 바울이 가진 사도적 섬김의 궁극적 목표 및 그가 전하는 복음의 본질을 가장 선명하게 드러내는 구절에 해당한다.

고린도전서에서 바울은 성도들이 어떤 은사에도 부족함이 없이 그리스도의 재림을 기다리고 있다고 하나님께 감사한다(고전 1:7). 이는 "주께서 너희를 우리 주 예수 그리스도의 날에 책망할 것이 없는 자로 끝까지 견고케"(고전 1:8) 하실 것이라는 확신의 외침으로 이어진다. 이 짧은 한마디에는 그리스도의 재림을 경주의 결승점으로 제시하는 종말론적 관점, 성도들이 주 앞에 "책망할 것이 없는 자"로 서야 한다는 생각, 그리고 이것이 궁극적으로는 하나님의 주권적 보호하심에 속한다는 확신 등 바울의 복음 및 사역의 핵심 주제들이 집약되어 나타난다.

바울의 기도를 이해하려면, 우리는 먼저 바울이 자신의 사명을 일종의 제사장적 섬김으로 제시한다는 사실을 기억해야 한다(롬 15:16~18). 바울은 율법 대신 복음을 통해 하나님을 섬기는 제사장이다. 당연히, 제사장된 그의 책무는 이방인을 하나님이 받으실 만한 제물로 바치는 것이다(롬 15:16). 여기서 핵심은 제사 자체가 아니다. 엄밀히 말해 제사는 이방인들이 스스로 드린다(롬 12:1; 빌 2:17).

제사장 바울의 책임은 성도들의 제사가 하나님께서 "받으실 만한" 제사, 곧 '거룩한' 제사가 되게 하는 것이다. 물론 이 제사는 성도들의 삶이다(롬 12:2). 그래서 짐승을 죽이는 제사와는 달리 "산 제사"라는 역설적 이름이 붙는다. 이처럼 바울이 제사가 아닌 성도들의 삶을 굳이 제사에 비교하는 것은 제사가 강조하는 거룩함 때문이다. 그는 성도들의 삶 전체를 하나의 제사요 예배로 묘사함으로써, 거기 담긴 거룩함이라는 요구를 강조하고자 한 것이다. 우리가 다루는 바울서신에서는 데살로니가전서가 이런 제사장적 관점을 가장 뚜렷이 보여 준다.

바울을 비롯한 초대 교회는 회심을 하나의 목적 있는 부르심으로 이해했다. 물론 우리의 응답은 이 '부르신 부름에 합당한' 것이어야 한다(살후 1:11; 엡 4:1). 궁극적으로 이 부르심의 목표는 '(하나님) 나라와 영광'이다(살전 2:12; 살후 1:5). 복음으로 이 부르심을 매개하는 바울의 책임은 그저 부르심을 소개하는 데서 끝나는 것이 아니라, 성도들을 '권면하고 위로하고 경계함'으로써, 그들이 그들을 "자기 나라와 영광에 이르게 하시는 하나님께 합당히 행하게 하려"(살전 2:12)는 것이다. 데살로니가전서 3장의 기도는 이런 관점을 잘 보여 준다.

> "하나님 우리 아버지와 우리 주 예수는 우리 길을 **너희**에게로 갈 수 있게 하
> 시오며 우리가 **너희**를 사랑함과 같이 **너희**도 피차간과 모든 사람에 대한
> 사랑이 더욱 많아 넘치게 하사 **너희** 마음을 굳게 하시고 우리 주 예수께서
> 그의 모든 성도와 함께 강림하실 때에 하나님 우리 아버지 앞에서 거룩함에
> 흠이 없게 하시기를 원하노라"(살전 3:11~13).

바울이 성도들에게서 기대한 것은 사랑이었다(살전 4:9). 물론 이는 사실상
믿음과 동의어다(살전 3:5, 10). 그는 디모데로부터 그들의 '믿음과 사랑'을 듣
고 기뻐했고(살전 3:6; 5:8), 그래서 편지 서두에서 그들의 '믿음의 행위와 사
랑의 수고와 소망의 인내'를 두고 감사했다(참고 살전 1:3; 2:10; 5:9). 이렇게 보
면, 서신 초두의 감사는 단순한 감사를 넘어 뒤에 이어질 비판을 예견하는,
일종의 복선 역할을 하는 셈이다. 반면 고린도후서에서는 성도들에 대한 감
사가 바울 자신을 지키신 하나님을 향한 찬송으로 대치된다(고후 1:3~11). 물
론 이는 성도들과의 관계가 매우 경색된 상황과 관련이 있다. 성도들에 대
한 호의적 언급이 없지는 않지만(고후 1:7), 시작부터 자신의 사도직과 복음을
변호해야 하는 상황에서 구체적 감사를 말하기는 어려웠을 것이다. 이날 이
방 성도들은 하나님께 제물로 드려지고, 하나님 혹은 그리스도는 제물의 상
태를 검사하듯 그들을 심판하실 것이다. 물론 하나님께 드려지는 제사는 '거
룩해야' 한다. 곧 그들은 '흠이 없어야' 한다. 그래야 하나님께서 받으실 만한
제사가 되는 것이다.

하나님은 복음으로 성도들을 부르셨고, 성도들의 응답은 그 부름에 합
당한 것이라야 한다. 물론 "하나님이 우리를 부르심은 부정케 하심이 아니
요 거룩케 하심이니"(살전 4:7). 그래서 그의 뜻은 '거룩함'으로 요약된다(살전
4:3). 또한 궁극적 목적으로 말하자면, 하나님의 부르심은 진노가 아니라 구
원을 위해서다(살전 5:9). 이것을 함께 엮으면 바울의 생각은 이렇다. 곧 하나

님의 부르심은 부정한 삶으로 진노에 이르라는 것이 아니라 거룩한 삶으로 구원(나라와 영광)에 이르라는 것이다(살후 2:13). 이것이 '거룩함에 흠이 없는' 삶, 곧 부르심에 합당한 삶이다. 바울은 이를 위해 기도했다. 거룩한 삶을 위해 성도들을 권면하지만, 여기에는 결국 하나님의 도우심이 필요하다. 사도는 바로 이를 위해 기도한다. 부르심의 주체가 하나님이었던 것처럼, 이를 이루시는 분 또한 하나님일 수밖에 없기 때문이다.

동일한 기도가 편지의 끝 부분에서도 반복된다. 이것이 바울의 핵심 관심 사임을 생각하면 지극히 당연한 현상이다.

> **"평강의 하나님이 친히 너희로 온전히 거룩하게 하시고 또 너희 온 영과 혼 과 몸이 우리 주 예수 그리스도 강림하실 때에 흠없게 보전되기를 원하노라 너희를 부르시는 이는 미쁘시니 그가 또한 이루시리라"(살전 5:23-24).**

여기서도 최종적 판단의 시점은 '우리 주 예수 그리스도의 강림' 곧 예수의 재림이다. '거룩함에 흠이 없게' 해 달라는 3장의 기도가 여기서는 '거룩함'과 '흠이 없음'의 두 항목으로 구분되었지만 그 의미는 동일하다. '온전히'라는 말이나, '온 영과 혼과 몸이'라는 말들은 모두 그 의미를 강조하는 표현들이다. 여기서는 하나님의 주도권이 더 분명하게 드러난다. 하나님은 친히 성도들을 거룩하게 하시며, 그들은 그리스도 재림의 때까지 '흠 없는' 존재로 '지켜질' 것이다(살후 2:17). 바울은 애초부터 그들을 부르신 분이 하나님이셨음을 상기시키며, 이 하나님은 신실한 분이심을, 그래서 그들을 최종 결승점까지 지켜 주실 것임을 분명히 한다. 동일한 관점이 바울서신 다른 곳에서도 자주 나타난다(보다 자세한 논증은 졸저 「행위 없는 구원?-새롭게 읽는 바울의 복음」 서울: SFC, 2006), 제2장 참고).

고린도후서에서 바울은 고린도의 성도들이 '악을 조금도 행하지 않게' 해 달라고 하나님께 기도한다고 말한다(고후 13:7). 물론 이는 바울 자신의 옳음을 드러내려는 것이 아니다. 오히려 자신은 버림을 받을지라도, 그가 가르치는 영혼들이 '선을 행하도록 하려는' 목회적 사랑의 발로였다. 그래서 바울은 자신이 약할 때에도 성도들의 강함을 보고 기뻐할 수 있었고, 그가 기도하는 것도 성도들이 '온전하게 되는' 것이었다(고후 13:9). 그가 말하는 '온전함'은 '거룩하고 흠이 없는' 삶을 달리 말한 것이다(골 1:22, 28). 그리스도의 날에 거룩하고 흠이 없는 모습으로 하나님 앞에 서고, 이로써 그의 부르심에 합당한 자로 인정받는 것이 이방인의 사도 바울의 목표였다. 그러므로 그의 기도가 이런 내용으로 채워지는 것은 지극히 당연한 것이었다. 로마서 끝 부분의 기도 역시 바울의 이런 소원을 매우 감동적으로 담아내고 있다.

> **"소망의 하나님이 모든 기쁨과 평강을 믿음 안에서 너희에게 충만케 하사 성령의 능력으로 소망이 넘치게 하시기를 원하노라"**(롬 15:13).

성령의 기도

바울서신에서 기도에 관한 인상적인 부분 중 하나가 바로 성령의 기도에 관한 로마서 8장의 언급이다. 로마서 8장의 문맥은 탄식과 고통 속에 아직 보이지 않는 영광을 바라보는 종말론적 기다림이다. 성령, 곧 양자의 영을 받고 하나님의 아들 된 우리는 이제 아들로서 그리스도와 공동 상속자의 지위를 공유한다. 현재 우리의 삶은 '하나님의 영광을 소망하고 즐거워하는' 삶이다. 우리는 구원을 얻었다 말할 수 있지만, 역설적으로 이 구원은 '소망을 위한' 것이다(롬 8:24).

당연한 말이지만, 우리가 소망하는 것은 아직 나타나지 않았다. 그래서 우리는 '인내하면서' 기다린다(롬 8:25). 인내라는 말이 시사하듯, 피조물이 허무함에 굴복하는 상황에서 이 기다림은 불가불 '탄식과 고통'을 수반한다. 따라서 미래 영광의 상속에는 '우리가 그리스도와 공동 수난자의 운명을 공유하는 한'이라는 조건이 붙는다(롬 8:17; 5:3~4).

구원의 확신이 교리적 문제로 다가오는 오늘의 현실과는 달리, 박해와 고난으로 점철된 초대 교회의 삶에서 이 물음은 교리가 아닌 실존의 물음이었다. 영웅들은 다르겠지만, 연약함을 지고 사는 성도들에게 핍박이라는 현실은 영광을 향한 달음질을 포기하도록 하는 유혹으로 충분히 작용한다(막 4:14~19; 마 24:12~13; 롬 8:35~36). 이런 정황에서 구원의 확신에 관한 물음이 제기된다. '나는 과연 이 고난의 철조망을 통과하여 저 영광의 언덕에 도달할 수 있을까?'

바로 이런 문맥에서 바울은 성령께서 우리의 연약함을 도우신다고 말한다(롬 8:26).

> **"우리가 소망으로 구원을 얻었으매 보이는 소망이 소망이 아니니 보는 것을 누가 바라리요 만일 우리가 보지 못하는 것을 바라면 참음으로 기다릴찌니라 이와 같이 성령도 우리 연약함을 도우시나니 우리가 마땅히 빌바를 알지 못하나 오직 성령이 말할 수 없는 탄식으로 우리를 위하여 친히 간구하시느니라"(롬 8:24~26)**

여기서의 연약함은 개인적 심성의 연약함을 넘어, 인간이 가진 실존적 한계로써의 연약함을 가리킨다(고전 15:43; 고후 13:4). 성령은 바로 이런 실존적 한계를 도우신다. 우리 대신 무엇을 해 준다는 의미에서가 아니라, 고통과 탄식의 삶을 잘 인내하고 통과할 수 있도록 돕는다는 의미이다. 놀랍게도 이 도우심은 다름 아닌 기도의 형태를 취한다. 연약한 우리에게는 삶의 상황을 파악하고 통제할 능력이 없으며, 따라서 우리는 마땅히 무엇을 기도할지 알지 못한다. 바울이 선의에서 육체의 가시를 두고 기도했지만, 결과적으로 그것이 하나님의 뜻이 아니었던 것처럼 말이다. 그런데 이런 우리를 위해 성령께서 친히 기도하신다.

성령이 드리는 기도의 언어는 '말할 수 없는 탄식'이다. 물론 이 탄식은 양자의 영을 받고, 미래 몸의 부활을 기다리는 우리 삶의 언어다(롬 8:23). 부활을 기다리며 '속으로 탄식하는' 우리를 위해, 성령이 직접 '말할 수 없는 탄식으로' 기도하는 것이다. 어떤 학자들은 이 '말할 수 없는 탄식'이 방언이라고 생각한다. 우리가 무엇을 기도할지 모른다는 것과 성령이 말할 수 없는 탄식으로 기도한다는 말은 모두 방언 기도의 상황을 묘사한다는 것이다. 여기엔 나름의 일리가 있다. 하지만 그렇더라도 바울은 방언이라는 표현을 피하고 있다. 그의 의도가 다른 곳에 있음을 느끼게 해 주는 대목이다. 오히려 탄식이 피조물—우리—성령을 다함께 연결하는 특징인 것을 보면 이 탄식은 방언과 다른 무엇일 가능성도 있다(롬 8:22, 23, 26). '방언 말한다'는 표현에서 알 수 있듯, 방언이란 이해할 수 없는 것이기는 하지만, '말할 수 없는' 것은 아니다(고전 12:10, 28, 30 등). 마땅히 무엇을 기도해야 할지 모르는 것과 기도하되 그 내용을 이해하지 못한다는 말도 서로 다르다. 고린도전서에 따르면, 성령께서 주시는 방언은 여전히 '내 영'이 하나님께 말하는 것이지, 성령이 친히 말씀하는 것은 아니다(고전 14:14). 앞서 말한 것처럼, 성령이 '방언 말함'을 주신다는 점에서 방언과 성령 자신의 기도는 통한다. 하지만 그렇다고 성령의 기도가 방언이라는 주장이 성립되는 것은 아니다.

우리를 위한 성령의 기도는 확실하다. 곧 '마음을 살피시는' 하나님께서 성령의 생각을 아신다. 왜냐하면 성령께서 '하나님을 따라', 곧 하나님의 뜻을 따라 성도를 위해 기도하기 때문이다(고전 14:27). 물론 이 성령은 어떤 외부적 존재가 아니라, 하나님께서 우리 마음에 주신 바로 그 성령이다(11절). 연약한 삶의 상황, 무엇을 구해야 할지도 판단할 수 없는 상황에서 미래를 확신한다는 것은 거의 불가능에 가깝다. 하지만 이런 상황에서도 우리는 절망하지 않는다. 하나님의 뜻을 아는 성령, 곧 제대로 기도하는 법을 아시는 성령께서 우리 속에서 우리를 위해 기도하시기 때문이다. 이렇게 성령은 미래 유업을 향한 여정에서 우리를 지키신다(8:13, 16~17). 이런 정황에서, "하나님을 사랑하는 자 곧 그 뜻대로 부르심을 입은 자들에게는 모든 것이 합력하여 선을 이루느니라"는 진술이 가능해진다(28절). 이는 근거 없는 낙관론이 아니라, 영적 현실을 제대로 통찰한 확신이다. 마치 높은 곳에서 놀면서도 밑에서 아버지가 받아줄 것을 아는 아이처럼, 우리는 우리의 연약함이 우리가 가진 전부가 아니라는 사실을 안다. 그래서 성령과 함께 우리는 부르짖는다. "아바, 아버지여!"(15절). 그 어떤 것도 우리를 하나님의 사랑에서 끊을 수 없고, 그래서 우리의 미래를 확실하다는 고백은 형식 논리에 근거한 추론이 아니라 바로 이런 영적 현실을 생각하며 내놓는 외침인 것이다(롬 8:31~39).

03

설교자가 말하는
고린도후서의 메시지

목회자가 목회를 하면서 가장 가슴 아픈 때가 있다면 아마도 자신이 전혀 의도하지 않았던 일로 교인들에게 불신을 당할 때일 것입니다. 물론 목회자들 중에서 인격적으로 훌륭하고 능력이 많아서 처음부터 끝까지 목회를 잘 감당하는 분들도 없지는 않겠지만 거의 대개는 아무리 목회를 잘한다고 해도 교회 안에서 불신의 쓴 뿌리가 생길 수 있습니다. 그래서 목회를 끝까지 감당하지 못하거나 교회가 목회자 때문에 분열되는 모습도 주위에서 종종 볼 수 있습니다. 그러나 많은 경우에는 서로 오해가 있고 불만이 있더라도 이해하고 참는 가운데 서로 더 이해하고 인격적으로 성숙해 집니다.

그러나 아주 심각한 목회의 위기는 복음에 대한 오해 때문에 목회자가 불신을 당하는 일입니다. 오히려 목회자가 교회에서 사람들이 원하는 필요를 채워 주고 사람들이 듣고 싶어하는 격려나 축복의 소리만 한다면 이런 불신을 당하지 않을 것입니다. 그러나 우리가 잘 아는 것처럼 성경은 거의 대부분 사람들의 죄를 책망하는 내용으로 이루어져 있고 자신과 이 세상에 대한 태도를 근본적으로 바꿀 것을 요구합니다.

그런데 이 세상에는 바른 복음만을 가르치는 사람만 있지 않습니다. 이런 목회자들은 사람들에게 세상의 것들을 포기하지 않고서도 얼마든지 신앙생활을 잘 할 수 있다고 가르칩니다. 그래서 이런 사람들의 말을 듣다가 복음적인 설교자의 말을 들으면 그들이 너무나도 독선적인 것 같고 사람들의 장점을 무시하며 너무나도 세상에 대하여 무식한 것처럼 느껴집니다.

이런 경우 목회자가 교인 한 사람 한 사람을 붙들고 자기가 틀리지 않았다고 변명을 해도 오히려 불신은 더욱 커질 수 있습니다. 사도 바울을 불신했던 고린도 교회의 경우도 마찬가지일 것입니다. 그러나 사도 바울은 입을 다물고 가만히 있을 수 없었습니다. 왜냐하면 이것이 사도 바울 개인의 문제가 아니라 복음의 문제였기 때문입니다. 사도 바울이 고린도 교회의 문제를 바른 복음을 제시함으로 해결하는 것을 볼 때 교회의 많은 문제들이 여기에 있다는 것을 알게 됩니다.

교회의 병은 바른 복음이 전해지지 않아서 발생하는 것이며, 이를 치료하는 길은 인간적 변명이나 정치적 해결이 아니라 다시 바른 복음을 전하는데 있습니다.

고린도 교회의 불신

고린도전서와 후서에는 그 내용에서 많은 차이가 있습니다. 고린도전서에는 주로 고린도 교회가 자체적으로 안고 있는 문제들을 중심으로 사도 바울이 목회적인 답을 준 것입니다. 그래서 어떻게 보면 고린도전서는 현대 교회가 겪을 수 있는 많은 목회적인 문제에 대한 성경적인 해답이라고 볼 수 있습니다. 그러나 고린도후서에서는 사도 바울의 인격과 그의 사도적 권위, 그가 헌금을 거두는 목적 등 공격의 화살이 사도 바울을 직접 겨냥하는 것을 봅니다. 사람들은 다른 사람의 어려운 문제에 대해서는 여유를 가지고 잘 상담도 해 주고 충고도 해 줄 수 있지만 막상 논쟁의 핵심이 자신의 도덕성이나 인격적인 문제에 대한 것일 때는 대단히 대처하기 어려운 것이 사실입니다.

이것을 비유로 말하면 군대에서 부대 사령부가 적에게 공격을 당한 것과 같습니다. 대개 전쟁을 할 때 말단 부대에서 총을 쏘거나 대포를 쏘면서

밀고 밀리면서 전쟁을 하고 사령부는 대개 후방에서 전체적인 보고를 받고 작전을 지시하는 일을 합니다. 그러나 적이 과감하게 전선을 돌파해서 사령부 자체를 공격하면 전 부대가 혼란에 빠지게 됩니다.

마찬가지로 사도 바울이 고린도전서에서 겪은 문제는 교회 안에서의 파벌이나 믿지 않는 자와의 결혼 문제, 우상의 제물을 먹는 문제, 은사 문제처럼 바울 자신의 인격이나 도덕성과 관계된 것이 아니었습니다. 그래서 사도 바울은 얼마든지 여유를 가지고 그 문제 하나하나에 대하여 차근차근 성경적인 해답을 줄 수 있었습니다. 그러나 고린도후서를 쓸 때는 사탄의 작전이 훨씬 더 과감해져서 사도 바울 자신의 인격이나 사도성, 도덕성을 걸고 넘어졌습니다. 이것은 사탄이 사도 바울을 향하여 직격탄을 날린 것이며 이런 전법은 사탄이 언제나 자주 사용하는 방법입니다. 그래서 목회자는 언제나 사탄의 이런 공격에 대비해서 오해의 소지가 없도록 모든 일에 처신을 똑바로 할 필요가 있습니다.

사도 바울이 고린도 교회를 떠난 후에 비복음적인 목회자들이 온 것 같습니다. 이 사람들은 예루살렘 교회와 관계 있는 사람들로, 율법적인 신앙을 가진 자들이었습니다. 이 사람들이 과거의 율법적인 안목을 가지고 바울의 복음을 볼 때 너무나도 받아들이기 이상한 것이 많이 있었습니다. 그래서 이 사람들은 고린도 교회에서 바울의 영향력을 잘라버리고 고린도 교회를 유대교적인 신앙으로 돌이키려고 했던 것 같습니다.

그러기 위해서 그들은 사도 바울에 대하여 몇 가지 악선전을 했습니다. 그 중 하나가 바울의 진실성에 대한 의심(1:12~22)이었습니다. 원래 사도 바울은 고린도에 들렀다가 마케도니아로 가기로 했는데 고린도에 들르지 않고 바로 마케도니아로 간 것을 꼬투리 잡아서, 바울은 우리를 별로 중요하게 생각하지 않으며 이랬다저랬다 하는 믿을 수 없는 사람이라고 비난했습니다. 그리고 또 하나는 사도 바울의 사도성에 대한 의심(3:1~18)이었습니다. 사도 바울은 예루살렘 교회의 추천서 없이 자기 멋대로 돌아다니면서 전도하는 사람이라는 것입니다. 그리고 세 번째는 사도 바울의 외모의 초라함에 대한 의심(4:1~15)이었습니다. 다른 사도들은 모두 권위가 있고 멋이 있는데 사도 바울은 멋도 없고 당당하지도 못하다는 비난이었습니다. 네 번째는 그가 여러 교회에서 헌금을 걷는 것에 대한 물질적인 의심(8:1~15)이었습니다. 다섯 번째는 사도 바울의 권위에 대한 의심(10:1~18)이었고, 여섯 번째는 그의 영적인 체험에 대한 의심(12:1~10)이었습니다.

물론 사도 바울이 이런 의심들에 대하여 하나님께 다 맡기고 침묵할 수도 있었지만 가만히 있으면 고린도 교인들의 신앙이 날아갈 판이었습니다. 고린도후서를 볼 때 사도 바울은 가장 큰 시험의 소용돌이에 빠져 있었고 그의 복음의 사령부가 사탄에 의하여 폭격을 당하는 형편인 것을 알 수 있습니다.

바울의 믿음

자칫 잘못하면 고린도 교인들의 신앙을 모두 빼앗으려는 마귀의 시험은 성공할 뻔했습니다. 마귀는 시시하게 교인 한 명 한 명을 넘어뜨리려고 한 것이 아니라 '목자를 치면 양들이 다 흩어지는 것'을 잘 알고 있었습니다. 그런데 마귀에게도 약점이 있습니다. 그것은 바로 진실과 믿음과 복음의 능력 앞에서 마귀는 무력하다는 것입니다. 보통 사람들은 진실을 은폐하려고 하는데, 그러면 그럴수록 오해는 눈덩이처럼 더 커지게 되어 있습니다. 그리고 사탄은 사람들의 불신을 자극해서 더욱 더 불신하게 하는데 이때 필요한 것이 믿음입니다.

사도 바울이 궁극적으로 믿었던 것은 복음의 능력이었습니다. 사탄이 아무리 거짓 수단을 다 동원하여 교회를 어지럽게 하여도 양들은 목자의 음성을 듣게 되어 있습니다. 그래서 바울은 고린도 교인들이 의심하는 것에 대하여 하나도 숨기지 않고 사실 그대로 다 말을 했습니다. 특히 바울은 이 기회에 고린도 교인들에게 복음의 영광과 능력에 대하여 담대하게 전했습니다.

바울이 믿었던 것은 교회가 아무리 혼란스러워도 바른 복음이 증거되면 양들은 이 복음을 듣고 모든 의심을 이기고 믿음을 붙들게 되리라는 것이 었습니다. 그래서 사도 바울은 고린도후서를 통해서 자신의 개인적인 변명이나 자기를 비난한 사람을 공격한 것이 아니라 복음의 영광을 전했습니다. 그랬더니 사람의 말에 속아서 흔들리던 고린도 교인들의 믿음이 회복되었습니다.

요즘도 우리는 교회 안에서 많은 분열과 다툼의 소식들을 듣습니다. 때로는 교회 안의 분쟁으로 해결이 되지 않아 법정 소송으로 가기도 하고 무력으로 충돌하는 이야기들도 듣고 있습니다. 가장 중요한 것은 말씀을 듣지 못한 결과, 영적으로 병이 들어서 이런 다툼과 분쟁이 일어난다는 것입니다. 이럴 때일수록 교회는 우리의 적은 사람이 아니라 눈에 보이지 않는 사탄이라는 것을 알아야 합니다.

예방의 책으로서의 고린도후서

사실 교회 안에서 목회자에 대한 불신이 생기거나 혹은 분쟁이 발생하면 이미 사탄의 큰 공격은 시작되었고 큰 피해가 발생합니다. 그러므로 이런 일이 일어나지 않도록 예방하는 것이 가장 중요합니다. 그런 의미에서 고린도후서는 예방책으로 우리에게 아주 귀중한 교훈을 주고 있습니다.

우리가 알아야 할 것은 첫째, 아무리 복음적이고 성경적인 교회라 하더라도 말씀의 공급이 중단되면 얼마든지 시험에 빠질 수 있고 영적으로 병들 수 있다는 사실입니다. 고린도 교회는 대단히 건강한 교회였고 사도 바울이 오로지 예수님의 십자가만 전해서 세워진 교회였습니다. 그럼에도 불구하고 사도 바울이 떠난 후에 바른 복음이 잘 공급되지 않고 비성경적인 사람들이 와서 가르쳤을 때 고린도 교회는 영적으로 병들었습니다.

둘째, 사탄은 '목자를 치는' 전략을 언제나 생각하고 있다는 것을 알아야 합니다. 그래서 사탄은 평소에는 약한 교인 한 사람 한 사람을 넘어지게 하지만 결정적인 틈이 생기면 바로 목회자 자신에게 화살을 돌려서 온 교회를 시험에 빠뜨리려고 합니다. 그래서 목회자는 평소에 누가 물어도 시험에 들지 않도록 자신의 행동을 온전하게 할 필요가 있습니다. 돈 문제나 이성 관계 혹은 어떤 특정한 사람을 미워하거나 좋아하지 않도록 조심해야 합니다.

셋째, 교회 안에 문제가 생겼을 때 사람이 적이 아니라는 것을 알아야 합니다. 잘못 생각하면 나를 공격하고 때로는 비난하고 욕을 하는 사람이 나의 적인 줄 알지만 적은 교인이 아닙니다. 적은 눈에 보이지 않는 마귀입니다. 그래서 교회 안에 어려움이 생길 때 절대로 사람을 이기려고 하거나 공격하려고 하지 말고 오히려 더 믿어 주고 더 바른 복음을 전함으로 상한 마음들이 치료받게 해야 합니다.

넷째, 고린도후서와 같은 서신을 쓰지 않으려면 평소에 교회를 말씀으로 건강하게 키워 놓아야 합니다. 그리고 관계가 좋을 때 이런 편지를 설교함으로써 교회에는 이런 일이 일어날 수도 있다는 것을 미리 가르쳐 주는 것도 유익할 것입니다. 어떻게 하든 교회는 분열의 영이 틈을 타서는 안 되며 불신의 영이 틈 타지 못하도록 늘 복음과 기도로 지켜야 합니다.

04

참된 사도의 표시

복음의 역설적 생명을 실현하는 사람들

고린도후서를 통하여 우리는 사도 바울이 선교 활동을 위하여 얼마나 많은 고난과 시련과 역경을 감내해야 했는지를 발견할 수 있다. 우리는 복음전파자들로서, 사도 바울을 위대한 사도요 선교사며 교회의 개척자요 위대한 신학자로 인정하면서 존경할 뿐만 아니라 할 수만 있다면 우리도 그런 사역자가 되기를 소망한다. 그러나 그가 그런 인물이 되고 그러한 사역을 감당하기 위하여 얼마나 많은 고난의 대가를 지불했는지에 대해서는 별로 생각하지 않는다. 어쩌면 우리는 고난은 없고 영광만 바라는 그런 복음전파자의 길을 기대하고 있는지도 모른다.

고린도후서에서 사도 바울은 한마디로 복음전파를 위해 당하는 고난의 현장에서 부활의 생명을 체험한다는 복음의 역설적 생명력에 관하여 교훈한다. 다시 말하면, 복음의 진정한 생명력은 복음전파의 현장에서 당하는 고난이 없이는 나타나지 않는다는 것이다. 참된 사도는 바로 그런 복음의 역설적 생명력을 실현하는 사람이다. 고린도후서는 복음전파 사역을 감당하면서 고난과 역경 중에 있는 분들에게 큰 위로와 희망을 준다.

복음전파자의 길이 이러한 고난의 길이라는 것은 제자도에 관한 예수님의 말씀에서도 나타난다. "아무든지 나를 따라오려거든 자기를 부인하고 자기 십자가를 지고 나를 좇을 것이니라"(막 8:34). 사도 바울은 예수님의 원제자는 아니었지만 누구보다도 충실히 이 말씀을 따라 고난의 길을 가면서 복음전파 사역을 감당한 사람이다.

그러나 고린도후서에서 나타난 사도 바울의 삶은 고난과 시련의 연속만은 아니었다. 그는 복음전파의 현장에서 당하는 많은 고난과 역경 속에서 살아계신 주님의 도우심을 생생하게 체험한 것을 간증한다. 그는 여러 차례 생명의 위협을 받는 극한 상황 속에 들어가기도 했지만 그것을 벗어나게 하시는 살아계신 주님의 구원하심을 경험했다. 그는 사방으로 우겨쌈을 당하고 거꾸러뜨림을 당하는 상황에서도 다시 일어나게 하시는 주님의 도우심을 경험했고, 배고픔과 헐벗음과 궁핍과 고난 속에서도 풍족하게 채워주시는 주님의 풍성하심을 체험했다. 그는 복음을 위하여 당하는 고난의 현장 속에서 부활의 영광을 풍성하게 경험한 것이다.

그리스도인들, 특히 복음전파자들은 바로 이렇게 복음의 역설적 진리를 전파하는 사람들이다. 그리스도의 복음이 우리의 편한 환경이나 관념의 영역에만 머물러 있다면 생명력을 발휘할 수 없다. 그리스도의 복음은 궁핍과 환난과 매 맞음과 갇힘이 존재하는 복음전파의 현장에서 실제적으로 나타나는 하나님의 생명력이다. 하나님의 복음은 고난 속에서 생명의 꽃을 피운다. 고린도후서에서 우리는 이러한 복음의 역설적 생명력을 생생하게 발견할 수 있다.

고린도후서에서 사도 바울은 특히 사도적 직분자 곧 복음전파의 사명을 위임받은 사람이 감당해야 할 사역의 본질과 내용이 무엇인지를 말해 준다. 그는 이것을 의의 직분, 영의 직분 그리고 화해의 직분으로 소개한다. 그들은 죄의 권세에서 해방되어 하나님의 은혜의 통치권 안으로 들어가게 하는 하나님의 의의 길을 전파하는 의의 직분자들이다. 그들은 사람들로 하여금 성령의 역사하심을 따라 선명하게 주님의 영광을 보며 주님의 형상으로 변화하게 하는 영의 직분자들이다. 나아가 그들은 하나님과 원수 되었던 관계를 청산하고 화해하게 하는 화해의 직분자들이다.

고린도후서 이해를 위한 준비

고린도후서를 전체적으로 이해하는 것은 물론 우리가 다루게 될 주제의 이해를 위해서는 사전 지식이 필요하다. 고린도후서는 특히 복음의 역설적 생명력을 다루므로 사도 바울이 그런 주제를 다루게 된 배경과 상황을 알아본다.

먼저 사도 바울의 부활신앙을 살펴볼 것이다. 복음전파를 위한 바울의 역동적 활동이 바로 그가 가졌던 부활신앙에 기초했기 때문이다. 다음으로 사도 바울이 고린도후서를 기록하던 때의 목회적 정황을 알아보고자 한다. 고린도후서에는 특히 그가 당했던 많은 시련과 고난의 내용이 제시된다. 그리고 고린도후서에서 사도 바울이 참된 사도직을 강조하게 된 이유와 관련하여 고린도 교회에서 활동하던 바울의 반대자들의 성격을 알아볼 것이다.

1. 사도 바울의 부활신앙

사도 바울의 기독교 신앙과 사상의 출발점이자 중심점은 다메섹 사건이다. 다메섹에서의 체험은 그로 하여금 부활의 주님의 존재를 인식하는 것은 물론 그와 관련된 모든 것을 다시 보게 만들었다. 또한 열정적으로 확신 있게 복음을 전파하고 신학적으로 깊이 있게 하나님과 예수 그리스도와 성령을 인식하게 만들었다. 우리는 그의 신앙과 사상의 중심인 다메섹 체험을 분명하게 알 필요가 있다.

1) 계시 사건(갈 1:12~16)

사도 바울은 자신의 체험을 계시 사건이라고 말한다. 그는 자기 복음의 근원을 예수 그리스도의 계시(갈 1:12)라고 한다. 이것은 예수 그리스도께서 자신을 바울에게 나타냈다는 의미일 수도 있고 혹은 하나님이 그의 아들(예수 그리스도)에 관하여 바울에게 나타냈다는 의미일 수도 있다. 바울은 후자의 의미로 하나님이 그의 아들을 이방인들에게 전파하기 위하여 그를 자기 속에 나타내시기를 기뻐하셨다고 말한다(갈 1:16).

다메섹 사건은 하나님이 그의 아들 곧 올리우신 그리스도를 바울에게 나타내신 사건이었다. 그것은 그 이후 그가 경험한 여러 가지 영적 체험들(주의 환상과 계시, 고후 12:1)과는 다른 유일한 사건이었다. 그것은 부활의 주님이 영광의 빛으로 그에게 자기 자신을 나타내신 사건으로서 바울은 선교활동 내내 그의 사도직이 도전받을 때마다 그 사건에 의지하여 자신의 사도직을 변호했다(고전 9:1; 15:8).

2) 부활현현 사건(고전 15:5~8; 9:1)

바울은 자신의 체험을 소개할 때 부활의 주님이 주권적으로 그 자신을 바울에게 보여 주신 결과로 그 주님이 바울에게 보이신 사건으로 전달한다. "맨 나중에 만삭되지 못하여 난 자 같은 내게도 보이셨느니라"(ὤφθη옵쎄, 고전 15:8). 그는 자신의 체험을 부활의 주님이 다른 제자들에게 나타내신 사건과 동일한 것으로 묘사한다(ὤφθη옵쎄, 고전 15:5~7). 여기서 사용된 헬라어 동사 '옵쎄'는 ὁράω(호라오)의 단순과거 수동태로서 부활현현 사건을 나타내는 전문 용어다.

바울은 또 이 동사의 능동태를 사용하여 부활의 주님이 그 자신을 자기에게 보여 주어 그가 그 주님을 보게 되었다고 말한다. "내가 … 예수 우리 주를 보지 못하였느냐"(ἑόρακα헤오라카, 고전 9:1).

3) 소명 사건(행 9; 22; 26장)

바울은 계시 체험을 개심으로 표현하지 않고 사도 직분의 위임을 위한 주님의 부르심으로 이해했다. 부활의 주님이 제자들에게 나타나 선교사명을 위임한 것과 같이, 다메섹 사건은 이방인의 사도로서의 부르심과 선교사명의 위임 사건이었다(갈 1:16). 동시에 그것은 이방인 선교를 위한 사도직의 위임이었다(살전 2:4; 갈 2:7; 롬 1:1; 15:15ff). 그 결과 바울은 부득불 복음을 전파해야 하는 사명자가 되었다. "내가 복음을 전할지라도 자랑할 것이 없음은 내가 부득불 할 일임이라 만일 복음을 전하지 아니하면 내게 화가 있을 것임이로라"(고전 9:16).

사도행전의 저자는 다메섹 사건을 살아계신 주님에 대한 묵시적 체험과 소명의 위임으로 세 번에 걸쳐 전달한다(행 9; 22; 26장). 여기서 다메섹 체험의 결과는 "다시 보는 것"과 "눈을 뜨는 것"이다. 부활의 주님과의 직접적인 만남의 체험은 그에게 부활의 세계를 보는 새로운 눈, 영적인 눈, 영원한 눈을 갖게 했으며 바울의 삶을 근본적으로 변화시켰다. 그는 그리스도를 소유한 사람 곧 그리스도를 통하여 세계와 존재의 모든 것을 다시 보는 새로운 피조물이 되었다.

2. 사도 바울의 목회적 정황-3차 선교 활동

고린도후서를 쓰던 때의 사도 바울의 목회적 정황을 아는 것도 이 서신의 내용을 이해하는 데 큰 도움을 준다. 고린도전후서를 어디서 썼는지에 관하여 바울은 직접적으로 말하지 않는다. 그런데 바울이 고린도후서에서 적어도 두 번 고린도를 방문했다는 것과 이제 세 번째 방문을 앞두고 있다는 언급(고후 12:14; 13:1)과 사도행전에 나타난 그의 선교활동을 연결해 보면, 그는 3차 선교활동 곧 에베소 사역 중에 고린도 교회에 편지를 썼던 것으로 보인다.

1) 에베소 사역(행 19장)

바울은 2차 선교활동을 마친 후 안디옥으로 돌아갔다가 그곳을 떠나 북부 갈라디아와 브루기아를 거쳐 에베소로 갔다(행 18:23). 에베소는 아시아도의 수도였으며 그곳은 3년 동안 바울 사역의 중심지였다(행 20:31). 그는 2년 동안 두란노 서원에서 가르쳤는데, 그의 사역은 큰 호응을 얻었다(행 19:10). 그를 통하여 하나님의 놀라운 권능이 나타났고 마술사들까지 회개하는 일들이 일어났다. 나중에 은세공업자 데메드리오를 중심으로 일어난 소요 사태의 어려움이 있긴 했지만, 에베소 사역 동안 바울은 큰 어려움 없이 놀라운 사역을 감당한 것으로 보인다.

2) 투옥 속에서의 사역(고전 15:32)

그러나 고린도전후서에서 바울은 자신의 사역 환경에 대해 다르게 언급한다. 특히 고린도후서에서 바울은 많은 고난과 시련 가운데 사역을 감당했던 것으로 언급된다. 사도행전의 저자는 에베소에서 바울의 투옥에 관하여 언급하지 않았다. 그러나 그의 서신들에서는 이 기간 동안에 투옥의 가능성을 언급한다.

먼저 바울은 에베소에서 맹수로 더불어 싸웠다고 말한다(고전 15:32). 이 말의 의미에 관하여 논란이 있지만, 문자적 의미로 본다면 죄수가 되어 검투사에 동원되었을 가능성을 말해 준다. 또 고린도후서에서는 그가 열거하는 고난의 목록 중에 '갇힘'이 언급되어 있다(고후 6:5).

3) 고난 속에서의 사역(고후 1:8~10; 4:7~12; 11:24~27)

고린도후서에서는 그의 사역 환경이 얼마나 힘들고 어려웠는지 보다 더 상세히 언급된다. 그는 죽음의 고비를 여러 차례 넘기기도 했으며(고후 1:8~10) 또한 사방으로 우겨쌈을 당하고 답답한 일을 당하기도 했다(4:7~12). 고린도후서 11:24~27에서 언급한 고난들 중에서 어떤 것들은 이 기간에 당한 것들도 포함되었을 것이다.

바울은 그의 3차 선교활동 기간에 이처럼 많은 고난을 당하며 사역을 감당했는데, 역설적으로 고난을 당하던 이 기간에 그는 성경에 포함된 여러 서신들을 쓰기도 했다. 바울서신 중에서 최대의 작품인 로마서도 이 사역의 마지막 단계에서 저술되었다. 이렇게 힘든 상황에서 감당했던 그의 사역 자체가 복음의 역설적 생명력을 웅변해 준다.

3. 고린도 교회에서 바울의 반대자들

고린도후서에서 참된 사도직에 관한 바울의 교훈을 적절하게 이해하기 위하여 필요한 것이 또한 고린도 교회에서 활동하던 바울의 반대자들을 이해하는 것이다. 바울은 그 반대자들의 신분이나 주장에 관하여 직접적으로는 거의 말하지 않는다. 그러나 그의 언급들은 대부분 그 반대자들을 염두에 두고 그들의 가르침이나 행위에 대응하기 위한 목적에서 이루어졌다. 고린도후서는 이러한 변증적 성격이 고린도전서보다 더 강하다.

1) 고린도전서

고린도전서에서 바울은 고린도 교회에 있던 여러 가지 문제들을 다루는데, 그를 반대하거나 다른 견해를 가진 사람들이 간접적으로 혹은 암시적으로 언급된다. 고린도전서 전체를 통하여 그들은 열광적 영성의 사람들이었던 것으로 보인다. 그래서 그들은 자신들이 이미 어떤 높은 수준의 영성에 이르러서 부요하고 배부르며 왕노릇한다고 과신하고 있었다(4:8).

그러나 바울은 그들을 가리켜 '교만하여졌다' 혹은 "교만한 사람들"로 규정한다(4:18~19). 그들은 교만해져서 자기 아버지의 아내와 동거하는 어떤 형제의 일에 대하여 통분히 여기지도 않았고 그 문제를 해결하려고도 하지 않았다(5:2). 그들은 신령한 식물을 먹고 신령한 음료를 마시면서 깊은 영성의 경지에 다다랐으며 천사들의 말을 하고 신령한 은사들을 소유했다고 주장하고 있었다. 그들 중에는 죽은 자 가운데서 부활이 없다고 주장하는 사람들도 있었다(15:12).

그러나 고린도전서에서는 그들이 바울의 사도직에 의문을 던졌다든지 혹은 그의 복음의 진정성에 문제를 제기했다는 내용이 거의 없는 것으로 보아 고린도전서를 쓸 당시에는 아직 그런 문제가 크게 대두되지 않았던 것으로 보인다.

2) 고린도후서

고린도후서에서 바울은 보다 더 직접적으로 그의 반대자들에 관하여 언급한다. 고린도전서에서 보이는 바울의 반대자들과, 고린도후서에 등장하는 반대자들이 동일한 사람들인가에 대해서는 논란이 있으며 일반적으로 는 다르다고 생각한다. 고린도후서의 반대자들은 고린도 교회에 새로 들어와 영향력을 행사하며 바울의 사도직과 그의 복음의 진정성에 대하여 의문을 제기했던 것으로 보인다.

바울은 불의 행한 자/불의 당한 자(7:12), 무명의 비판자들(10:7~11) 그리고 새로 도착한 사도들(11:13)의 이름이나 신원을 밝히지 않는다. 그들을 가리켜 "히브리인, 이스라엘인, 아브라함의 씨"(11:22)라고 부른 것은 그들이 유대교 배경의 사람들이었음을 보여 준다. 그들을 가리켜 "의의 일군들로 가장한다"는 언급(11:15)도 그들이 유대교의 율법과 바리새주의를 섬기는 것을 시사한다.

바울이 모세의 영광이 이제는 빛을 잃었다고 말한 것(3:7~17)도 고린도 교회에 새로 들어온 사람들이 모세에 관하여 주장한 것에 반박한 것으로 보인다. 그들이 바울의 사역지인 고린도에 와서 사역한 것은 바울의 사역 영역에 대한 침해며 십여 년 전에 예루살렘 총회에서 이루어진 선교 협약을 깨뜨리는 것임을 암시한다(갈 2:9). 그들이 내세웠던 황홀경과 신비적인 특성(5:11~13; 12:1~6, 12)은 유대교 안에서도 얼마든지 가능한 요소였다. 그들은 그런 것들을 앞세워 자기들의 권위를 내세웠고 고린도 교인들의 복종을 강요했다(11:19~20).

그런데 고린도후서에 따르면, 그들은 고린도에서 특히 수사학과 웅변을 중요시하는 사람들에게서 환영받은 것을 알 수 있다. 그들은 바울이 바로 이 분야에서 부족하다는 이유로 그를 심하게 비판했다(10:7~11). 그렇다면 어떻게 이 유대교 배경의 사람들이 고린도 교회의 학식 있는 헬라 교인들에게 환영받는가? 바울은 왜 그들에 대하여 헬라의 수사학적 관행(비교와 자랑)을 사용하여 말했는가(10~11장)? 그들에게서 보이는 유대교적인 면과 함께 헬라 문화권 사람들이라는 이중성이 그들의 신원을 밝히는 데 어려움으로 작용한다.

사도 바울이 언급한 "지극히 큰 사도들"(11:5; 12:11)과 "그리스도의 사도로 가장한 거짓 사도들"(11:13) 사이의 관계도 논란의 대상이다. 일반적으로 "지극히 큰 사도들"은 바울이 갈라디아서에서 말한 "유명하다는 이들"(갈 2:6) 혹은 "기둥 같은 이들"(갈 2:9)로 간주되어 왔다. 그러나 고린도후서에서는 그런 사도들을 가리킨 것이 아니라 다른 예수와 다른 복음을 갖고 고린도에 들어온 바로 그 사람들을 가리킨다고 보는 것이 보다 더 타당하다. 바울은 그 자신과 사도들이 동일한 복음을 전파한다고 강조했다(고전 15:11). 그러므로 "지극히 큰 사도들"은 그들의 표현을 빌려 그들을 냉소적으로 표현하는 방식이었다. 바울의 판단에 따르면 그들은 자기 자신을 그리스도의 사도로 가장하는 거짓 사도들이었다.

그런데 여기서 그들은 갈라디아에서 문제를 일으켰던 것처럼 할례를 주장한 것으로는 보이지 않는다. 고린도후서에서는 이방인 – 할례 논쟁이 언급되지 않기 때문이다. 바울이 고린도후서의 첫 번째 주요 부분(2:14~7:4)에서 참된 사도직의 실현을 부각시킨 것을 보면, 그들은 바울의 사도직과 그가 전파하던 복음의 진정성을 강하게 비판했던 것으로 보인다.

참된 사도의 표시

바울이 마케도니아로 간 이후(2:13)의 이야기는 고린도후서 7:5에서 재개된다. 고린도후서 2:14~7:4에는 그가 마케도니아로 간 상황과는 다른 주제가 제시된다. 바울이 왜 갑자기 별개의 주제를 다루었는가 하는 문제는 지금까지 많은 논쟁의 대상이 되어왔다. 이 문제의 해답에 관하여 크게 두 가지 견해가 제기되었는데, 먼저, 바울이 갑자기 주제를 바꿨다고 보는 견해다. 다음에는 고린도 교회에 보낸 바울의 편지들을 수집하고 정리하는 과정에서 편집된 결과라는 견해다.

아무튼 바울이 마케도니아로 가서 디도를 만난 이야기는 7:5 이하에서 다시 언급되고 그 중간에는 참된 사도직의 본질과 고린도 교회와의 화해에 관한 내용이 제시된다. 바울은 그의 사도직이 의심받는 상황에서, 참된 사도가 감당하는 사역의 본질이 무엇이며 그런 사역자의 표시가 무엇인지를 제시한다.

1. 참된 사도의 직분(2:14~4:6)

바울은 먼저 참된 사도직의 본질 곧 참된 사도는 어떤 사역을 감당하는 사람인지를 제시한다. 그의 반대자들이 사람들의 추천서를 의지하는 것을 염두에 두며 바울은 참된 사도는 사람들의 추천서가 필요 없는 그리스도의 일꾼임을 부각시킨다. 참된 사도는 새 언약의 일꾼으로서 의의 직분, 영의 직분을 감당하는 사람이다. 그는 사도의 직분은 자기를 전파하는 것이 아니라, 그리스도 예수의 주 되심과 예수를 위하여 회중을 위한 종이 되는 것을 전파하는 것임을 강조한다.

1) 참된 사도의 적합성(2:14~3:5)

바울은 그의 반대자들의 주장과 견해에 대응하여 참된 사도직을 제시하는 데 역점을 둔다. 그는 그들의 신원을 밝히지는 않지만 그들의 성격을 "하나님의 말씀을 혼잡하게 하는 사람들"(2:17)과 "추천서를 필요로 하는 사람들"(3:1)로 표현한다.

바울은 그들을 직접적으로 상대하여 말하지는 않는다. 그러나 바울이 늘 그들을 염두에 두고 말한 것을 보면, 그들은 고린도 교회에서 그에 대해 여러 가지로 비판하고 있었던 것으로 보인다. 바울에 대한 그들의 비판은 여러 가지로 제기되었다. 즉 바울은 이랬다저랬다 하는 변덕스러운 사람, 무능하고 언제나 자기의 문제들을 피해 달아나는 사람, 하나님의 능력을 지녔다는 표시를 아무것도 보여 주지 못하는 사람 그리고 그의 사역에 관하여 추천해 줄 유력한 사도가 없는 사람이라는 것이다. 이러한 바울에 비해 그들 자신은 모든 것을 스스로 해결할 수 있는 능력을 가졌고 하나님의 능력을 갖고 있으며 사역을 위한 추천서도 있다고 자랑하고 있었다.

바울은 그의 사도직이 의심받는 이러한 상황에서 자신의 사도적 사역의 적절성을 설명한다. 그의 반대자들은 그의 사람 됨과 사도로서의 적격성을 비판했다. 그러나 쟁점은 그런 개인적인 차원보다 더 깊은 요소를 포함한다. 사역에 대한 논쟁의 바탕에는 어떤 종류의 사역이 하나님의 인정을 받는가 하는 신학적 질문이 깔려 있다. 어떤 사역이 하나님의 인정을 받는 사역인가? 나아가 하나님의 인정을 받는 사도는 어떤 표시를 갖고 있는가?

바울은 하나님이 그리스도 안에서 승리의 전투를 시작하셨다는 것을 전제로 인정한다(2:14). 그리스도의 승리의 복음이 전파되며 여러 사역자들이 이 복음의 메시지를 전파한다. 그렇다면 이 메시지를 전파하는 사람들의 자격이 무엇인가에 관한 논란이 고린도 교회에서 일어나고 있었다. 그의 반대자들은 자기 자신들을 인정받는 "그리스도의 일군들"(11:23)로 내세웠으며 복음 사역에 적합한 용기와 업적을 증명해 주는 추천서들을 내밀었다. 그러면서 바울은 신체적으로도 연약하며 그의 사역은 비효과적이라고 평가절하했다.

이것에 대하여 바울은 그의 반대자들이 내세우는 자격의 기반을 공격한다. 그는 외적인 표시들이나 추천서들을 무가치하게 여긴다. 그런 것들 대신 바울은 사역을 통해 고린도 교인들에게 새 생명을 주신 하나님의 성령의 내면적 역사에 호소한다. 복음전파자의 적절성은 자기 스스로 내세우는 것이 아니라 하나님께로부터 주어지는 것이다(3:5). 그래서 바울은 하나님 앞에서 그에게 주어진 소명을 따라 그리스도 안에서 주어지는 활력을 갖고 복음의 말씀을 순수하게 전파한다는 것을 부각시킨다.

2) 새 언약의 직분(3:6~18)

바울은 그의 반대자들이 "모세에게로 돌아가자"고 주장한 것에 반대하여 옛 언약과 새 언약의 대조점들을 여러 가지로 다룬다. 다만 여기서는 갈라디아서와 로마서에서 제기된 율법의 부정적 역할에 관해서는 본격적으로 다루지 않는다. 그러나 그는 그러한 율법의 부정적 역할을 토대로 참된 사도가 감당해야 할 직분에 관하여 설명한다. 즉 율법에 기초한 옛 언약이 정죄와 죽음에 이르게 하는 반면, 그리스도 예수를 통한 새 언약은 의와 생명으로 인도한다. 옛 언약은 일시적이어서 지금은 폐하여졌지만, 새 언약은 영원한 약속이다. 새 언약은 하나님의 영에 의해 그리스도의 형상에 이르게 한다.

바울은 그의 반대자들이 여전히 유대교의 유산인 옛 언약(율법)에 의지하는 것을 비판하며 참된 사도는 그리스도 안에서 이루어진 새 언약을 바탕으로 일한다고 설명한다. 율법은 그 자체로는 거룩하고 의롭고 신령한 것이지만(롬 7:12, 14), 그것은 결과적으로는 사람을 죽음에 이르게 하며(3:7) 또 정죄에 이르게 한다(3:9). 율법은 거룩한 목적을 갖고 있지만, 그 역할은 일시적이다.

율법의 이러한 일시적 역할이 율법의 영광(3:7, 11)은 물론 율법을 준 모세의 영광(3:7)이 일시적인 것이라고 표현한다. 바울은 이러한 일시성을 증명하기 위하여 출애굽기 34:29~35의 사건을 활용한다. 하나님과 대면하고 돌아온 모세의 얼굴에서 광채가 났지만, 그 광채는 시간이 지남에 따라 흐려졌고 급기야 사라졌다. 하나님의 영광은 이제 율법이나 성전, 제사장에게서 나타나는 것이 아니라 예수 그리스도의 얼굴에서 나타난다(4:6; 딛 2:13).

그리고 바울은 모세의 얼굴을 덮은 수건을 하나님과 인간 사이를 막고 있는 율법의 장벽으로 제시한다. 율법이 유대인들로 하여금 구약을 읽을 때 진리를 깨닫지 못하게 방해한다는 것이다. 그들은 율법을 그리스도를 영접하게 하기 위한 일시적 대행물로 보지 않고 하나님의 완전한 계시로 보았다. 그래서 그들은 여전히 마음이 완고하고 소경인 상태로 머물러 있다(4:3; 롬 11:25).

그러나 사람이 주(그리스도)께로 돌아가면 그들의 눈을 가리던 수건이 벗겨지고 성경에서 그리스도를 발견하게 된다. 주님은 영이시기 때문에, 우리가 주님께로 가면 마치 모세가 하나님께로 나아갔던 것과 같이 하나님의 현존 앞으로 나가는 것이 된다. 그리스도인들은 수건을 벗은 얼굴로 주님의 영광을 보며 주님의 형상으로 변화되어 주님의 영광에 참여하는데, 그모든 것은 주님의 영으로 말미암아 이루어지는 하나님의 역사다.

3) 영광의 직분(4:1~6)

바울은 그런 영의 직분을 받은 사람들의 자세가 어떠해야 하는지를 제시한다. 바울은 그의 반대자들을 "하나님의 말씀을 혼잡하게 하는 수다한 사람들"이며 고린도 교회에 추천서를 갖고 온 어떤 사람들이라고 말한다 (2:17; 3:1). 이제 바울은 그들이 자기에게 가한 비판의 본질을 밝힌다. 바울은 자기 자신을 변호하면서 고린도 교회에서 최대한 주의를 기울여 사역했다고 주장한다. 그는 결코 복음의 메시지를 바꾸거나 청중을 조종하지 않았다. 하나님의 신실한 사자인 바울은 독자들의 인격을 존중하고 말씀을 정확하게 전달했다.

그러나 바울의 반대자들은 그의 사역이 부적합한 동기들을 갖고 있으며 그는 신체적으로 연약하고 신학적인 외고집이 있다고 비판했다. 이런 비판에 대응하여 바울은 여러 가지 사항에 기초하여 그의 사역의 적합성을 다음과 같이 변호한다. 즉 그는 교회의 중심적 신앙고백인 그리스도 예수의 주 되심을 전파했다(4:5). 주님의 부르심 속에서 그리스도의 영광의 복음의 광채를 경험했고(4:4), 예수 그리스도의 얼굴에 있는 하나님의 영광을 아는 빛을 받았다(4:6). 하나님의 새로운 일꾼들로서 모든 민족에게 복음을 전파하며(4:5), 대중적인 인기를 얻기 위한 방법들과 변칙적인 길을 거부한다.

2. 참된 사도의 삶(4:7~5:15)

바울은 새 언약의 일꾼으로서 의의 직분과 영의 직분을 감당하는 사도들의 삶의 내용을 제시한다. 복음전파자들 그 직분의 귀중함에도 불구하고 그들의 삶 자체는 생명의 위험을 무릅쓴 고난의 연속이다. 그러나 복음전파자들은 그러한 고난의 삶 속에서도 부활의 생명을 역동적으로 체험한다.

그래서 그들이 진정으로 바라보는 것은 이 세상의 보이는 것이 아니라 보이지 않는 부활의 희망이다. 그들이 죽음의 위험에 직면하면서도 담대히 복음전파 사역을 감당할 수 있는 이유는 그들이 영원한 희망 곧 부활의 희망이 바라보기 때문이며 또 그리스도의 심판대 앞에서 자기의 사역에 대해 판단받을 것을 믿기 때문이다.

1) 참된 사도의 표시(4:7~18)

참된 사도의 표시는 복음전파를 위하여 받는 고난의 현장에서 부활의 생명을 체험하는 것이다. 복음전파자들이 직면하는 현실의 냉혹함은 고난과 육신의 후패(4:7~18), 죽음(5:1~9), 심판(5:10) 등으로 표현된다. 이것들은 어느 누구도 피할 수 없는 인간 실존의 보편적 현실이다. 여기서 '우리' 혹은 '우리의'가 반복된 것은 일반인들의 고난과 죽음을 가리키는 것이 아니라, 복음전파자들의 실존을 가리키는 것이다. 바울은 자기 자신 및 그가 속한 복음전파자 집단의 현실을 언급하고(4:8~15) 또 그것을 넘어서 모든 그리스도인들의 궁극적 희망을 제시한다(4:16~5:10). 바울은 그의 반대자들이 능력과 성공에 관한 것만을 말하는 것에 대응하여 고난과 죽음과 심판의 내용을 전달한다.

바울은 그의 사역이 어떤 점에서 참된 사도로서의 사역인지 그 정당성을 변호한다. 그는 낙심할 수도 있는 힘든 상황에 처해 있었다(4:1, 16). 그러나 그는 낙심하지 않는다고 반복하여 언급한다. 우리는 이 구절들에서 바울의 사역이 비효과적이고 연약하다는 것 그래서 결과의 측면에서는 어떤 큰 호응을 얻지 못했다는 풍자적 언급을 읽을 수 있다. 그래서 그의 반대자들은 이것을 자격 미달로 평가했고, 바울은 그러한 평가에 대하여 설명해야만 했다.

바울은 여러 근거에 기초하여 자신의 자격을 확신했다. 그가 제시한 근거들은 다음과 같다. 1) 그 자신의 신실함, 2) 그가 전파한 복음 자체가 빛을 발함, 3) 많은 사람들을 얻지 못한 것이 자격 미달이나 메시지의 정당성

부족이 아님, 4) 고린도 교인들의 삶에 일어난 변화들 등이다. 주님의 영광이 연약하고 위협받는 삶 속에서 나타났다. 주님을 위해 당하는 고난의 현장에서 주님의 도우심을 생생하게 체험하고 있었음을 제시한 것이다.

참된 사도들이 누리는 복음의 역설적 생명력의 결론이 4:11~12에 언급된다. 그의 사도적 사역은 주님의 낮아지심에 실제적으로 참여하는 것이며 그 속에서 주님의 승리의 삶에도 참여하게 된다(4:14). 마지막 승리의 소망은 죽은 자 가운데서 부활에 이르는 것이다(참조. 빌 3:10~11). 그리스도를 위해 받는 사도들의 고난과 시련은 교회의 풍성한 생명으로 나타난다(4:15).

2) 부활의 소망(5:1~10)

사도적 직분자들과 함께 모든 그리스도인들이 궁극적으로 바라보는 것은 부활의 영원한 희망이다. 바울은 그 영원한 희망의 본질인 죽은 자의 부활을 설명한다. 그는 고린도전서 15장에서 이미 죽은 자의 부활을 길게 설명한 바 있다. 여기서는 부활의 중심적 요소인 존재의 변형을 중심으로 간략하게 다룬다.

바울이 여기서 죽음 이후의 삶을 구체적으로 제시하려고 한 것은 아니다. 죽은 자의 부활은 하나님의 종말론적 구원 활동의 완성으로서 하나님의 구원 활동의 최종적인 단계에서 이루어질 것이다. 그래서 바울이 부활에 관한 교훈을 전달할 때도 그의 주된 관심은 죽음 이후의 삶의 구체적인 내용이 아니라 부활이라는 구원의 완성을 희망하는 그리스도인들의 현재의 삶이 어떠해야 할 것인가에 더 큰 관심을 두고 있었다. 그는 미래에 있을 종말론적 완성의 희망을 현재의 삶에 의미를 주기 위한 것으로 이해했다. 그는 그리스도인들이 아직 바라고 기다리는 희망을 따라 산다는 것을 확인시켜 주기를 원했다.

바울의 부활관은 철저히 죽은 자의 부활이다. 죽은 자의 부활은 헬라적 영혼불멸설에 기초한 것이 아니다. 그는 개개 그리스도인이 죽을 때 불멸성을 지니게 될 것이라는 견해에 반대한다. 그래서 바울은 부활은 벗는 것이 아니라 혹은 벗은 상태로 발견되는 것이 아니라 입는 것 혹은 죽을 것이 생명에게 삼킨 바 되는 것으로 제시한다. 땅에 있는 장막집이 무너지는 것은 죽음 혹은 재림 때 있을 변화의 사건을 가리킨다. 그리스도인들의 존재는 이 세상에서의 삶으로 끝나는 것이 아니라 그 후에 영원한 삶이 기다리고 있다.

이 본문은 바울이 왜 그의 사역이 많은 시련에도 불구하고 계속될 것이며, 왜 그의 고난에도 불구하고 자격이 있는지에 대한 결론적 언급이다. 땅의 몸은, 비록 쇄하여 가지만 성령의 집이다(참조. 고전 6:19). 하나님의 보증인 성령께서 하나님이 그의 백성을 위하여 더 좋은 어떤 것을 예정하고 계신다는 신앙의 기초를 제공한다. 그리스도인들이 영원한 거처, 신령한 몸을 하나님께로부터 받는 때가 올 것이다. 그의 반대자들이 평가의 기준으로 삼는 보이는 것이 다가 아니다. 하나님은 그리스도 안에서 죽은 성도들과 재림 때에 살아 있는 성도들 모두를 살리시고 변화시킬 것이다. 성령은 그러한 종말론적 역사의 보증이다.

3) 선교적 삶을 위한 동기(5:11~15)

여기서 바울은 참된 사도의 사역의 동기를 말한다. 그것은 신약성경 전체를 관통하는 삶의 원리기도 하다. 모든 그리스도인들이 하나님 아들의 심판대 앞에 서야 한다는 하나님의 요구의 빛에서 사역을 감당하도록 부름받는다. 그리스도의 죽음과 부활에서 표현된 하나님의 사랑이 그리스도인으로 하여금 하나님께 온전히 헌신한 삶을 살도록 인도한다. 이 사랑이 모든 시련과 역경 속에서도 복음을 전파하게 하는 원동력이다.

바울은 연약함과 고난 속에서 사역을 감당했기 때문에 그의 반대자들에게서 사도직의 의심을 받았다. 그들은 그런 연약함이나 고난의 삶은 참된 사도의 표시가 아니라고 생각했다. 그러나 바울은 정반대의 국면에서 참된 사도의 표시를 제시한다. 즉 바울은 예수님이 모든 사람을 위하여 대신 죽으신 것을 상기시키면서 이것이 그리스도인들의 삶의 원리가 되어야 함을 말한다. 그리스도인들은 주님과 같이 다른 사람들을 위하여 자기의 생명을 내어놓는 데까지 사랑을 실천하도록 부르심을 받은 것이다.

바울은 복음 안에서 자랑한다는 그의 입장을 견지한다. 그의 연약하게 보이는 것들이 사실은 하나님이 일하시는 결과라는 것을 그의 반대자들이 보기를 바랬다. 주님을 두려워 한다는 것은 예수님을 위해 산다는 것과 같은 의미를 갖는다. 하나님의 능력은 바울이 연약할 때 곧 박해받고 경멸받으며 굴욕을 당하며 가난하며 병들었을 때 더 생생하게 나타나는 것이다. 자신의 죽음으로 다른 사람들을 살리신 그리스도의 희생적 삶이 새 생명의 근원이다.

3. 참된 사도의 사역(5:16~7:4)

바울은 그의 사도직에 관한 변호에서 여러 가지 내용을 권면한다. 그의 권면은 단순한 권면이 아니라, 명령적 권면이다. 이것은 바울의 교훈에서 보이는 특징 중의 하나로서 하나님 편에서의 당위적 요구를 가리킨다.

여기서 바울의 호소의 중심은 화해다. 먼저 하나님이 그리스도 안에서 인간을 향하여 이루신 화해가 언급되고, 다음에 고린도 교회와 바울 자신의 화해가 거론된다. 바울은 고통스런 방문에서 폭발된 고린도 교회와의 불편한 관계를 회복하기 위하여 둘 사이의 관계 회복을 간절히 호소한다. 고린도후서 6:14~7:1에는 문맥과는 맞지 않는 그리스도인들의 구별된 삶에 대한 명령적 권면이 들어 있다.

1) 화해의 직분(5:16~21)

여기서 바울은 그리스도 안에서 새 시대가 시작되었고 새 세계가 열렸다는 확신을 전달한다. 새로운 피조물, 화해, 하나님의 의라는 어구들이 이러한 새 세대의 모습을 나타내는 동의어들로 사용된다. 하나님은 그의 주권 속에서 새 세대를 출발시켰다. 그리스도인들은 믿음으로 이 세대에 들어온 사람들이다. 그들은 과거의 이기적인 삶을 청산하고 그리스도 안에서 거듭났다.

바울 또한 부활의 주님을 만나고 나서 그분 안에서 모든 것을 새롭게 바라보게 되었다. 그는 우리가 사람을 생각할 때도 부활의 주님 안에서 새롭게 생각해야 함을 지적한다. "새로운 피조물"이란 하나님의 종말론적 회복의 첫 열매인 그리스도와 연합된 인간이다. "이전 것"은 죄의 종이 되어 하나님의 원수로 행하던 옛 사람인 반면, "새 것"은 그리스도 안에서 죄 사함을 받고 그리스도를 옷 입은 새 사람을 가리킨다.

바울은 다시 그에게 부여된 사도적 직분의 논의로 돌아온다. 그리고 그가 감당하는 사도적 직분의 또 다른 국면인 화해의 직분에 관하여 설명한다. "모든 것"이란 예수 그리스도를 통한 구원의 모든 것 곧 새 지식, 새 시각, 새 가치, 새 창조 등 그리스도 안에서의 모든 생명의 활동을 가리킨다. 이것은 창조와 회복에 관계된 모든 것이 궁극적으로는 하나님의 주관 아래 있음을 나타낸다.

하나님은 그리스도 예수 안에서 이루어지는 모든 구원의 근원이다. 하나님이 그리스도를 통해 행하신 가장 중요한 일은 사람으로 하여금 하나님과 화해하게 하신 일이다. 그것은 예수의 대속의 죽음을 통하여 우리의 죄를 용서하신 것(롬 3:25~26)과, 우리를 하나님의 자녀로 영접하는 것으로 이루어진다(롬 8:15~17). 하나님의 화해는 원수 되었던 관계가 자녀의 관계로 변화된 것에서도 나타난다.

하나님은 하나님과의 화해를 경험한 사람들에게 화해하게 하는 직분도 주신다. 모세가 감당했던 "율법 수여의 직분"이나 사도들이 감당하는 "의의 직분" 혹은 "영의 직분"은 율법이나 복음에 의하여 사람들을 하나님과 관계시키는 일이다. 바울은 모세의 직분을 "죽게 하는 직분" 혹은 "정죄의 직분"으로 소개한 반면(고후 3:7~8), 사도들의 직분을 "영의 직분" 혹은 "의의 직분"으로 소개한다(고후 3:8~9).

'화목'은 하나님과의 관계 회복이라는 관계적 용어기도 하며 하나님의 법정에서 죄 없음을 선포하는 법정적 용어기도 하다. '화목' 혹은 '화해'는 하나님의 의의 또 다른 표현이다. 새 언약의 일꾼들은 그리스도 예수 안에서 이루어진 하나님과 화해를 바탕으로 화해를 전파하는 사람들이다.

2) 참된 사도의 표시(6:1~10)

바울은 그가 받은 이 화해의 직분을 감당하기 위하여 자신이 취한 자세를 길게 설명한다. 그가 무엇보다 주의하려고 노력한 것은 아무에게도 거리낌이 없게 하려는 것이다. 그것은 그의 복음사역에서 기본자세일 뿐만 아니라, 그리스도인들의 삶을 위한 교훈에서도 바울이 강조한 점이다(롬 14:20; 고전 8:9; 10:32). 그가 이렇게 아무 사람에게나 거리낌이 되지 않게 하려는 목적은 그가 감당하는 화해의 직분이 방해받지 않게 하기 위함이었다. 그가 고린도 교회에서 재정 지원을 받지 않은 것도 이러한 사역의 원칙 때문이었다.

바울이 그의 직분을 감당하기 위하여 다음으로 노력한 것은 복음을 위하여 받는 고난과 역경을 회피하지 않는 것이었다. "하나님의 일군으로 자천한다"는 말은 그가 참된 사도적 직분자임을 나타낸다. 그것은 그가 앞에서 비판했던 사람들과 같이 사람들의 추천서를 제출하는 것이 아니라, 그의 사역에서 동기와 행위의 순수함, 다른 사람들을 위하여 견디는 고난 그리고 그가 복음을 통하여 제공하는 부요함을 통해 나타난다.

그가 제시한 고난의 목록은 그의 서신들에서 많이 언급된 것들이다. 견디는 것(롬 2:7; 5:3), 환난(고후 1:4, 8; 2:4; 4:17; 7:4; 8:2, 13), 궁핍(롬 13:5), 고난(롬 8:35; 고후 12:10), 매 맞음(고후 11:23), 갇힘(고후 11:23), 소란한 것(고전 14:33; 12:20), 수고로움(고후 11:7, 9, 10; 고전 9:12, 15) 그리고 자지 못함과 먹지 못함(고후 11:27) 등이다. 바울은 복음을 위하여 이런 일 당함을 회피하지 않았고 오히려 그런 어려움 속에서 주님의 도우심을 생생하게 체험했다.

바울의 사도 됨의 표시는 그가 부딪쳤던 외부적 환경을 통해서 뿐만 아니라, 그가 가졌던 내적 생명력을 통해서도 나타난다. 깨끗함은 도덕적 순결을 가리킨다(고후 11:2; 빌 4:8). 지식은 정확하게 무엇을 가리키는지 불분명하지만 적어도 바울이 전파하는 복음과 관련된 것만은 분명하다. 고린도 교회를 권면하면서 바울은 상반된 견해들이 경쟁적으로 제시되는 가운데 하나님의 뜻을 통찰하는 지식을 강조한다.

"성령의 감화"는 거룩한 영 곧 하나님의 영(롬 9:1; 14:17; 고전 12:3; 살전 1:5) 혹은 내면의 도덕적 상태를 말한다(롬 1:9; 8:16; 11:8 등). 학자들은 사람의 도덕적 자질들(지식, 오래참음, 자비함 등)을 언급하는 자리에 갑자기 삼위일체의 성령을 언급하는 것이 부적절하다고 지적한다. 바울의 용어 사용에서 추론할 때, 이 구절에서 '영'은 사랑의 영을 가리키며, '거룩하다'는 형용사는 그 사람의 도덕적 자질을 나타낸다. 그러므로 "거짓 없는 사랑"도 바울이 강조한 도덕적 자질 중의 하나다(롬 12:9).

3) 고린도 교회와의 화해(6:11~7:4)

화해의 복음전파자로서의 자질과 자세를 말한 후에, 바울은 고린도 교회와의 화해를 호소한다. 이 부분은 하나님과의 화해를 호소한 5:20~6:2의 내용과 밀접하게 연결된다. 바울은 화해의 복음전파자로서 하나님과의 화해를 호소하는 것은 물론 그 자신이 고린도 교회와 화해하기 위하여 노력한 것을 보여 준다. 그런데 이 단락의 중간에 들어 있는 6:14~7:1은 현재의 문맥에서 벗어난 것으로서 불신자들과의 구별된 삶에 관한 교훈이다. 여기서는 6:11~13과 7:2~4에 나오는 화해의 호소를 먼저 살펴본다.

바울은 먼저 그들도 마음을 넓히라고 호소한다. "우리의 입이 너희를 향하여 열렸다"는 말은 고린도 교회에서 바울의 사역을 가리킨다. 이는 바울이 그들에게 모든 것을 담대하고 진실하게 말했다는 의미다(엡 6:19). "우리 마음이 넓게 열렸다"는 말은 "너희가 우리 마음에 자리잡고 있다"는 말과 연결된다(고후 7:3). 그것은 우리 마음에 비밀이 없고 마음을 넓게 열어 너희를 영접한다는 의미다.

또한 "너희가 우리 안에서 좁아진 것이 아니다"라는 말은 "우리가 너희로 하여금 좁아지게 만든 것이 아니다"라는 말이다. 좁아지게 한 것이 있다면, 그것은 바울이 아니라 그들 자신들의 좁은 마음 때문이라는 것이다. 그들의 좁아짐은 바울의 사역 때문이 아니라 바울에 대한 그들의 부정적 반응 때문이다. 그는 복음 안에서의 자녀들을 향하여 그들의 마음을 넓히라고 호소한다.

05

인간, 죽음 및 부활에 관한 바울의 사상*

고린도전서 15:42~44과 고린도후서 5:1~10을 중심으로

시작하는 말

바울신학에서 인간의 본질과 죽음에 관한 주제는 그 동안 학자들 간에 많은 논란이 되어 왔다.[1] 그런데 최근 일부 학자들이 죽음에서 곧바로 이루 어지는 부활을 주장함으로써 부활의 주제 또한 새롭게 논란거리가 되고 있 다.[2]

이 부활의 주제를 포함한 바울의 종말관은 그의 인간관과 불가분의 관 계에 있다. 그가 인간을 어떻게 이해하느냐에 따라서 그의 종말론적인 진 술, 즉 인간의 죄와 죽음, 부활과 심판, 낙원과 음부, 지옥과 천국 그리고 신 천신지에서의 영생에 대한 진술이 결정되기 때문이다.

따라서 이 논문에서는 바울의 친서 중에서 이 주제와 관련해서 가장 대 표적인 본문들을 중심으로 바울의 인간 · 죽음이해와 종말론에 대해서 접 근해 보고자 한다.

---

* 이 글은 장로회신학대학교 학술지 「장신논단」 제20호 2003년에 등재된 논문을 필자의 허락 을 받고 출판 · 게재한 것입니다.

바울의 인간 이해

1. 고린도전서 15:42~44

바울의 인간관을 이해하는 데 가장 중요한 본문 중의 하나가 고린도전서 15:42~44이다. 바울은 죽은 자의 부활과 관련된 종말론적인 진술 과정에서 인간의 두 몸에 대해 진술한다.[3] 바울의 몸(σῶμα소마) 사상은 그의 인간론(Anthropologie)과 종말론(Eschatologie)에서 핵심용어다. 특히 바울이 고린도전서 15:44에서 피력하는 두 몸 사상은 죽은 자의 부활사상을 포함한 그의 종말관을 이해하는 데 열쇠적인 개념이다. 먼저 본문을 살펴보자.

1) 본문 해석
a. 42절

"죽은 자의 부활도 이와 같으니 썩을 것으로 심고(σπείρεται 스페이레타이) 썩지 아니할 것으로 다시 살며(ἐγείρεται 에게이레타이)."

하나님이 자신의 피조물에게 주신 여러 종류의 형체(σῶμα소마, 38절)와 육체(σάρξ사르크스, 39절) 그리고 그것들의 영광(δόξα독사, 40~41절)에 대해서 언급하던 바울은 42절에서 이 주제를 15장 전체의 주제인 부활과 연결시킨다.

바울이 말하는 부활의 원리는 인간의 경험과 이성적 사고를 뛰어넘는 것이기에 36절 이하의 긴 설명이 필요했다. 이 36절 이하의 장황한 설명은 35절의 질문인 "죽은 자들이 어떻게 다시 살아나며 어떠한 몸으로 오느냐"에 대한 답으로 나아가기 위한 가이드적 설명 부분이다.

이어 42절에서 바울은 35절의 질문을 되살리며 진입적인 설명에 이어서 직접적인 답으로 들어간다. 죽은 자가 땅에 묻힐 때는 썩을 것으로, 즉 썩어질 육체로 묻히지만 부활할 때는 썩지 아니할 것으로, 즉 비육체적인 존재로 다시 살아난다는 것이다. 바울은 여기서 땅에 묻힐 때의 몸과 다시 살아날 때의 부활의 몸의 차이점을 언급한다.

b. 43절

"욕된 것으로 심고 영광스러운 것으로 다시 살며 약한 것으로 심고(σπείρεται 스페이레타이) **강한 것으로 다시 살며**(ἐγείρεται 에게이레타이)."

43절에서도 바울은 42절에서 언급한 두 몸의 차이점을 대비시킨다. 욕된 것(수치, 치욕, 불명예)으로 묻히고 영광스러운 것으로 부활하며, 약한 것으로 묻히고 강한 것(능력, 권능 있는 것)으로 부활한다. 여기서 동사 ἐγείρω(에게이로, 다시 살아나다, 부활하다)와 대비되는 동사가 σπείρω(스페이로, 심다, 씨 뿌리다)라는 것은 주목할 만하다.

바울은 당시 바리새파 유대인들이 그랬던 것처럼 죽은 자의 육체가 땅에 묻히는 것은 부활을 위해서 육체가 땅에 심어지는 것으로 이해했다. 바울이 말하는 부활은 무에서의 부활이 아니라 땅에 심어진 육체의 다시 살아남을 의미한다. 이것은 바울의 죽음과 부활 진술에서 나타나는 동일 '에고'(ἐγώ)의 연속성의 문제다. 영광스럽고 강한 몸으로 부활하게 될 성도는 다른 사람이 아닌 바로 약하고 욕된 육체로 땅에 묻히는 성도다.

c. 44절

"육의 몸으로 심고 신령한 몸으로 다시 사나니 육의 몸이 있은즉 신령한 몸이 있느니라."

왜냐하면 몸에는 두 종류가 있기 때문이다. 하나는 "육의 몸"(소마 프쉬키콘, 육체적인, 지상적인, 물질적인 몸)이고 다른 하나는 "신령한 몸"(소마 프뉴마티콘,

신령한 몸, 영적인 몸)이다.[4] 여기에 가장 분명하게 바울의 두 몸 사상 내지 그것을 토대로 한 그의 인간관이 나타난다. 그는 지상적 – 육체적인 몸과 부활의 몸을 동일시하지 않는다. 부활 전이나 부활 후나 몸이 있는 쏘마적 존재로서의 "나"(에고)는 동일하지만 부활 전과 후의 나의 몸에는 분명한 차이가 있다는 것이다.

44절에서 바울은 부활 이전의 지상적 – 육체적 몸을 "육의 몸"으로 표현한다. 그리고 이 육의 몸은 바울에게 "썩을 몸"(42절), "욕된 몸"(43절), "약한 몸"(43절), "흙에 속한 몸"(47절), "죽을 몸"(롬 6:12), "죄의 몸"(롬 6:6), "낮은 몸"(빌 3:21)이다.

그렇다고 바울이 이 지상적 – 육체적인 몸을 부정적으로만 본 것은 아니다. 이 몸은 하나님이 지으신 몸(롬 1:25), 그리스도의 몸의 지체가 된 몸(롬 12:5), 하나님이 다시 살리실 몸(롬 8:11), 성령이 거하시는 몸(롬 8:9), 성령의 전이 된 몸(고전 3:16), 하나님이 값으로 사신 몸(고전 6:20), 하나님의 영광을 드러내야 할 몸(고전 6:20), 마지막 날 그리스도의 영광의 몸의 형체와 같이 변화될 몸(빌 3:21)이다.

바울은 부활의 몸, 신령한 몸뿐만 아니라 지상적 – 육체적인 몸도 소중한 하나님의 피조물이자 그리스도께서 피 값으로 사신 몸, 우리가 지상에서 하나님의 영광을 드러내야 할 귀한 몸으로 이해한 것이다. 그러나 그럼에도 불구하고 이 지상적이고 육체적인 몸이 부활의 신령한 몸과 비교될 때는 그 차이점이 분명하게 언급된다. 즉 혈과 육은 하나님의 나라를 이어받을 수 없고 또한 썩는 것은 썩지 아니하는 것을 유업으로 받을 수 없다(50절)는 것이다.[5]

2) 신학적 해석

바울은 여기서 그의 부활관뿐만 아니라 자신의 인간이해를 명료하게 드러낸다. 그의 이러한 인간이해는 단회적 표출이 아니라 그의 다른 여러 서신에서도 나타나고 몸의 부활을 믿던 당시 유대인들에게도 보편적인 견해였다.

바울은 육체적 몸과 신령한 몸을 동일시하지 않는다. 지상적인 몸이 땅에 묻혔다가 우주적 부활시에 다시 이전의 육체적인 몸으로 부활한다고 이해하지 않는다. 바울은 하나님이 창조하신 피조 세계에는 수많은 형체와 육체가 있으며 우리 인간에게도 두 종류의 몸, 즉 육의 몸과 영의 몸이 있음을 강조한다. 그는 우리의 지상적인 몸을 육의 몸으로 그리고 부활의 몸을 영적인 몸으로 표현한다.

여기에서 우리가 주목해야 할 부분은 바울은 '몸'(σῶμα소마)의 부활에 대해서 말하지 '육체'(σάρξ사르크스)의 부활에 대해서 말하지 않는다는 점이다. 바울은 죽어서 땅에 묻히고 썩어진 인간의 육체가 부활시 다시 육체로 살아난다고 이해하지 않는다. 바울이 말하는 부활은 육체의 부활이 아닌 몸의 부활이다. 바울은 이 과정에서 육체와 몸을 분명히 구분한다.[6] 육체(혈과육)는 영의 세계인 부활세계에 참여할 수 없지만(50절), 우리의 몸은 그리스도의 부활의 영광에 함께 참여한다.

여기에서 주목할 부분은 바울이 44절에서 말하는 몸, 즉 부활에 참여할 몸은 육체적 – 지상적인 몸이 아니고 다른 종류의 몸, 즉 비물질적인 신령한 몸이라는 점이다. 혈과 육은 하나님의 나라를 유업으로 받을 수 없다.

물론 지상적 – 육체적 몸과 부활의 신령한 몸 사이에는 연속성이 있다. 이 연속성(Kontinuität)은 '나' 라는 하나님 앞에서의 유일무이한 인격성 속에 존재한다. 하나님 앞에서 범죄하고, 그리스도로 인하여 구원받고, 죽고, 묻혔던 '나' 라는 인격적 존재가 그리스도 안에서 다시 살아나는 것이다. 즉 변화된 몸, 지상적 – 육체적 몸과 다른 신령한 몸, 그리스도의 부활영광에 참여한 영광스러운 몸으로 부활에 참여하는 것이다(Diskontinuität).[7]

고린도전서 15:42~44 본문은 이러한 의미에서 바울의 인간 및 부활이해와 관련하여 중요한 신학적 의미를 지닌다.

2. 데살로니가전서 5:23

여기서 우리는 바울의 인간 본질(Wesen)에 대한 견해를 살펴볼 필요가 있겠다. 바울은 인간의 본질을 어떻게 이해했을까? 바울의 인간이해는 인간을 불가분의 하나로 이해하는 단일체(Einheit)적인 인간관인가 아니면 영·혼과 육체로 하나를 이루었다고 보는 통전적인 인간관인가 하는 점이다.[8] 이때 전제해야 할 점은 바울서신에 나타난 사도 바울의 인간관은 바울 혼자만의 입장이 아니라 당시 신약성경 시대의 대부분 그리스도인들의 인간관과 많은 공통점을 지닌다는 점이다.

먼저 바울의 인간 본질에 대한 견해가 잘 나타나는 데살로니가전서 5:23 본문을 살펴보기로 하자.

1) 본문해석

"평강의 하나님이 친히 너희를 온전히 거룩하게 하시고 또 너희의 온 영과 혼과 몸이 우리 주 예수 그리스도께서 강림하실 때에 흠 없게 보전하시기를 원하노라."

여기서 바울은 영과 혼과 몸이라는 인간론적인 개념 세 개를 나란히 사용한다.[9] 그렇다면 바울은 인간의 본질이 영과 혼과 육으로 하나를 이루고 있다고 보는 소위 삼분적인 인간관을 가진 것인가? 바울은 그의 친서 여러 군데에서 영과 혼과 몸 혹은 육체에 대해 진술한다. 그러나 주의 깊게 살펴보면 그가 영과 혼과 몸이라는 개념을 그 의미상 서로 구분하며 사용한 것을 알 수 있다.

바울에게 영과 육체는 확실하게 구분된다(고전 2:14~15; 3:1). 육체와 몸을 때로는 구분 없이 사용하기도 하지만 그 의미상 분명한 차이를 두는 것처럼(고전 15:42~50), 영과 혼도 때로 구분 없이 사용하지만 동일시 하지는 않는다(23절; 히 4:12 참조). 그러나 바울이 이러한 인간론적인 용어들인 영과 혼과 몸(육적인 몸)을 나란히 사용했다고 해서 그가 인간의 본질을 삼분적으로 이해했다고 볼 수 있는지는 확실치 않다. 바울서신에서 이렇게 영과 혼과 몸이 나란히 언급된 곳은 오직 이 곳 한 곳뿐이기 때문이다. 그러나 분명한 것은 바울은 영·혼과 육체를 동일시하지 않고 분명히 구분하며 이해했다는 점이다.

성도들의 온 영과 혼과 몸이 그리스도께서 강림하실 때까지 흠 없게 보전되기를 원한다는 언급에서 바울의 인간이해가 어떤 형태로든지 내포되어 있다고 볼 수 있겠고, 이러한 바울의 인간이해가 적어도 영·혼과 육체를 동일시하는 단일체적인 인간이해는 아니라는 점을 나타낸다. 데살로니가전서 5:23의 본문은 그 당시 대부분의 그리스도인들이 그러했던 것처럼 바울도 인간을 통전적인 존재로 이해하였음을 시사해 준다.

2) 신학적 해석

신약성경은 인간의 본질에 대해 체계적인 진술을 하지는 않는다. 바울 역시 마찬가지다. 그러나 신약성경에는 많은 인간론적인 용어들이 등장하고 그러한 진술들에는 인간본질에 대한 당시 그리스도인들의 이해가 전제되어 있다.

AD 1세기 기독교 공동체의 뿌리는 마가의 다락방, 예루살렘 원시 기독교 공동체이고 이 예루살렘 교회의 구성원들은 유대적 그리스도인이었다. 이들의 인간이해는 기본적으로 당시 유대인들의 보편적인 인간관과 맥을 같이 하며, 죽은 자의 부활을 믿는 바리새인들처럼 통전적인 인간관을 가지고 있었다. 이 유대인들의 통전적인 인간이해에서 영·혼과 육체는 하나면서도 서로 구분된다. 하나님은 인간의 영·혼을 창조하였을 뿐만 아니라 육체도 지으셨다. 흙으로 빚으신 인간의 육체에 생기 혹은 생명의 호흡, 즉 영·혼을 불어 넣으심으로 인간은 영·혼과 육체가 하나를 이룬 통전적인 존재로 창조되었다.

이렇듯 데살로니가전서 5:23에서 바울은 당시 유대인들에게 보편적인 인간관을 전제로 하며 이러한 유대교적 인간이해의 전통 속에서 기독교 신앙의 눈으로 인간의 본질에 대해 언급한다.

3. 고린도후서 4:16

바울은 단일체(Einheit)적인 인간관을 가지고 있었는가 아니면 통전적인 인간관을 가지고 있었는가? 위에서 살펴본 두 본문은 바울의 인간관이 당시 유대인들의 보편적인 인간관처럼 통전적인 인간이해였다는 것을 말해준다. 세 번째 본문인 고린도후서 4:16도 위의 두 본문과 맥을 같이한다. 여기서도 바울은 '겉사람'과 '속사람'이란 표현을 사용하여 자신의 통전적인 인간관을 내비친다.

1) 본문해석

"그러므로 우리가 낙심하지 아니하노니 우리의 겉사람은 후패하나 우리의 속은 날로 새롭도다."

바울은 4:8 이하에서 사도로서의 자신의 고달픈 삶을 회고하며 자신이 겪어온 그 동안의 고난과 역경을 언급한다. 고린도후서에 등장하는 세 개의 고생담(첫 번째 고생담-4:8~11; 두 번째 고생담-6:4~10; 세 번째 고생담-11:23~33) 중 첫 번째에 속하는 본문에서 바울은 자신의 고난과 역경을 진술 한 후 14절에서 부활의 소망을 피력하고, 15절에서는 역경 속에서도 넘치는 감사와 은혜에 대해서 언급한다.

"그러므로"로 시작되는 16절에서 바울은 환난과 역경 속에서도 우리 믿는 자들이 낙심하지 않는 이유는 첫째, 우리의 겉사람은 낡아지나 우리의 속사람은 날로 새로워지기 때문이요(16b절), 둘째, 우리가 잠시 받는 환난의 경한 것이 지극히 크고 영원한 영광의 중한 것을 우리에게 이루게 하기 때문이며(17절), 셋째, 우리가 주목하는 것은 보이는 것이 아니요 보이지 않는 것이니 보이는 것은 잠깐이요 보이지 않는 것은 영원하기 때문이라(18절)고

말한다.[10]

여기서 우리는 16~18절까지 삼중대비가 이루어지는 것을 본다. 16절에서는 겉사람과 속사람의 대비, 17절에서는 세상에서의 환난의 경한 것과 하나님나라에서의 지극히 크고 영원한 영광의 중한 것과의 대비, 18절에서는 잠깐 있다가 사라지는 보이는 것과 영원히 이어지는 보이지 않는 것과의 대비가 그것이다. 이것을 도표화해 보면 다음과 같다.

고후 4:15~18에 나타난 바울의 삼중대비

16절	낡아지는 겉사람	날로 새로워지는 속사람
17절	성도들이 잠시 받는 세상에서의 환난의 경한 것	성도들이 받게 될 지극히 크고 영원한 영광의 중한 것
18절	보이는 것	보이지 않는 것
	보이는 것은 잠깐	보이지 않는 것은 영원함

여기에서 바울은 겉사람과 속사람이라는 인간론적인 표현을 사용한다. 그가 말하는 겉사람은 보이는 물질세계에 머물며 세상의 고난과 역경을 겪으면서 살아가는 성도들의 지상적 – 육체적 몸과 연결되고, 날로 새로워지는 속사람은 보이지 않는 영적 세계, 영원한 하나님나라에서의 지극히 크고 영원한 영광을 바라보며 나아가는 거듭난 인간 내면의 영·혼적 자아와 연결된다.

2) 신학적 해석

하나님의 창조세계는 크게 인간의 육안으로 볼 수 있는 '보이는 세계'(18절, 우주)와 인간이 육안으로는 볼 수 없는 '보이지 않는 세계'(19절, 영계)로 이루어져 있다. 지상의 모든 인간은 바울이 말하는 '보이는 것'의 세계, 즉 물질세계 안에서 살아간다. 그러나 인간은 이 보이는 세계, 즉 우주 안에서도 지극히 작은 한 부분만을 보고 인식하며 살아간다. 그러나 바울이 말하는 '보이지 않는 것'의 세계는 영이신 하나님이 통치하시는 영원한 영적 세계로서, 보이는 물질세계, 즉 우주보다도 훨씬 더 크고 광활한 세계다.

보이는 물질세계에 존재하는 모든 것은 하나님의 피조물로서 유한한 존재다. 물질세계에는 하나님이 정하신 시작과 끝 곧 창조와 종말이 있다. 이 첫 하늘과 첫 땅의 세계는 언젠가 순식간에 흔적도 없이 사라질 세계지만(계 20:11; 21:1), 눈에 보이지 않는 하나님의 영적 세계는 영원히 존재한다. 우리의 겉사람은 보이는 물질세계에 속해 있지만 그리스도 안에서 거듭난 우리의 속사람은 보이지 않는 영원한 하나님의 세계를 바라보며 나아간다(18절; 빌 3:20 참조). 따라서 우리의 겉사람은 날로 후패하나 영생을 향해 나아가는 우리의 속사람은 사랑과 생명의 주님 안에서 날로 새로워진다(16절).

바울의 죽음 및 부활 이해

1. 빌립보서 1:21~24

바울은 죽음 그 자체에 대해서 체계적인 진술을 하지는 않았다. 그러나 고난과 역경 속에서 사도로서의 고달픈 생활을 하면서 늘 죽음의 위기에 직면해 있었다. 바울은 박해 상황에서의 자신의 신령한 체험들과 부활하신 그리스도께서 주신 계시와 환상을 통하여 죽음에 대한 나름대로의 사상을 가지고 있었음이 나타난다.[11]

먼저 이 주제와 관련된 주요 본문들 중 바울의 죽음과 사후이해가 잘 나타난 빌립보서 1:21~24 본문을 살펴보자.

1) 본문해석

a. 21절

"이는 내게 사는 것이 그리스도니 죽는 것도 유익함이니라."

바울은 죽든지 살든지 오직 자신의 삶을 통하여 그리스도가 존귀하게 되기만을 바라며(20절) 살아온 사도다. "이는 내게 사는 것이 그리스도니"라는 말은 그의 삶이 철저한 그리스도 중심임을 말해 준다.

그러나 "죽는 것도 유익함이라"는 21b절은 생소하게 들릴 수 있는 부분이다. 어떻게 바울은 죽는 것도 유익함(κέρδος 케르도스, 이익, 이득, 유익)이라고 말하는가?[12] 죽음은 삶의 단절이요, 세상 모든 소중한 것들과의 이별이며, 육신의 묻혀 썩어짐이요, 쓰디쓴 죄의 삯(롬 6:23)이 아닌가? 바울은 어떤 의미에서 죽는 것도 유익함이라는 고백할 수 있을까?

여기서 우리는 바울의 죽음관을 엿볼 수 있다. 바울이 죽음 자체를 긍정적으로 본 것은 아니다. 다만 그리스도 중심적인 삶을 살아온 그에게 죽음을 통해서 어떤 유익한 일이 일어나는지를 알고 있는 것이다. 이 진술 밑바닥에 깔려 있는 의미는 이제 그리스도 안에 있는 바울에게는 죽음까지도 자신과 그리스도를 더 이상 단절시킬 수 없다는 확신이다.

b. 22절

"그러나 만일 육신으로 사는 이것이 내 일의 열매일진대 무엇을 가릴는지 나는 알지 못하노라."

바울은 22a절에서 21a절의 내용을 다시 한 번 반복하며 보충한다. 21a절의 내용("이는 내게 사는 것이 그리스도니")이 22a절에서는 더 구체화되어 설명된다. "그러나 만일 육신으로 사는 이것이 내 일의 열매일진대."

바울의 삶은 철저한 그리스도 중심적인 삶이었고 그가 육신 안에 사는 동안 하는 모든 일은 그리스도의 복음을 전파하고 그리스도를 이방 가운데 존귀하게 하는 것이었다. 복음전파자로서의 바울의 삶에 복음의 열매("내 일의 열매")가 주렁주렁 맺히는 것은 당연한 결과일 것이다. 바울은 살아 있는 한, 그에게 마지막 숨이 붙어있는 순간까지 복음을 전파하는 데 모든 초점을 맞춘 삶을 살아왔다(죽든지 살든지 내 몸에서 그리스도가 존귀하게 되게 하려 하나니, 20절). 또 비록 고달프지만 육신 안에 더 오래 살아있는 한 그의 삶을 통해서 복음의 열매가 계속 맺힐 것을 알았다.

여기에서 그의 고민이 시작된다. "무엇을 택해야 하는지 나는 알지 못하노라." 바울에게는 살아 있는 것이 복음전파요 죽는 것도 유익이기 때문에 무엇을 택해야 할지 망설이게 된다는 것이다.

c. 23절

"내가 그 두 사이에 끼였으니 떠나서 그리스도와 함께 있을 욕망을 가진 이것이 더욱 좋으나."

22b절에서 양자택일 사이에서 망설이는 바울의 마음이 23a절에서 반복된다. "내가 그 둘 사이에 끼었으니" 그는 '살면서 복음전파'와 '죽는 것도 유익함' 사이에서 잠시 갈등하는 자신을 본다.

바울의 개인적인 욕망은 "차라리 세상을 떠나서 그리스도와 함께 있는 것"[13]이다. 여기에서 우리는 바울의 죽음관의 긍정성을 볼 수 있다. 그는 죽음을 통해서 자신이 곧바로 그리스도와 함께하는 삶 속으로 진입하리라고 확신한다. 이러한 확신은 바울의 체험(삼층천 낙원체험, 고후 12:1~4)이나 그가 그리스도께로부터 받은 계시에서("여러 계시를 받은 것이 지극히 크므로," 고후 12:7) 기인한 것일 수 있다. 바울의 개인적인 소망은 "차라리 세상을 떠나서(=죽어서) 그리스도와 함께 있는 것"이다.

여기서 우리가 주목해야 할 중요한 한 가지 사실은 바울이 '그리스도와 함께 하는 삶'을 세상을 떠난 직후, 즉 죽음 직후로 본다는 점이다. 이것은 무엇을 의미하는가? 죽음을 통해서 곧바로 부활세계로 들어간다고 말하는 것인가? 죽음 후에 그리스도와 함께하는 삶은 부활세계로의 진입과 그곳에서 그리스도와의 연합을 통한 복된 삶을 말하는 것인가? 그렇다면 바울은 자신이 죽음을 통해서 곧바로 부활세계로 진입한다고 보았는가?

그러나 바울 자신은 그의 서신 어디에서도 그리스도인들의 죽음의 순간이 곧바로 부활의 순간이라고 말하지 않는다. 바울에게 부활은, 그 자신이 아무리 간절히 그것을 학수고대했다 할지라도, 역사의 종말에 있을 우주적-묵시문학적 사건이지 개개인이 죽는 순간 죽음에서 바로 경험하는 개인적 사건은 아니었다.

그렇다면 바울이 23절에서 피력한 죽음 직후의 그리스도와 연합하는 삶은 도대체 어떤 삶인가? 그 열쇠는 신약성경의 낙원사상에 있다. 바울은 여기서 자신의 개인적 죽음 이후 곧바로 이어질 낙원에서의 그리스도와 함께하는 삶을 언급한 것이다. 낙원은 하나님의 나라 안에, 하나님의 통치영역 안에 있는 곳으로서 부활하신 예수 그리스도의 통치 영역이기도 하다. 낙원 안에서의 삶은 하나님나라 안에서의 삶이고 또 동시에 그리스도 안에서, 그리스도와 함께하는 삶이다. 그러나 이 삶은 아직 역사의 종말에 있을 우주적 부활사건을 기다리는 삶, 아직도 부활의 영광에 참여하기 이전에 안식하며 대기하는 삶이다.

바울의 개인적인 소망은 지상에서 사도로서의 고달픈 생애를 마치고 그리스도의 품 안에서 안식하며 그리스도와 함께 있는 것으로 나타난다. 이미 고린도후서 12:1 이하에서 자신의 낙원체험을 긍정적으로 보도하며 간증했다. 이러한 낙원관은 복음서에 나타난 예수님의 낙원관과 맥을 같이 한다.

d. 24절

"내가 육신에 거하는 것이 너희를 위하여 더 유익하리라."

그러나 바울은 자신의 개인적인 소망보다는 그리스도인들과 교회의 유익을 더 우선으로 생각한다. 여기서도 우리는 사도로서의 바울의 위대함을 본다. 살아서 활동하는 것이 그에게는 복음전파요 교회를 세우는 일이기 때문에 그는 죽음 이후의 세계에 대한 개인적인 소망을 접고 교회의 유익에 다시 초점을 맞춘다.[14]

2) 신학적 해석

빌립보서 1:21~24 본문은 고린도후서 5:1~10과 함께 흔히 바울의 개인적, 내세적 부활사상을 내포하는 대표적인 본문으로 해석된다. 그러나 엄밀한 의미에서 바울은 여기서 부활에 대해 말한 것이 아니라 자신의 육체적인 죽음 직후에 있을 '그리스도와 함께하는 삶'에 대한 개인적인 소망을 피력한다.

바울의 사후관은 인간이 죽음을 통해서 모든 의식과 감각 그리고 모든 관계성을 상실한다는 '완전죽음'(Ganztod) 사상도 아니고, 또 동시에 의복처럼 육체를 벗어버리고 영원불멸한 영혼이 해방받는 사건으로 이해하는 헬라적-이원론적 사후관도 아니다. 바울은 결코 죽음을 미화하지 않고 오히려 죄의 삯(롬 6:23)으로 혹은 죄에 대한 하나님의 준엄한 심판의 결과로 이해한다(롬 3:25).

바울은 인간이 육체적인 죽음을 통해서 '완전죽음'(Nichts) 속으로 떨어진다고 보지 않았다. 그는 당시 대부분의 유대인들처럼 흙에서 지음받은 육체는 다시 흙으로 돌아가지만 육체를 상실한 영혼은 낙원이나 음부로 진입하여 우주적 종말시까지 대기 상태에 있는 것으로 이해했다. 바울에 의하면 성도들은 육체적인 죽음과 함께 완전죽음으로 떨어지는 것이 아니라 그리스도와 함께하는 변화된 삶 속으로 진입한다. 이 영적 대기 상태의 삶은 몸을 상실한 불완전한 삶으로서 그 어떤 새로운 창조적 활동도 할 수 없는, 낙원에서 안식하며 우주적 종말과 부활을 대기하는 삶이다.

그러나 그리스도인들에게 이 삶은 이미 그리스도와 함께하는 삶이기 때문에 기쁨이요 소망의 대상이다. 그래서 바울은 누가 자신에게 삶과 죽음 중에서 하나를 택하라면 고달픈 사도로서의 삶을 끝내고 "차라리 세상을 떠나서 그리스도와 함께 있는 것이 훨씬 더 좋은 일"(1:23)이지만, 그러나 여기에 자신이 살아 있는 것이 빌립보 교인들에게는 더 유익할 것이라고 말한다.

누가복음 16:19~31과 23:43에서는 예수 그리스도의 사후관을, 그리고 빌립보서 1:21~24와 고린도후서 5:1~10에서는 사도 바울의 사후관을 엿볼 수 있다.

2. 고린도후서 5:1~10

이 본문은 바울의 인간관, 사후관, 부활관을 이해하는 데 가장 중요한 본문이며 또 동시에 학자들 사이에 해석 차이가 가장 많은 본문 중의 하나다.[15] 오늘날 많은 학자들이 이 본문은 고린도전서 15장에 나타난 바울의 부활사상과 내용적인 차이점을 보여 준다고 해석한다.[16] 대부분의 학자들은 고린도전서 15장을 바울의 대표적인 우주적-묵시문학적 부활사상을 담은 본문으로 보는 반면 고린도후서 5:1~10은 대표적인 개인적-내세적 부활사상을 보여 주는 본문으로 해석한다.[17] 우선 본문을 살펴보자.

1) 본문해석
a. 1절

"만일 땅에 있는 우리의 장막 집이 무너지면 하나님께서 지으신 집 곧 손으로 지은 것이 아니요 하늘에 있는 영원한 집이 우리에게 있는 줄 아나니."

바울이 여기서 사용하는 인간론적인 용어들은 대체로 유대교 묵시문학의 영향권에서 자주 등장하는 용어들이다. "땅에 있는 우리 장막집"은 우리의 지상적-육체적인 몸을 의미하고(고전 15:44 참조), "하늘에 있는 영원한 집"과 대비된다. 이 대비 속에 나타나는 "하늘에 있는 영원한 집"은 고린도전서 15:44에서의 대비와 같이 우리의 신령한 몸을 의미한다.

땅에 있는 장막집이 무너진다 함은 지상적 삶의 종말로서의 육체적 죽음을 의미하고, 이 지상 장막집의 무너짐과 함께 천상의 또 다른 집이 언급되는 것은 지상적-육체적 죽음이 우리의 끝이 아님을 시사한다.

b. 2절

"과연 우리가 여기 있어 탄식하며 하늘로부터 오는 우리 처소로 덧입기를 간절히 사모하노니."

여기에서 피력된 바울의 소망은 구체적으로 무엇에 대한 소망인가? 바울이 덧입기를 간절히 사모한 "하늘로부터 오는 우리의 처소"는 구체적으로 무엇을 의미하는가? "처소"(τὸ οἰκητήριον토 오이케테리온, 처소, 거처: 신약성경에서 이 곳과 유다서 6절에서 오직 두 번만 나타남)는 1절에 나타난 '지상 장막집', '천상의 영원한 집' 등과 연결하여 해석할 때 하늘에서부터 오는 '신령한 몸'으로 이해할 수 있을 것이다.

바울이 간절히 사모하는 하늘로부터 오는 처소 곧 신령한 몸은 부활의 몸을 의미할 수밖에 없다. 그렇다면 문제는 바울이 이 부활의 몸을 언제 덧입기를 사모하는가 하는 점이다. 바울의 소망은 하루 속히 이 부활의 몸을 덧입는 것이다. 이것은 그리스도의 재림이 하루 속히 이루어지기를 바라는 바울의 소망과 맥을 같이 한다. 그러나 그렇다고 바울이 자신의 죽음의 순간이 그리스도의 재림의 순간, 즉 부활의 순간이라고 이해하지는 않는다.

그렇다면 바울이 자신의 죽음의 순간에 덧입기를 간절히 사모하는 신령한 몸이란 무엇일까? 바울은 아직 우주적 부활이 이루어지기도 전에 자기 자신의 죽음 속에서 새로운 부활의 신령한 몸을 덧입는다고 이해했을까? 그러나 이것은 바울의 부활진술의 기본 틀에도 맞지 않을 뿐만 아니라 전통적인 구약적-유대교적-신약성경적 부활사상에도 위배된다.[18]

전통적인 구약적-유대교적-신약성경적인 부활사상은 역사의 종말에 있을 우주적-보편적인 부활관이다. 인자의 도래를 알리는 마지막 나팔소리와 함께 모든 죽은 자들이 일제히 부활하여 우주적 심판에 참여하고 여기서 영원한 구원과 영원한 멸망이 결정된다는 것이 바로 그것이다.

이러한 전통적 부활사상의 틀 속에서는 개개인이 죽음에서 바로 부활하여 하늘로부터 오는 부활의 신령한 몸을 덧입는다는 사상은 설 자리가 없다.[19] 개개인이 죽음에서 바로 부활하여 부활의 몸을 입고 그리스도의 부활의 영광에 참여한다면 전통적으로 역사의 마지막에 있을 우주적 부활에 대한 소망과 공의로우신 하나님의 우주적 심판에 대한 진술들은 무너지고 만다.

그렇다면 바울이 2절에서 피력한 소망은 무엇일까? 이 소망이 부활의 신령한 몸에 대한 소망임에는 틀림없다. 그러나 한 가지 주목해야 할 부분은 바울이 그토록 그리스도의 임박한 재림을 고대하지만 자신의 죽음의 날이 바로 그 날이라고 이해하지 않는 것처럼, 여기 2절에서 피력된 소망도 바로 자신의 죽음의 날에 이루어진다고 이해하지는 않는다. 다시 말하면 바울은 여기에서 자신의 평소의 부활의 소망을 낙원사상과 결부하여 강력히 피력한다.

c. 3절

"이렇게 입음은 우리가 벗은 자들로 발견되지 않으려 함이라."

3절의 바울의 소망도 2절의 소망을 이어간다. 바울이 원하는 것은 우리가 지상적인 몸(장막집)을 상실하고 또 아직 부활의 몸은 입지 못한 채 벌거

벗은 상태로 떨어지는 것이 아니다. 여기서 주목해야 할 부분은 바울이 사용하는 유대교 묵시문학적인 표현들이고, 그러한 표현들 속에 전제된 바울의 인간관이다. 바울은 유대교 묵시문학적 전통의 흐름에 서서 인간을 영·혼과 육체로 하나를 이루는 통전적인 존재로 이해한다.

1~4절 본문에서 반복해서 등장하는 표현들, 즉 벗다, 덧입다 등은 무엇을 의미하는가? 누가 무엇을 벗고 또 무엇을 덧입는다는 말인가? 앞서 살펴 보았듯이 여기에서 우리는 바울이 인간을 영·혼과 육체로 이루어진 하나의 통전적인 존재로 이해한다는 것을 확인할 수 있다. 1절에서, 무너지는 우리의 지상 장막집은 우리의 육체적 몸을 의미하고, 하늘에서 오는 우리의 처소는 우리가 부활 때 입을 신령한 몸을 의미한다. 이 과정에서 지상적 몸을 벗고 또 새 몸을 입는 주체는 누구인가? 바울의 이러한 인간이해의 틀에서는 그 주체가 바로 인식하고 신앙하는 자아로서의 "나", 데살로니가전서 5:23의 용어로 표현하면 내면의 '영·혼'이다.

바울이 3절에서 말하는 벗은 상태는 지상의 몸을 벗고 하늘로부터 오는 몸을 입기 전의 상태, 즉 부활 이전의 죽은 자의 영혼 상태를 말한다. 죽은 자는 지상의 육체적 몸을 상실한 자(=벗은 자)지만, 고대하는 부활의 몸은 아직 입지 못한 자다. 이것은 바로 우주적 부활 이전의 성도들이 낙원에서 대기하는 상태를 의미한다.

바울의 궁극적인 소망은 낙원에서의 대기상태가 아니고 부활세계로의 진입이다. 그러나 그는 그 부활이 자신의 죽음 속에서 바로 이루어진다고 보지는 않는다. 따라서 1~4절에서 피력하는 바울의 소망은 아직은 미래적 사건으로 다가오는 부활에 대한 소망이라 볼 수 있다.

d. 4절

"이 장막에 있는 우리가 짐 진 것같이 탄식하는 것은 벗고자 함이 아니요 오히려 덧입고자 함이니 죽을 것이 생명에 삼킨 바 되게 하려 함이라."

4절에서도 바울은 3절에서처럼 계속 자신의 부활소망을 피력한다. "이 장막에 있는 우리가 짐 진 것같이 탄식하는 것은 벗고자 함이 아니요." 여기에서 죽음은 그 자체로서 결코 미화되거나 긍정되는 것이 아님을 알 수 있다.

바울은 죽음을 인간의 죄의 삯(롬 6:23)으로 이해한다. 인간은 죽음으로 인하여 하나님이 지어 주신 소중한 몸(지상적–육체적인 몸)을 상실하게 된다. 바울의 소망은 몸을 벗어버리고 '무몸'(몸이 없음) 상태가 되는 것이 결코 아니다. 몸이 없는 인간은 지상에서도 존재할 수 없고 천상에서도 존재할 수 없다. 인간은 지상에 살든지 천상에 살든지 몸을 지니고 그 몸으로 하나님을 영화롭게 하도록 부름받은 존재다. 몸을 상실한 상태는 죽음과 부활 사이의 대기 상태를 의미한다.[20] 이 대기상태가 신약성경에서는 구원받은 의인들에게는 그리스도의 품 안에서 안식하는 상태고, 멸망받을 죄인들에게는 후회와 탄식 속에서 고통받는 상태로 기술된다.

신약성경에 등장하는 낙원, 음부사상은 이러한 중간기 대기 상태와 연결되어 나타난다. 4절에서도 바울은 자신의 궁극적인 소망이 낙원의 대기상태로의 진입이 아니라 부활의 신령한 몸을 입고 그리스도의 생명과 영광에 참여하는 것임을 피력한다. 그러나 우리가 주목해야 할 부분은 바울이 여기에서 자신의 부활 소망과 사후관을 진솔하게 피력하는 것이지 중간기 대기 상태라고 볼 수 있는 낙원–음부 사상을 부정하는 것이 아니라는 점이다.

e. 5절

"곧 이것을 우리에게 이루게 하시고 보증으로 성령을 우리에게 주신 이는 하나님 이시니라."

하나님이 우리에게 주시는 성령은 우리 속에 오셔서 많은 일을 하시고 많은 기능과 역할을 수행하신다. 여기에서 언급된 성령의 기능과 역할은 부활의 보증이 되심이다. 하나님께서 '이것을 우리에게 이루게 하시고 보증으로 성령을 주셨다' 함은 전형적인 미래적 부활에 대한 진술 패턴이다.

f. 6~7절

"이러므로 우리가 항상 담대하여 몸에 거할 때에는 주와 따로 거하는 줄을 아노니 이는 우리가 믿음으로 행하고 보는 것으로 하지 아니함이로다."

6절에서 '몸 안에 있음'은 '주와 따로 있음'과 대비된다. 지상적-육체적 몸 안에 살아가는 우리는 하나님의 영의 세계에 계신 주와 따로 거하는 상태고 오직 믿음을 통한 영적 교제 안에서만 주님과 연결된다.

7절에서 바울은 '믿음으로 행하는 것'과 '보는 것으로 행하는 것'을 대비시킨다. 이 대비는 1절 이하의 대비, 즉 지상적인 것과 천상적인 것의 대비와 맥을 같이한다.

지금 우리는 지상에서 아직은 보지 못하지만 듣고 믿는 '믿음의 시대'를 살고 있다. 우리가 지금 믿는 것을 언젠가는 직접 얼굴과 얼굴을 맞대고 보듯이 보는 '봄의 시대'가 반드시 올 것이지만 이 '봄의 시대'(=부활시대)는 그러나 아직은 오지 않았다. 여기에서도 바울은 부활의 미래성을 전제한다.

g. 8절

"우리가 담대하여 원하는 바는 차라리 몸을 떠나 주와 함께 거하는 그것이라."

여기서 바울은 자신의 죽음 직후에 이루어질 낙원에서 주님과 함께함의 소망을 피력한다.[21] 바울은 죽음을 통해서 자신과 그리스도가 단절된다고 생각하지 않았다. 십자가에서 계시된 하나님의 절대적인 사랑의 능력 안에서 이제는 그 무엇도 성도와 그리스도 사이를 단절시킬 수 없기 때문이다

(롬 8:37~39).[22]

　빌립보서 1:21~23에서와 같이 바울은 여기서도 자신의 죽음 직후에 이루어질 주와 함께 거하는 삶에 대한 소망을 피력한다. 여기에 기술된 바울의 소망이 죽음 이후 바로 이루어지는 부활에 대한 소망이 아니라면 이것은 낙원에서 주님과 함께하는 삶의 소망으로 해석할 수밖에 없을 것이다. 이러한 낙원사상은 예수님의 낙원말씀(눅 23:43; 16:19~31) 그리고 바울의 다른 본문에서의 낙원진술(고후 12:1~10)과 맥을 같이 한다.

h. 9절

"그런즉 우리는 거하든지 떠나든지 주를 기쁘시게 하는 자 되기를 힘쓰노라."

　"몸으로 있든지 떠나든지"는 빌립보서 1:20의 "살든지 죽든지"와 같은 의미로 사용되고, "주를 기쁘시게 하는 자가 되기를 힘쓰노라"는 빌립보서 1:20b의 "내 몸에서 그리스도가 존귀히 되게 하려 하나니"와 맥락을 같이 한다. 바울은 자신의 죽음과 부활 소망을 피력할 때마다 '살든지 죽든지 오직 주님'의 각오를 새롭게 한다.

I. 10절

"이는 우리가 다 반드시 그리스도의 심판대 앞에 드러나 각각 선악간에 그 몸으로 행한 것을 따라 받으려 함이라."

　10절에서 바울은 가장 분명하게 미래적-우주적 부활과 심판을 언급한다. "이는 우리가 다 반드시 그리스도의 심판대 앞에 나타나게 되어." 여기서 '나타나게 된다'는 것은 역사의 마지막에 있을 우주적 부활을 의미하는데, 그리스도의 심판대 앞에서의 행위심판 역시 미래적-우주적 심판을 말한다.[23] 고린도후서 5:1~10의 본문이 죽음에서의 개인적–현재적 부활을 의미하지 않는다는 것이 무엇보다 10절과 5절의 미래적 부활사상에 잘 나타난다.

본문 1절에 등장하는 사상은 고린도전서 15:44에서 이미 바울이 피력한 두 몸 사상(지상적–육체적 몸과 부활의 신령한 몸)과 맥을 같이 하고, 본문 2~4절은 미래적 신령한 부활의 몸을 덧입는 것과 관계된 바울의 부활소망을 나타낸다. 그리고 본문 8절은 죽음직후 낙원에서의 그리스도와 연합된 삶에 대한 바울의 소망이다.

2) 신학적 해석

바울은 여기에서 두 종류의 집에 대해서 언급한다(5:1). 이 두 종류의 집은 바울이 고린도전서 15장에서 소개한 두 종류의 몸과 일치하는데, 부활과 관련하여 "육의 몸"과 "신령한 몸"을 말한다(고전 15:44). 또한 '벗다', '덧입다', '몸에 거하다', '몸을 떠나다' 등의 표현을 사용하여 그의 인간이해(인간관)를 반영한다. 즉 그는 인간을 영·혼과 육체로 하나를 이룬 통전적 존재로 이해한다.

바울은 죽음을 통해서 그의 육체적인 몸은 땅에 묻히지만 영·혼은 그리스도의 세계로 진입하여 그와 함께 살게 될 것을 소망한다(5:8). 빌립보서에서도 바울은 육체적 죽음 이후에 바로 이어질 그리스도와 연합하는 삶에 대한 개인적 소망을 피력하였다(빌 1:23). 이 두 본문에서 분명히 알 수 있는 것은 첫째, 바울은 죽음을 '완전죽음'(Ganztod)으로 이해하지 않았다는 것이고, 둘째, 그의 인간이해는 영·혼과 육체를 동일시하거나 하나로 보는 '단일체 내지 통일체적 인간이해'가 아니라는 것이다. 바울은 육체는 땅에 묻히지만 지·정·의의 존재로서 그의 영·혼은 곧바로 그리스도와 연합하는 복된 삶으로 진입한다는 확고한 소망을 지니고 있었다. 본문에서 바울이 덧입기를 소망하는 하늘에서부터 오는 신령한 몸(처소)은 부활의 몸을 의미한다(5:2).

그러나 또 한 가지 분명한 것은 바울은 그의 서신 어디에서도 자신의 죽음의 순간을 성경에서 말하는 부활의 순간으로 인식하지 않았다. 따라서 본문 8절에서 피력된 '죽음 직후 그리스도와 동거하는 삶으로의 진입'은 부활로의 진입으로 볼 수 없다. 그는 여기에서 우주적 부활 이전에 구원받은 성도들이 그리스도와 함께 거하며 부활과 역사의 완성을 기다리는 낙원에서의 복된 삶으로의 진입을 언급한다(고후 12:1~5; 눅 16:19~31; 23:43). 이 낙원에서의 삶은 아직 부활의 영광스러운 몸을 입지는 못했지만 이미 그리스도와 동거하며 하나님의 제단 아래에까지 나아가서 공의로운 하나님의 심판과 자신들의 피의 신원을 호소할 수 있는(계 6:9~11) 하나님의 특별한 은총 아래 있는 삶이다.

바울은 또한 우주적 부활이 임박한 것으로 보았기 때문에 본문에서 (5:2~4) 부활의 신령한 몸을 덧입기를 소망하는 자신의 부활의 소망을 동시에 피력한다. 그는 자신의 육체적인 죽음 속에서 자신이 곧바로 부활 세계로 진입하는 것으로 보지 않았다는 것이 특히 본문 10절에 잘 나타난다. "이는 우리가 다 반드시 그리스도의 심판대 앞에 드러나 각각 선악간에 그 몸으로 행한 것을 따라 받으려 함이라"(고후 5:10) 바울은 여기에서 우주적 부활과 연결된 그리스도의 심판(마 25:31~46; 롬 14:10)에 대해서 언급하는데, 이 둘은 역사의 종점에서 이루어질 미래의 종말적 사건으로 전제된다. 바울은 "우리가 다 반드시" 이 미래적 그리스도의 종말 사건에 참여할 것으로 보았다.

맺는 말

바울은 보존된 자신의 서신들에서 인간의 본질과 죽음에 대해 체계적으로 진술하지는 않는다. 그러나 종말과 부활의 소망에 관한 진술 과정에서 단편적으로 인간의 본질과 죽음에 대한 자신의 견해를 내비친다.

고린도전서 15:42~44과 고린도후서 5:1에서 바울은 인간의 두 종류의 몸과 두 종류의 집에 대해서 진술하고 데살로니가전서 5:23에서는 인간의 본질과 관련된 개념들, 즉 영, 혼, 몸과 같은 용어를 나란히 언급한다. 그 밖에도 인간의 죽음 및 부활과 관련된 진술들(빌 1:21~24; 고후 5:1~4)과 낙원체험에 관련된 진술들(고후 12:1~7)에서 바울의 인간이해가 산발적으로 표출된다. 이러한 본문들을 종합적으로 분석 · 평가해 볼 때 바울의 인간이해는 오늘날 많은 현대 신학자들이 주장하는 단일체적인 인간관이라기보다는 영 · 혼과 육체로 하나의 소중한 하나님의 형상을 이루는 통전적인 인간관에 더 가깝다 할 수 있겠다.

바울은 영 · 혼과 육체를 헬라적-이원론적 의미로 대립적인 것으로 보지도 않지만, 그렇다고 해서 영 · 혼과 육체를 동일시하지도 않는다. 영 · 혼과 육체로 통전적인 전인을 이루는 "나"는 하나님 앞에서 유일무이한 소중한 존재지만 믿음 이전의 인간은 죄와 타락으로 부패해진 존재다. 그러나 예수 그리스도에 대한 믿음으로 구원받은 인간은 이제 하나님의 자녀의 영광에까지 참여한다. 바울의 인간관은 이러한 의미에서 부정과 긍정의 양면성을 지니고 있다.

그런데 죽음이 죄에 대한 삯으로서 몸의 상실을 의미하므로, 영 · 혼과 육체로 하나 된 통전적인 인간은 죽음을 통해서 벌거벗은 상태로 떨어진다. 죽음 가운데 떨어진 인간은 지상적-육체적인 몸을 상실하고 아직 부활의 신령한 몸은 입지 못한 벌거벗은 상태의 "나"로서, 낙원이나 음부에서 우주적 부활과 역사의 종말을 대기하는 대기 상태의 "나"다. 낙원의 대기상태에서 안식하는 성도는 이미 하나님의 나라와 그리스도의 품 안에 머무는 존재요, 하나님의 제단 아래에서 역사의 완성과 공의로운 심판을 통한 피의 신원을 기다리는 존재다(계 6:9~11).

바울이 말하는 부활은 땅에 묻힌 육신(사르크스)이 다시 육신(사르크스)으로 부활하는 것을 의미하지 않는다. 그것은 썩어질 것(사르크스)이 다시 썩지 않는 몸(소마 프뉴마티콘), 즉 신령한 부활의 몸으로 다시 살아나는 것을 의미한다(고전 15:42~44). 이 부활의 신령한 몸을 덧입는(고후 5:1~4) 시기는 성도 개개인의 죽음이 아니라 역사의 종말에 있을 그리스도의 재림 시에 일어날 우주적 부활사건 때다. 낙원에서 안식하던 성도들은 이 우주적 부활과 하나님의 공의로운 심판에 참여하고 하나님의 최종적인 판결 하에 영광스러운 부활의 신령한 몸을 입고 그리스도와 함께 신천신지에서의 영원하고 영광스러운 삶으로 진입한다.

이로써 첫 하늘과 첫 땅의 역사 속에서 하나님의 공의는 찬란히 구현되고 하나님의 사랑은 마침내 모든 죄악의 세력을 물리치고(롬 8:31~39) 승리한다.

06

새로운 피조물과 새로운 생명

고린도후서 5:17

"그런즉 누구든지 그리스도 안에 있으면 새로운 피조물이라 이전 것은 지나갔으니 보라 새 것이 되었도다"(고후 5:17).

인간 생명의 아름다움은 그 생명이 하나님께로부터 기원한다는 데 있다.[1] 고린도후서 5:17은 인간의 '새로운 피조물 됨'을 말하는데, 신약성경에서는 이것을 헬라어 '아나카이노시스'로 표현한다. '질적으로 새로운 것'을 의미하는 이 단어는 "하나님의 구원과 관련되어 새롭고 기적적인 것을 나타낼 때 사용한다."[2] 또한 '카이노스'는 '종말론적인 약속'(막 14:25; 벧후 3:13; 계 2:17; 3:12; 5:9; 21:1~2, 5)과 관련되어 구원을 이루는 '새롭게 함'을 나타낸다. 그러므로 '새롭게 됨'은 현재적인 하나님의 구원과 아울러 미래적인 구원과도 관련된다. 인간의 생명은 이러한 '새롭게 됨'과 하나로 어우러져 하나님의 구원에 깊숙이 자리한다. 고린도후서 5:17에 나타나는 '새로운 피조물과 새로운 생명'의 의미에 앞서 그 배경을 알아보기로 하자.

고린도후서 5:17의 배경

고린도후서 5:17은 5장의 독특한 배경 안에서 이해해야 한다. 1~5절에서 바울은 '땅에 있는 장막 집' 이 '하늘에 있는 영원한 집' 을 사모한다고 말한다(참조. 고후 5:2).[3] 여기서 바울은 죽음을 '장막집이 무너짐' 이라고 표현하면서 극단적인 상실의 상태로 보았는데, 4절에서 "벗고자 함이 아니요 오히려 덧입고자 함이라"고 한다. 이것은 생전에 예수의 재림을 경험하고 싶은 바울의 희망으로 볼 수 있다(참조. 고전 15:51~54; 살전 4:15~7).

6~10절에서 바울은 영원한 본향으로 가고 싶은 소망을 숨기지 않는다. 그렇지만 이 땅에서의 책임 또한 잊지 않는다(9~10절). 10절은 바울이 말하는 행위에 따른 심판 사상을 말한다(참조. 롬 2:16; 14:10).

11~15절에서 바울은 한 번 더 적대자의 비난에 대해서 언급하며(참조. 2:17; 4:1~2) 자신의 열심이 하나님에 대한 순수한 열정임을 분명히 한다(13절). 바울은 적대자의 것과 다른 기준을 가졌다. 그는 사랑이 강권하는 바를 행하고(14절), 예수의 죽음에 근거를 둔 '화해' 를 말한다(15절).

17절은 16절과 함께 그리스도의 사랑을 통해 이루어진 '새롭게 됨' 을 말한다. 이것은 그리스도의 죽음을 통해 이루어진 '화해'(11~15절) 뒤이어 나옴으로 새로운 생명과 자연스럽게 연결된다. 17절은 아래와 같이 분해할 수 있다.

> 그런즉 누구든지 그리스도 안에 있으면(17a)
> 새로운 피조물이라(17b)
> 이전 것은 지나갔으니 보라 새 것이 되었도다(17c)

18~21절에서 바울은 하나님의 화해에 대해서 언급한다. 하나님이 세상에 평화의 길을 만드셨다. 하나님의 화해는 그리스도 사건 속에서 이루어진다. 화해의 소식은 하나님의 평화를 만드는 것이다(18~19절). 그러므로 그리스도인은 하나님과 화해해야 한다(20절). 그것이 그리스도의 속죄의 은혜를 입고 사는 우리의 의(義)다.

그리스도 안에서 얻는 생명

"그런즉 누구든지 그리스도 안에 있으면"(고후 5:17a).

고린도후서 5:17은 "누구든지 그리스도 안에 있으면 새로운 피조물이라"고 했다. 인간의 생명은 제한적이다(창 3:22~24). 죽을 수밖에 없는 인간의 운명이 그리스도의 사건으로 해결되었다. 16~17절은 11~15절과 18~21절 사이에서 인간의 '새롭게 됨'에 대하여 말한다. 17ab절에서 '그리스도 안'(엔 크리스토)은 '새롭게 됨'의 전제 조건을 이룬다. 즉 인간이 새롭게 되는 것은 그리스도의 기초 위에서 가능하다. 누구든지 부름을 받고 그리스도를 믿어 하나님의 자녀가 된 사람은 '그리스도 안'에 있는 사람이다(고후 5:16~17). 인간의 '새롭게 됨'의 근원은 그리스도께 있다. '그리스도 안'에 있는 사람은 그리스도를 통하여 새롭게 삶을 시작하는 사람이다. 그는 새로운 인생의 경험을 '그리스도 안'에서 한다.

시편 42:8에서 하나님은 '생명의 하나님'으로 묘사된다. 또 시편 36:9 [MT에는 36:10]에서는 '생명의 원천'이 주께 있다고 고백한다. "여호와는 내 생명의 능력이시다"(시 27:1)고 말하는 시인의 마음속에 인간의 생명은 하나님께 기원된다는 믿음이 자리 잡는다. 이렇게 하나님과 생명이 관련됨을 알려 주는 구절이 구약성경에 많이 나타난다.

신약성경에서는 예수를 생명의 주인으로 나타낸다. 사도행전 3:15은 예수를 '생명의 주'라고 지칭한다. 요한복음 6:35은 예수를 '생명의 떡'으로 묘사하면서 생명의 떡이신 예수께로 갈 때 주리지 않고 그를 "믿는 자는 영원히 목마르지 아니한다"고 말한다. 뿐만 아니라 신약성경 여러 곳에서 예수가 인간에게 생명의 길을 보여 주시므로 기쁨이 충만하다고 말한다. "주께서 생명의 길로 내게 보이셨으니 주의 앞에서 나로 기쁨이 충만하게 하시리로다 하였으니"(행 2:28. 참조. 약 1:12; 요일 1:1; 계 2:10).

1. 그리스도 안[4]

그리스도를 의미하는 헬라어 '크리스토스'는 신약성경에 빈번하게 나타난다. 이 헬라어 고유명사 '크리스토스'는 전치사 '디아'(고후 1:5; 3:4; 5:18), '휘페르'(고후 5:20; 12:10; 빌 1:29), '쉰'(롬 6:8; 빌 1:23), '에이스'(롬 16:5; 고후 1:21; 갈 3:24) 등과 함께 사용되는데 그 중 '엔'과 결합된 형태가 가장 자주 나타난다(롬 3:24; 6:11; 8:1~2; 12:5; 갈 2:4; 3:26 등 바울 서신에서 약 28회 정도). '엔'과의 결합은 매우 중요한 신학적 의미가 있다. 바울서신에서 '그리스도를 통하여'(디아 크리스토스)는 그리스도를 통해 일어난 '하나님의 종말론적 구원 사건'을 직설적으로 선포하지만, '그리스도 안'(엔 크리스토)은 하나님의 종말론적인 구원 사건의 결과로서 일어난 그리스도인의 '현재적 실존'을 내포한다.[5]

바울은 '그리스도 안'이란 말을 통하여 그리스도의 통치권을 받아들이는 인간과 그리스도 사이의 일치와 연합을 묘사하며, "성령을 그리스도와 관계 맺는 새로운 존재를 나타내는 것으로 묘사한다."[6] 또 로마서 8:1~2에서 "새로운 생명을 나타내는 원동력은 성령이며 이 새로운 생명은 그리스도 십자가 부활을 통해 가능해진다"고 말한다.[7] 바울은 로마서 8:9에서 그리스도인들이 '육신 안에'(엔 사르키) 있지 않고 '성령 안에'(엔 프뉴마티) 있다고 선언한다. 이 '성령 안에' 있다는 선언은 인간의 실존적 현재를 나타내는 반면 종말론적인 구조도 내포한다.[8]

2. 그리스도의 구원론적인 의미

예수의 대속적인 죽음은 계약을 새롭게 했다(참조. 마 26:28; 막 14:24; 고전 11:25; 히 12:24; 13:20). 그래서 "그리스도 예수 안에서 그리스도의 피로"(엡 2:13) '새 계약'이 약속된다. 예수 그리스도 안에서 맺어진 '새 계약'은 '영원한 계약'(히 13:20)이 된다.

바울은 갈라디아서 6:14~15에서 그리스도론적으로 새로운 피조물을 해석하면서 "우리 주 예수 그리스도의 십자가"(갈 6:14)를 자랑한다고 말한다.

고린도후서 5:14은 그리스도의 속죄 죽음을 인간의 '새롭게 됨'의 근거로 제시한다. "한 사람이 모든 사람을 대신하여 죽었은즉 모든 사람이 죽은 것이라"(고후 5:14; 참조. 고전 15:3). 인간을 향한 하나님의 사랑의 결정체는 그리스도의 죽음이다. 하나님은 그리스도의 죽음으로 사랑을 회복시키셨고 인간에게 죽음을 극복하고 영원히 사는 생명을 선물하셨다.[9]

'그리스도'의 헬라어 '크리스토스'는 '기름부음 받은 자'라는 히브리어 '메시아'의 번역어다. 이 말은 본래 그리스도의 칭호였지만 신약성경에서 '예수 그리스도' 혹은 '그리스도 예수'의 복합 형태로 고유 명사처럼 사용되었다. 이 칭호를 통해 초기 교회는 예수가 "다윗의 자손으로 세상에 나타나셨다는 것, 그가 자기 교회 위에 왕권을 행사하신다는 것 그리고 종말에 메시아로서 지상에 다시 나타나시리라는 것을 강조했다."[10] 예수의 죽음과 부활 사건을 경험한 초기 교회는 인간의 죄를 위하여 십자가에 못 박혀 죽으시고 다시 사신 분을 위해 이 '그리스도'란 칭호를 사용했다(참조. 막 15:26; 롬 3:24~25; 5:6; 8:34, 39; 14:9,15; 고전 1:13, 17, 23; 2:2; 5:7; 8:11; 15:3).

바울은 고린도후서 5:17에서 '그리스도 안에' 있는 것을 '새로운 피조물 됨'의 전제 조건으로 제시한다. 바울에게 '그리스도 안' 사상은 그리스도의 통치 아래 사는 삶을 나타낸다. 그래서 바울은 '그리스도 안'이란 말을 통하여 "'엔 크리스토' 시대의 도래와 함께 지금까지 인간을 지배해 왔던 '죄'와 '죽음'과 '율법의 통치'에 대한 종말이 도래했음을 선포한다(롬 5~7장)."[11] 이렇게 구원론의 정점에는 그리스도가 있으며 "그리스도 예수 안에 있는 자에게는 결코 정죄함이 없다"(롬 8:1). 그것은 "그리스도 예수 안에 있는 생명의 성령의 법이 죄와 사망의 법으로부터" 자유케 했기 때문이다(롬 8:2).

3. 그리스도 안에서의 생명

고린도후서 5:17의 '새롭게 됨'은 구약성경의 새 창조 사상이 그리스도론적으로 이해된 것이다. '새로운 피조물'(고후 5:17)은 "그리스도 안에서 이루어진 새로운 존재를 의미한다. 새로운 존재란 옛 존재가 물리적으로 변화된 것이 아니라 완전히 질적으로 새롭게 변화된 존재를 말한다. 이것은 새로운 존재의 시작을 나타낸다."[12] 하나님의 계시자이고 '우리를 위한' 화목 제물이 되신 그리스도 안에서 하나님과 그리스도인의 관계가 재정립되었다(참조. 고전 15:3; 갈 3:13). "그리스도 안에 있는 사람에게는 정죄함이 없다"는 바울의 선언(롬 8:1)은 그리스도의 속죄를 통해 이루어진 구원사역을 말한다. 그것은 바로 뒷 절에 분명하게 나타난다. "이는 그리스도 예수 안에 있는 생명의 성령의 법이 죄와 사망의 법에서 너를 해방하였음이라"(롬 8:2). 여기서 '생명의 성령'(참조. 겔 37:5~6; hHen 61:7)은 '새로운 생명과 신(神) 지식으로' 채우는 하나님의 영이다.[13]

'모든 생물의 생명'은 다 하나님의 손에 있다(욥 12:10). 이 생명의 원리가 구약성경에서 영으로 나타난다(겔 35:5~6). 신약성경에서도 "성령은 구원의 능력을 이끄는 하나님의 능력"[14]으로 나타난다. 바울은 로마서 8:2에서 "그리스도 예수 안에 있는 생명의 성령의 법"이라는 언급을 통하여 그리스도를 성령과 연결시킨다. 그리고 고린도후서 3:17에서 바울은 "주는 영이시니 주의 영이 계신 곳에는 자유가 있느니라"란 말로 영을 그리스도와 동등하게 생각한다. 바울서신에서는 '그리스도 안에서'(롬 9:1~2; 엡 1:3; 몬 1:20)란 어구와 '성령 안에서'(롬 9:1~2; 15:16; 고전 6:11)란 어구가 동일한 의미로 사용되면서 그리스도와 성령의 동일성을 말한다(롬 9:1~2).[15] 고린도전서 15:45에서 바울은 그리스도를 '생명을 주는 영'이라고 말하는데,[16] 이 영은 인간을 살리는 '생명의 성령'(롬 8:2)이다. 그리스도가 '영인 한, 신자들에게 새로운' 생명을 이룬다.[17]

요한복음 16:7에서는 예수의 죽음과 성령의 도래가 연관된다(참조. 요 7:39). 바울서신에서는 요한복음에서처럼 예수의 죽음과 성령의 도래 사이의 관련성이 뚜렷하게 언급되지는 않지만 "자기 아들을 아끼지 아니하시고 우리 모든 사람을 위하여 내어주신 이가 어찌 그 아들과 함께 모든 것을 우리에게 은사로 주지 아니하시겠느뇨"(롬 8:32)란 언급을 통해 사랑하는 자녀에게 하나님은 생명에 필요한 모든 것을 선물하신다는 것을 알 수 있다(참조. 롬 8:17; 고전 6:2~3).[18] 이 선물은 하나님 자녀 됨의 선물로서, 이 선물 속에 하나님의 은혜가 완전하게 나타난다.[19]

이런 의미에서 보면 인간 구원을 이루기 위한 하나님의 선물에는 성령의 선물도 아울러 포함된다. 사도행전 2:38이 이를 잘 설명한다. "회개하여 각각 예수 그리스도의 이름으로 세례를 받고 죄 사함을 받으라 그리하면 성령의 선물을 받으리니". 성령은 인간에게 새로움을 창조한다. 에스겔 36:25~27에서는 '맑은 물'이라는 상징 언어를 통해 성령의 새롭게 함이 예고된다.[20] 또한 신약성경 디도서 3:5에서도 하나님의 구원사역이 '성령의 새롭게 하심'을 통해 나타난다고 말한다.[21]

인간의 '새롭게 됨'은 그리스도의 대속의 죽음을 통해 성취되었고(고후 5:21), 대속의 죽음은 '새 사람'(참조. 엡 2:15)을 이끌어 '새 생명 가운데서'(롬 6:4) 살도록 했다. 그리스도의 죽음은 새 계약의 공동체를 탄생시켰고 새로운 생명의 역사를 만들었다.[22] 그러므로 신약성경은 이 '새 계약'의 약속이 예수 그리스도 안에서 이루어졌다고 본다. 바울은 에베소서 2:13에서 '그리스도 예수 안에서 그리스도의 피로' 유대인과 이방인 모두 '새 사람'이 되었다고 말한다. 고린도후서 5:17에서 말하는 "누구든지 그리스도 안에 있으면 새로운 피조물이라"는 언급은 그리스도와 '새롭게 됨'이 뗄 수 없는 관계임을 밝힌다.

새로운 피조물과 새로운 생명

"새로운 피조물이라"(고후 5:17b).

'하나님의 구원'이란 의미를 가진 '새로운'이란 형용사 '카이노스'는 '새롭고 기적적인'이라는 뜻을 담고 있다. 죽을 수밖에 없는 상황에서 경험하는 하나님의 용서는(시 51:9, 11) 구원론적인 의미다. "우슬초로 나를 정결하게 하소서 내가 정하리이다 나의 죄를 씻어 주소서 내가 눈보다 희리이다"(시 51:7 참조). 생명의 근원이신 하나님만이 사람 속에 구원의 즐거움(시 51:12)을 창조하며 생명의 힘을 제공한다.

고린도후서 5:17b의 '새로운 피조물'은 그리스도의 죽음을 통해 경험하는 존재론적인 변화를 나타내고 새로운 삶의 시작을 의미한다. 수세자(水洗者)는 세례를 받음으로 예수의 죽음과 부활에 동참하고 그리스도와 연합하는 운명 공동체로(갈 3:27; 참조. 롬 6:2~4) '새 생명 가운데서 행하'게 된다. 이 사람은 '새로운 피조물'(고후 7:17b)이며 '새 사람'이다. '새로운 피조물'은 '누구든지 그리스도 안에 있으면' 가능하다(참조. 고후 5:17; 엡 2:10, 4:24; 골 6:10). 즉 '새로운 피조물'은 '그리스도 안에서' 새로워진 사람을 의미한다. 그러므로 '그리스도의 십자가'가 중요한 시금석이다(참조. 갈 6:14). 이제 '새로운 피조물'이 된 사람은 '성령 안에서' 경험된 '새로운 삶'을 사는 존재다(참조. 롬 6:1ff.).

바울은 고린도후서 5:17에서 '누구든지'란 말을 통해 구원의 보편성을 나타낸다(참조. 막 3:35; 마 12:50). "이전 것은 지나갔다"(고후 5:17). 그리스도의 이름으로 세례를 받고 그와 함께 장사지낸 바 되었으므로 이제는 "하나님의 아들을 믿는 믿음 안에서 사는 것"이다(갈 2:20). 그리스도 안에서 새로운 생명의 낙을 누리게 된 사람은 이 땅에 살더라도 시민권은 하늘에 있다. "오직 우리의 시민권은 하늘에 있는지라 거기로서 구원하는 자 곧 주 예수 그리스도를 기다리노니"(빌 3:20). 그러므로 그리스도인은 지금 여기서 천국을 경험하며 영원한 생명을 사는 종말론적인 사람인 것이다.

세상을 위한 새로운 생명

고린도후서 5:14은 '새롭게 됨'의 근거를 그리스도 속죄 위에서 찾는다.

"그리스도의 사랑이 우리를 강권하시는도다," "한 사람이 모든 사람을 대신하여 죽었은즉 모든 사람이 죽은 것이라"는 말을 통해 바울은 그리스도의 사랑에 단단히 붙들린 자신과 그 사역에 역사하시는 하나님의 손길을 암시한다. 그러면서 15절에서 "살아 있는 자들로 하여금 다시는 그들 자신을 위하여 살지 않고 오직 그들을 대신하여 죽었다가 다시 살아나신 이를 위하여 살게 하려 함이라"는 새로운 인생을 제시한다.

그리스도인의 자유는 그리스도로 인한 은혜다. 그리스도의 속죄의 죽음이 죄로부터 해방과 자유를 성취한 것이다. 바울은 로마서 6:6~9에서 이 사실을 분명히 말한다. 또 "주의 영이 계신 곳에는 자유함이 있느니라"(고후 3:17)란 구절은 새로운 생명을 사는 이들이 갖추어야 할 책임을 나타낸다. 이것은 "이제는 내가 산 것이 아니요 오직 내 안에 그리스도께서 사신 것이라 이제 내가 육체 가운데 사는 것은 나를 사랑하사 나를 위하여 자기 몸을 버리신 하나님의 아들을 믿는 믿음 안에서 사는 것"(갈 2:20)이다.

그리스도를 믿는 믿음은 그리스도 안에서 새로운 사람의 모습으로 드러나야 한다. 그리스도 안에서 새로운 존재로 바뀌었으므로 "사람으로 더불어 평화하라"(롬 12:18)는 가르침을 지켜야 한다. 그리스도는 막힌 담을 허시고 한 새 사람을 지어 하나님과 화목하도록 하셨다(엡 2:14~16). 그리스도의 희생의 토대 위에서 평화가 이루어진 것이다. 그러므로 그리스도인은 전 우주를 품고 세상의 화해를 위해 노력해야 한다.

'새롭게 됨'은 인간을 새로운 변화로 이끈다. 이것은 그리스도의 십자가를 통해 인간의 죄를 용서하시는 하나님에게서 이루어진다. 인간의 '새롭게 됨'은 성령의 새롭게 하심을 통해 성취된다.

"우리를 구원하시되 우리의 행한 바 의로운 행위로 말미암지 아니하고 오직 그의 긍휼하심을 좇아 중생의 씻음과 성령의 새롭게 하심으로 하셨나니 성령을 우리 구주 예수 그리스도로 말미암아 우리에게 풍성히 부어 주사"(딛 3:5-6).

이 변화는 '그리스도 안에서' 일어난다. 그러므로 그리스도 안에서 새로운 피조물이 된 사람은 세상의 평화와 화해를 일구어야 한다.

그동안 성령의 새롭게 하심이 개인이나 교회나 국가에 엄청난 변화를 가져왔다. 그것은 '성령의 강권적인 역사'였다. 이제 우리는 하나님의 현존을 인정하며 현재의 생명을 귀하게 지켜야 한다. 새로운 생명을 가진 자로서 책임을 다하며 하나님의 나라를 만들어 가는 생활은 곧 그리스도의 사람으로 세상을 사는 길이다.

바울의 헌금이해

고린도후서 8장과 9장 연구

서론

예루살렘의 그리스도인들을 위하여 이방 교회가 헌금을 모금하여 보내자는 운동은 바울이 소아시아 선교를 마무리할 즈음 더욱 활발히 전개된다. 그는 서신에서 이 문제를 여러 번 언급하는데, 헌금모금 문제가 그에게 그만큼 절실한 문제였다는 사실을 간접적으로 말하는 것이다. 뿐만 아니라 바울은 이 헌금의 전달과정에서 예루살렘의 당국자들과 충돌할 것을 어느 정도 예견하면서도(롬 15:31~32) 이를 강행하고, 그럼으로써 예루살렘에서 체포되고 로마로 압송되어 재판을 받고 결국 처형을 당하는 사태를 맞이한다.

바울이 새로이 서바나 선교를 계획하면서(롬 15:28) 그러한 위험부담을 감수해야 하는 직접 전달을 강행한 이유는 무엇인가? 단순히 사도회의에서 결정된 사실을 준수하려는 목적뿐이었을까?(갈 2:10) 바울은 예루살렘 교회를 위한 헌금모금에 대하여 본문 이외에도 세 번 더 언급한다(갈 2:10; 고전 16:1~4; 롬 15:25~32). 그러나 뜻밖에도 사도행전의 저자 누가는 예루살렘의 사도회의에 대하여 언급하는 15장에서 뿐만 아니라 바울의 마지막 예루살렘 방문을 보도하는 곳에서나 다른 어느 곳에서도 이 사실에 대하여 침묵한다(참고. 행 24:17).

초대 교회의 역사에서 바울의 모금운동은 어떤 의미를 갖는가? 본문 고린도후서 8장과 9장은 가장 상세하게 헌금모금의 성격에 대하여 다룬다. 초대 교회에서 역사적으로 1회에 한하여 야기된 이 구제헌금 모금운동에 대한 사도의 태도에서 우리는 과연 헌금에 관한 바울의 신학을 정리할 수 있을까? 이를 위하여 우선 바울의 다른 서신에서 언급된 헌금에 관한 내용을 간략히 정리하고, 우리의 본문에 나타난 이 모금운동에 대한 사도의 신학적 판단과 그 해석학적 원리를 찾아, 오늘날 우리의 교회에 적용하여 성도에게 유익을 가져오는 헌금에 대하여 바르게 가르쳐야 한다.

예루살렘 교회를 위한 모금에 대한 진술들

1. 갈라디아서 2:10

갈라디아 교회의 모금 상황이 어떠했는지에 대하여는 아는 바가 없다. 그러나 갈라디아 교회에서 할례문제에 대하여 솔직했던 이방 그리스도인들이나 바울의 적대자들이던 유대계 그리스도교 선교사들 편에서 갈라디아 교회가 예루살렘 교회를 위한 구제헌금 모금을 거부했다고 말하지 않는 사실로 보아, 적어도 다음과 같은 주장은 근거가 약하다고 볼 수 있다.[1] 즉 갈라디아 교회에서 그들이 함께 할례를 받고 나서 공동의 구제헌금 모금에 참여하지 않았다거나 혹은 갈라디아서 6:6~10의 교훈이 구제헌금 모금에 소극적이던 갈라디아 교회를 위한 것이라는 주장들이다.[2]

2:10에서 바울이 헌금을 수령하는 자들을 "가난한 자들"이라고 칭할 때 그 의미는 우선 예루살렘의 그리스도인들이며, 예루살렘에 살던 시민들을 포함한다.[3] 당시 예루살렘은 세계에서 순례하는 유대인들에게 의존하여 경제적으로 유지되고 있었다. 그러나 이러한 수혜를 예루살렘의 그리스도인들은 누리지 못하였다.[4]

2. 고린도전서 16:1~4

바울이 구제헌금의 목적과 이유에 대해서는 이미 교회에 전달한 사실이 전제되어 있다. 모금 방법은 매주 첫날에, 즉 안식 후 첫날 주님이 부활하신 날이며, 초대 교회가 모여 예배를 드리는 날에 각자가 집에서 조금씩 모아 두는 것이었다.

2절에서 연보는 '줍다', '모으다'에서 유래한 말로서 '모집', '모금'의 의미를 지닌다.[5] 그 성도들은 실제로 물질이 필요했던 사람들이었다. 이로써 바울은 이 헌금모금을 지속적으로 존속할 제도로 생각하지 않았으며 1회적 선교사역으로 생각했음을 알 수 있다.[6] 3절에서 이 헌금을 "은혜"라고 표현한 사실은 바울이 유대의 성전제의에 대한 공로에 대하여 감사의 대가를 생각하지 않았음이 분명하다(참조. 고후 8~9장).

3. 로마서 15:25~32

"예루살렘 성도 중 가난한 자들"(15:26)이라 함은 예루살렘에 있는 그리스도인들을 칭한다. 마케도니아와 아가야에서 헌금모금이 끝났음을 언급한 후, 복음이 예루살렘에서 시작되었으며 그 복음이 그리스도인들에게 종말의 문을 열어 주었기 때문에 이러한 영적 선물을 받은 수혜자들은 경제적 어려움을 겪는 예루살렘의 성도들을 도울 의무가 있다.[7]

29절에서 사도는 "그리스도의 충만한 복"을 가지고 로마에 있는 성도들에게 갈 것이라고 권면한다. 즉 사도는 유대와 이방 교회가 하나 된 구원의 공동체라는 인증을 가지고 로마로 갈 것이라는 확신 속에서 편지를 쓴다.[8]

고린도후서 8장과 9장의 전체 본문구조

바울이 바나바와 헤어진 뒤에(행 15:35~41) 안디옥 교회와의 관계는 더욱 멀어질 수밖에 없었다. 그러나 사도행전 18:22과 관련하여 볼 때 안디옥 교회와의 관계가 완전히 단절되지는 않았지만 이 교회가 그의 선교사역에서 더 이상 중요한 역할을 하지는 않았다. 그러므로 이후에 바울과 예루살렘 교회와의 관계는 더욱 그 중요성이 증가될 수밖에 없었다. 또한 계속되는 적대자들의 선동도 문제가 되었다. 이들은 대부분 유대계 그리스도교 선교사들이었는데 바울의 교회에 들어와서 크고 작은 소요를 일으키고 있었다. 그러므로 예루살렘 교회와의 관계개선 문제는 바울에게 매우 현실적인 질문이 되지 않을 수 없었다.

이러한 사태에 직면하여 바울은 고린도후서에서 사도직의 본질을 교훈하면서(고후 1~7장) 그리고 자신의 사도직을 변호하면서(10~13장) 본문에서 예루살렘 교회를 위한 헌금모금에 대하여 특별히 주의를 환기시키는 것은 이상한 일이 아니다. 우리는 고린도후서 8장과 9장을 다음과 같은 문단으로 나누어 이해할 수 있다.

1. 마케도니아 교회들의 은혜의 행위(8:1~6)
2. 교회의 믿음과 사랑에 호소함(8:7~9)
3. 고린도 교회를 향한 권면(8:10~15)
4. 바울의 파송과 추천(8:16~9:5)
   1) 파송받은 자에 대한 추천(8:16~24)
   2) 파송(9:1~5)
5. 자발적 기부에 대한 요청(9:6~15)
   1) 자발적 기부의 필연성(6~7)
   2) 하나님이 넘치게 하심(8~10a)
   3) 자발적 기부의 축복(10b~15)

고린도 교회와 아가야 지역 교회를 향한 모금호소

1. 마케도니아 교회들의 은혜의 행위(8:1∼6)

바울은 여기서 고린도 교회 성도들에게 마케도니아 교회들의 모범적인 태도를 칭찬하면서 그들이 하나님께 받은 은혜를 언급한다. 은혜란 "하나님이 자유하게 하시는 자비로 모든 교회에 선사하신 것이고, 그리스도인 각 개인에게 베푸시는 것이며, 더 나아가 교회가 하나님에 의하여 선사된 은혜를 근거로 이루는 은혜의 행위로서의 모금이며(4절), 결국 필요한 자를 돕는 연보(비교. 6, 9절)"[9]라며 권면한다.

은혜(χάρις카리스)란 말은 8장과 9장에 걸쳐서 모두 열 번 이상 나오는 주제어로서, 예루살렘 교회를 위한 헌금모금과 관련하여 바울의 입장과 신학사상을 담은 핵심 개념이다.[10] 바울은 이 은혜란 말을 첫째, 하나님께로부터 와서 인간 차원에서 입증되는 것으로 간주한다(8:1). 둘째, 은혜란 그리스도인 각자에게 부여된 은혜 자체며, 이 은혜의 능력을 개인적으로 소유하는 것이다(8:1; 9:8, 14; 비교. 고전 1:4; 15:10). 그리고 셋째, 바울은 이것을 하나님의 은혜에 의하여 입증된 그리스도교의 은혜와 사랑의 사역이며, 형제간의 나눔과 더불어 부여받는 은혜의 효력으로 보았다(8:4, 6, 7, 19).

특히 여기서 세 번째의 의미는 '아낌없는 나눔', '도움'이란 의미를 포함하는 것으로서, 순수하게 인도적 차원에서 이루어지는 '호의'의 의미가 있지만 본문에서 바울은 하나님의 은혜의 효력을 생각하면서 자신의 사상을 정리한다.[11]

헌금을 이러한 은혜, 즉 예루살렘 교회를 위한 헌금모금을 "성도를 섬기는 일"로 표현할 때 바울은 이방계 그리스도 교회와 예루살렘 교회 사이에 이미 존재하는 공동체 의식을 전하며, 이것이 은혜이자 아울러 은혜의 효력으로 본다(8:4). 그러므로 이것은 자선적 의미뿐만 아니라 신학적 의미도 지닌다.[12] 바울이 지역에 대한 언급 없이 예루살렘 교회의 교인들을 성도라고 칭하는데(고전 16:1; 고후 8:4; 9:1, 12 비교. 롬 15:25∼26, 31), 그것은 메시아를 대망하던 초대 교회가 자신을 그렇게 이해했기 때문이다.

바울은 2절에서 네 개의 명사적 표현으로 이루어진 환난과 기쁨 그리고 가난과 풍요의 대구를 통하여 마케도니아 교회들의 불리한 여건과 기대치 않던 그들의 참여를 수사적으로 강조하면서 그들의 열심에 대한 칭찬을 통하여 고린도 교회 성도들의 아낌없는 기부를 유도한다. 바울이 고린도 교회 성도들에게 너희가 마케도니아 성도들의 모범을 본받아서 그 뒤를 따라야 한다는 의미에서 권면하지 않은 것은 그가 이것을 명령으로 말하는 것이 아니라는 표현에서(8:8) 드러나며 다음 단락에서 구체적으로 설명된다.

2. 교회의 믿음과 사랑에 호소함(8:7~9)

바울은 고린도전서 1:5에서 고린도 교회 성도들의 은혜의 풍성함을 강조한 적이 있다. 그는 그런 그들에게 목회를 시작하여 말씀과 지식과 믿음을 더하게 하였다. 그리고 여기서 복음을 통하여 일깨운 열심과 사랑을 기억하면서 헌금에서도 너희가 다른 교회에 뒤지지 않도록 풍성히 하라고 권면한다.

바울은 9절에서 헌금이 은혜가 되어야 하는 근거를 그리스도론적으로 제시한다.[13] 즉 예수 그리스도가 걸어가신 길이 하나님의 부요함에서 나와 인간 됨의 결핍이 되신 것이라고 규정한 그리스도의 아낌없는 사랑이 교회를 감싸고 있다. 그리스도는 모든 믿는 자들에게 사랑의 모범이며 근원자 되신다.[14] 그러므로 그리스도가 자신의 신적 영광을 포기함으로써 부요하게 된, 즉 구원받은 고린도 교회 성도들은 자신들이 가진 소유를 통하여 예루살렘 교회를 지원해야 한다. 그래서 바울은 이 은혜를 아낌없이 내어 주어야 한다고 강조한다. 이 은혜는 하나님께로부터 나와서 인간에게 주어지지만 이 은혜를 체험한 인간은 하나님께 감사하면서 자비로운 행위를 하는 것이다.

이와 같은 구제헌금에 대한 바울의 관점은 고린도후서 8장과 9장에서 유지되는 그의 신학적 기본 입장으로서 전체 본문을 해석하는 해석학적 원리에 해당한다. 즉 바울은 본문에서 물질을 통하여 섬기는 인간의 행위를 하나님의 관점에서 영적으로 바라보면서, 그러한 인간행위의 기원이 하나님께서 그리스도를 통하여 이루신 구원행위에 기초한 것임을 통찰한다.

바울은 이러한 그리스도 사건에서 드러난 하나님과 인간의 수직적 관계와, 서로 섬기는 성도들의 수평적 관계에 대한 통찰을 물질이라는 매개를 근거하여 공동체를 권면한다. 이러한 바울의 사상은 9:9~10에서 보다 분명히 드러난다.

3. 고린도 교회를 향한 권면(8:10~15)

바울은 10절에서 권면을 시작하면서 고린도 교회 성도들의 실천적 행동을 유발시키기 위하여 명령이 아닌 자신의 견해를 제시한다. 그들은 1년 전에 모금행위를 시작했을(고전 16:1~4) 뿐만 아니라 그와 같은 자신들의 결의를 사도에게 전달했다. 그러나 사도와의 불화로 중단되었는데, 이제 다시 모금을 재개하여 종결할 것을 권면한다.

방법은 "그들이 가진 척도에 따라서" 해야 하며 남을 돕는 일이 과도함으로 곤경에 빠져서는 안 되었다. 자발적으로 하는 기부는 작은 도움이라도 사랑의 증거가 되며 이를 통하여 공동체는 강화된다. 바울은 액수의 크기에 대해 언급하면서 14절에서 균등성의 원리를 적용한다. 즉 형제간의 균등함이란 많이 가진 자가 적게 가진 자에게 나누어 주어야 한다는 원리다. 이것이 로마서 15:27에서는 이방인 그리스도인들이 유대인 그리스도인들에게서 받은 영적 선물을 위하여 지상의 물권을 기부해야 한다는 사실을 언급하지만 여기서는 예수 그리스도의 사랑 안에 있는 공동체의 실현을 위한 구체적 훈계들이 언급된다.

이러한 동등성의 관점에서 바울은 15절에서 만나를 먹이신 사건을 예로 든다. 하나님은 각자에게 필요한 양만큼 "일용할 양식"을 허락하신다. 그들은 거두는 능력과는 무관하게 필요한 양의 급식을 얻는다. 바울이 동등성의 관점에서 구제헌금을 말한다면 그는 예루살렘 교회와 이방 교회 사이의 그리스도의 사랑 안에서 실현되어야 할 공동체성을 권면하며 이것은 이 헌금이 유대의 성전세에서 유추된 것으로 보는 일종의 종교세금의 의미를 담고 있지 않다는 반증이기도 하다.

4. 바울의 파송과 추천(8:16~9:5)

바울은 여기서 디도와 익명의 형제들을 추천하면서 이들에게 자신의 말과 판단이 옳았음을 확인시키려고 민감한 모습을 보인다(8:24; 9:3~4). 또한 헌금모금과 관련하여 불거질 수 있는 일들에 대하여 조심스럽고 예민하게 대처한다(8:20~21). 이러한 바울의 모습은 신학자, 선교사, 목회자뿐만 아니라 인간 바울의 모습을 보여 준다.[15] 어쩌면 이것은 바울이 그의 적대자들을 의식하며 자신의 사도직에 대하여 변론하면서 아울러 구제헌금을 요청하는 방어적 입장과도 무관하지 않을 것이다.

1) 파송받은 자에 대한 추천(8:16~24)

바울은 이 단락에서 예루살렘을 위한 헌금모금과 관련하여 고린도 교회의 성도들이 모든 교회의 주목을 받고 있음을 분명히 한다. 디도는 예루살렘 사도회의에 바울과 동행했는데, 열심이 있던 인물이었기에 자진하여 이 운동에 참가했다.

17절에 "나아갔다"와 18절에서 "보내다" 그리고 22절에서 "보내다"의 헬라어 표현은 모두 편지 문체의 단순과거형으로 보아야 한다.[16] 즉 이것은 12:18에서 언급된 디도가 어떤 한 형제와 방문하는 것으로 소개된 반면, 8장에서의 디도의 고린도 방문은 세 번째 방문으로서 방금 소개된 두 형제와 함께 방문한다. 두 번째로 소개된 동행 인물은 12:18의 동행자와 동일 인물일 것이다. 20~21절에서 거액의 연보를 홀로 전달하지 않고 모금에 참여한 교회들에서 선출된 대표들을 동행하도록 하는데, 이것은 오늘날도 모든 교회의 헌금관련 업무에서 모범이 되는 세심한 처리 기준이다.[17]

바울은 고린도 교회의 성도들이 파송된 자들을 사랑으로 맞이할 것을 당부한다. 이를 통하여 상호형제 공동체를 입증함과 동시에 모든 교회 앞에서 자신이 자랑했던 사실과 판단을 확인시키려고 한다.

2) 파송(9:1~5)

"성도들을 섬기는 일에 관하여 내가 너희에게 쓸 필요가 없다"(9:1)는 표현은 8장에서 이미 이에 관하여 언급한 사실과 꼭 들어맞지 않는다. 이 문제에 관하여 두 견해가 제기되는데, 우선 9장이 1~8장까지의 편지에 연결된다는 견해다.[18] 성도를 섬기는 일이란 앞서 8장에서 언급된 사실이 아니라 새로이 성도를 섬기는 일을 의미하며, 헌금을 받는 자들에 관해서는 이미 앞에서 많이 다루었기 때문에 문맥에 아무런 문제가 없다는 것이다.

또 어떤 이들은 앞 단락(8:16~24)과의 연결을 다음과 같이 주장하기도 한다. 즉 나는 파송받는 자들에 관하여 썼다. 왜냐하면 모금 자체에 관하여 쓰는 것이 필요하지 않기 때문이다.

그러나 9장의 독립성을 주장하는 견해가 일반적으로 받아들여지는데, 그 중 대표적인 견해에 따르면 마케도니아 성도들에게 아가야 성도들의 모범이 언급되었고, 앞서 8장에서는 고린도 교회 성도들에게 마케도니아 성도들의 모범적(아낌없는) 희사를 칭찬한다는 사실을 들어 9장이 고린도시의 주변에 있는 작은 교회들, 즉 아가야 지방의 교회들에게 전달되는 편지로 인정한다.[19] 만일 그렇다면 아마도 거의 같은 시기에 기록하여 디도를 통하여 같이 전달되었을 것이다.[20]

그러나 사도는 똑같은 내용을 써서 두 교회들에 보내지 않았으며 따라서 우리는 각각 두 장에서 사도의 구제헌금에 대한 입장과 신학을 함께 정리할 수 있다. 이곳에서도 사도는 공동의 모금계획에 대하여 권면하면서 자신의 아가야 성도들에 대한 자랑이 옳았음을 확인시키기 위해 디도와 그의 동행자들을 미리 보낸다. 그러나 여기에서 헌금은 '축복의 선물'(εὐλογία율로기아)로 진술된다. 왜냐하면 그것은 믿는 자들이 그리스도 안에서 받은 하나님의 축복에 대한 감사의 표시기 때문이다. 아울러 자발적 동기가 강조된다.

바울은 여기에서 파송받은 자들을 소개하며 교회에 추천을 하는데, 이들을 미리 보내 자신의 자랑을 마케도니아 사람들에게 확인시키려 한다.

5. 자발적 기부에 대한 요청(9:6~15)

1) 자발적 기부의 필연성(6~7절)

바울은 그리스 문화와 헬레니즘계 유대교에서 일반화된 사상, 즉 뿌린 씨의 양과 추수량이 비례한다는 사상을 통하여 풍성하고 기쁜 마음의 나눔과, 인간을 대하시는 하나님의 자비로운 행동에 대한 암시를 통하여 성도들을 고무시킨다.[21] 그래서 규모 있는 기부는 역시 풍성한 축복을 받는다는 사실을 분명히 한다. "하나님은 즐겨내는 자를 사랑하시느니라"(비교. 잠언 22:8 LXX).

짜증스러움과 강요에 의하여 나누는 자는 축복을 기대할 수 없다. 바울이 인간의 자발적이며 기쁨의 기부행위를 하나님의 사랑을 받는 근거로 언급한 것은 70인역 잠언의 보상에 대한 암시보다 더 높이 의도된 동기유발로 보인다. 왜냐하면 바울에게는 즐겨내는 것 자체가 이미 하나님의 축복으로 인정되기 때문이다.[22]

바울이 이렇게 자발적 기부를 강조했다면 분명 이것은 예루살렘 교회의 지도자들에 의하여 이방 교회에 부과된 일종의 성전세였다는 사실과는 전혀 다르다.

2) 하나님이 넘치게 하심(8~10a절)

바울은 하나님의 선물의 풍성함을 "모든"이란 말을 사용하여 가시화시킨다. 즉 하나님은 자신뿐만 아니라 다른 사람까지 도울 수 있는 풍성함을 허락하신다. "넉넉함"이란 마음대로 할 수 없는 것에 대한 지혜자의 내면적 독립성을 말한다. 그것은 세상의 물질로부터의 거리 둠이다.[23]

뿐만 아니라 하나님의 선하심을 통한 인간의 생계에 대하여 진술하면서 구약적 사상에 의거하여 의의 개념을 통찰한다. 구약에서 의인이란 가난한 자에게 풍성히 베푸는 자다(112:9). 이러한 "의의 열매"에 대해서는 이사야 55:10, 호세아 10:12에 의존하여 성도들에게 다음과 같이 약속한다. 즉 전능하신 창조주 하나님은 너희에게 기부할 수단을 허락하실 것이고, 그럼으로써 의의 열매가 자라게 하실 것이다.[24]

이방인들의 예루살렘을 향한 순례가 예루살렘 교회를 위한 이방 교회의 헌금모금과 함께 시작될 것이다. 모아진 헌금은 하나님께서 직접 허락하신 것이며 이방인의 손에서 자라게 하신 것이다. 더욱 중요한 것은 그것이 그들 자신(이방인들)을 위한 것이라는 점이다. 그러므로 이방인은 이제 하나님의 구원의 계수에 속하며 과거 하나님의 언약과 의에 참여하게 된다. 그들은 의롭게 되며 유대인들에게는 하나님의 종말론적 구원의 현재에 참여하는 증인이 된다.[25]

이와 같이 아가야의 그리스도인들은 하나님께로부터 항상 아낌없이 베풀 수 있도록 풍성한 것들을 받았다. 의의 열매(9:9), 즉 하나님의 영적 축복이 물질의 매개를 통하여 가능하게 됨을 말함으로써 예루살렘 교회를 위한 헌금모금의 자발적 참여를 권면한다. 바울은 불쾌하고 강제적인 기부에 견주어서 하나님의 전능하심을 강조하며 물질적 보상뿐만 아니라 영적인 축복을 약속한다.

본 단락에서 바울의 계시적 사유는 8:9에서 언급한 내용을 구체화시킨다. 하나님과 그리스도를 통하여 증명된 은혜와, 헌금이라는 선물 형식으로 증명된 은혜와의 밀접한 관계는 고린도후서 8장과 9장에 나타난 사도의 헌금관을 이해하는 기본원리다.[26]

3) 자발적 기부의 축복(10b~15절)

"씨와 먹을 양식을 주시는" 전능하신 이가 심는 너희에게 "풍성하게 하시고", "의의 열매를 더하게" 영적으로도 축복하시려고 하신다(10절). 인간의 모든 착한 행실의 마지막 목표는 하나님을 찬양하는 것이다(11절). 헌금을 통하여 우선 가난을 잠재워야 한다. 이때 그것은 신앙적 차원의 영향력도 갖는데, 물질을 받는 사람은 감사의 기도에서 하나님을 찬양한다. 이렇게 입증된 형제사랑이 그리스도의 몸 된 공동체적 연합으로 이어지며 서로를 위하여 기도하며 참된 도움의 표시에 대하여 하나님께 감사한다.

12절에서는 헌금을 "봉사의 직무"로 언급한다. 이 동어반복의 표현법은 공동체의 연대성을 강조한다. "직무"란 본래 "공공기관의 직무"를 의미하는 말로서 "섬김"과 결합하여 이를 통하여 그리스도교 공동체의 통일성과 연대성이 강조된다.[27] "말할 수 없는 그의 선물(은사)"로 인하여 감사함은 헌금뿐만 아니라 그리스도 안에서 받은 "말할 수 없는 선물"과도 관계된다. 예루살렘 교회는 이방 교회의 선물을 감사하고 그들을 위하여 기도하며 사모한다. 바울은 이 단락에서 이방 그리스도 교회와 예루살렘 교회의 통일성의 확립, 화목케 하는 동기의 관점에서 헌금을 이해한다.

결론

1. 구제헌금의 의미

예루살렘 교회의 가난한 성도들을 위한 이방 교회의 헌금모금은 다양한 방향에서 그 신학적 의미가 드러난다. 첫째, 초기 그리스도 교회의 유대계 그리스도교와 이방 그리스도교 사이의 구원사적 연속성과 교회의 통일성이 이 사건으로 말미암아 이루어졌다.

예루살렘의 사도회의에서 합의된 구제헌금은 예루살렘 교회의 구원사적 우월성을 인정하는 것이었다. 예루살렘 교회는 새로운 구원사의 중심이고 원천이다.[28] 예루살렘의 유대계 그리스도 교회는 스스로를 예수 그리스도의 조상인 이스라엘의 족장들과 구원사적 연속성에 있다고 생각하였다. 그러므로 바울은 유대계 그리스도인들을 거룩한 이스라엘의 남은 자로 이해했다(롬 11:1~10; 9:27~28). 따라서 이방인의 사도며 유대계 그리스도인인 바울이 수행한 예루살렘 교회를 위한 헌금모금은 이방 교회의 예루살렘 교회와의 연계됨의 표시며, 이스라엘의 구원사적 우위성을 인정하는 표시기도 했다(비교. 롬 1:16; 2:9~10).

이러한 맥락에서 둘째, 바울은 이방인들이 예루살렘 교회를 위하여 헌금을 모금하는 행위를 헌금과 더불어 그들의 회심과 돌아옴이며, 유대의 종말론적 구원이 다가오는 표시이자 교회가 마지막 시대에 살고 있다는 증표로 이해했다. 그러므로 이방 그리스도인들의 헌금은 이러한 하나님의 종말론적 구원의 현재에 참여하는 증표로 이해한다.

셋째, 이 헌금은 그리스도 안에서 선사된 유대계 그리스도 교회와 이방 그리스도 교회의 통일성과 동등성의 표시다. 아울러 그것은 상호인정의 표시기도 하다. 유대계 그리스도 교회 입장에서의 인정과 이방 그리스도 교회의 물질적 도움은 그리스도교의 화목케 하는 형제애의 표시가 된다.

넷째, 바울은 이러한 헌금모금운동을 통하여 안디옥 교회에서 촉발된 예루살렘 교회와 이방 교회 사이의 갈등과 분열의 문제를 봉합하여 자신의 적대세력을 잠재우려 하였고, 다른 한편으로는 이방 교회에 대한 예루살렘 교회의 인정을 받아내어 이방 교회의 독립성을 확보하며 그리스도의 십자가에서 나타난 하나님의 새로운 계시의 절대성을 과감히 증언한다.

이러한 사도의 입장에 대하여 사도행전의 저자 누가가 어느 정도까지 알았는지 우리는 알 수 없다. 사도행전이 쓰일 당시의 초대 교회의 관심이 바울 사도의 당시와 다를 수도 있다. 그러나 분명한 것은 바울 사도의 구제 헌금모금 사역에 담긴 신학적 의도가 복음이 예루살렘에서 출발하여 로마로 향해야 하는 역사적 의도, 즉 두 교회의 조화를 중시하는 누가의 저술의 도와는 분명히 차이가 있음을 짐작해 볼 때 사도행전의 저자가 이 큰 사건에 대하여 침묵하는 것은 우연이 아닐 것이다.

2. 해석학적 고찰과 적용

바울이 예루살렘 교회를 위한 모금운동을 하면서 이 구제헌금을 칭하는 말 가운데 전체 본문을 지배하는 말은 '은혜' 다. 바울은 이 은혜를 하나님께서 인간에게 주시는 선물로, 특히 우리의 본문에서 그리스도의 낮아지심과 가난해지심을 통하여 인간의 부요하여짐, 즉 구원의 선물이라고 정의한다.

예루살렘의 가난한 성도들을 섬기는 이방 교회의 행위를 은혜라고 표현한 사도의 계시적 사유에서 오늘날 우리가 가져야 할 헌금에 관한 사도 바울의 입장을 엿볼 수 있다. 사도가 물질의 형식으로 성도를 섬기는 행위가 그리스도 안에 나타난 하나님의 자비와 사랑에 기초한 은혜라고 보았을 때, 그는 하나님께서 그리스도 안에서 입증하신 은혜와 성도들이 물질을 매개로 베푸는 은혜의 관계를 생각하였다. 즉 그리스도 안에 나타난 인간에 대한 하나님의 사랑의 관계와, 성도들 사이의 섬김의 관계가 은혜를(헌금) 매개로 만나는 영적 현상의 관계임을 설명한다. 그러므로 본문에서 예루살렘 교회를 위한 이방 교회의 모금운동은 이러한 맥락에서 역사적 사건으로 제한된 1회적 구제헌금의 의미에서 뿐만 아니라 성도들의 헌금 일반에 대한 사도의 이해를 드러낸다.

그러므로 헌금이란(χάρις카리스) 근원적으로 하나님께로부터 시작된 것이며, 전능하신 하나님께서 성도에게 물권과 영권으로 풍족하게 하시고, 그 은혜에 감사하여 (사람이 아니라) 하나님께 드리는 감사며, 이웃으로 뻗어나가는 은혜(카리스)며, 아울러 이를 통하여 성도를 섬기는 것이며(διακονια디아코니아), 서로 세우는 것이다(λειτουργία레이투르기아). 기쁨으로 참여하고, 많이 받기 위하여 많이 드려야 하며, 조심스럽게 다루어져야 하는 축복의 선물(εὐλογία율로기아)이다. 그러므로 헌금이 그 자체로서 기복적 은혜의 목적이 되어서는 안 되며, 하나님의 역사를 이루는 매개물로서 미리 준비함과 강요 없이 자발적으로 드려져야 한다.

08

화해는 하나님의 구원사건이다

고린도후서 5:18~21을 중심으로 살펴 본 바울의 화해사상[1]

들어가는 말

'화해'라는 주제는 지금까지 여러 차례 논의된 핵심적인 주제였다. 그런데 왜 우리는 이 시점에서 다시 화해를 말해야 하는가? 우리는 지금 그 어느 때보다도 개인적인 차원, 교회적인 차원, 정치—사회적인 차원, 그리고 국제적인 차원에서 화해를 말해야 할 절박한 시기에 처해 있다는데 이론이 없을 것이다. 9 · 11. 사건 이후에 벌어진 아프가니스탄과 이라크의 전쟁 그리고 세계 도처에서 벌어지고 있는 테러들은 말할 것도 없거니와 우리 한국 땅에서 일어나고 있는 북한의 핵문제와 남북관계, 지역과 사회 계층 사이의 불화 그리고 아직도 기독교의 여러 종파와 교파들 사이에는 여전히 생존을 위한 경쟁으로 촉발되는 짙은 긴장의 안개가 걷히지 않고 있는 현실 등 다양한 이유로 인하여 우리는 이 시점에 다시 화해를 말해야 한다. 여기에 크고 작은 집단과 공동체 그리고 개인들 사이에서 벌어지는 갖가지 싸움과 갈등도 우리로 하여금 화해를 다시 생각하게 하는 이유가 될 것이다. 그러나 우리 그리스도인들과 신학자들이 화해를 말한다면, 정치인이나 일반 사람들이 말하는 의미와는 사뭇 달라야 할 것이고, 다를 수밖에 없다. 화해는 신학의 역사에서도 매우 중요한 주제에 속한다.

특히 교리사에서나 기독교 윤리에서 화해는 핵심적인 주제이다. 그러나 우리가 화해를 말할 때에 가장 근본적인 출발점은 성서일 수밖에 없다. 그런 점에서 우리는 신약성경이 말하는 화해에 관한 메시지에 귀를 기울여 보는 것은 그리스도인으로서 화해를 화두로 말하기 위한 가장 근본적인 출발선에 서게 될 것이다. 신약성경이 말하는 화해는 일차적으로 구원론적인 개념이다. 다시 말해서 신약성경은 하나님과 인간 사이의 화해를 말한다. 인간들 사이에서 일어나는 화해 곧 윤리적인 개념으로서의 화해는 이차적인 것이다. 물론 구원론적인 의미로부터 윤리적인 화해가 요청되는 것은 당연한 귀결일 것이다. 이 논문에서는 먼저 화해 개념의 원칙적인 의미와 용례를 살펴보고, 신학적인 화해사상이 가장 농도 짙게 서술되고 있는 고린도후서 5:18~21에 근거하여 화해사상을 신학적으로 정리해보려고 한다.

화해의 의미와 용례

'화해'의 사전적인 의미는 불화 가운데 있는 당사자들, 특히 피해를 당한 사람이 피해를 유발해서 관계를 깨뜨린 상대방을 용납함으로써 깨어진 관계를 다시 정상적으로 회복하는 것이다. 우선 신약성경에서 '화해'를 말하는 단어들이 어디에 어떤 형식으로 사용되고 있는지를 살펴보자. 명사 '화해'(카탈라게)는 4회(롬 5:11; 11:15; 고후 5:18,19) 사용되고, 동사 '화해하다'(카탈라쎄인)는 6회(롬 5:10에 2회; 고전 7:11; 고후 5:18, 19, 20) 사용된다. 역시 동일한 의미를 말하는 복합동사 'ἀποκαταλλάσσειν'(아포카탈라쎄인)는 3회(골 1:20, 22; 엡 2:16) 사용된다. '화해하다'를 말하는 또 다른 복합동사 'διαλλάσσειν'(디알라쎄인)은 1회(마 5:24) 사용되나, 그에 해당하는 명사 'διαλλαγή'(디알라게)는 신약성경에 전혀 사용되지 않는다. 이처럼 총 14회 사용되는 '화해'를 말하는 단어군(群)에서 세속적–윤리적인 의미 곧 깨어진 인간관계의 복원이라는 의미로 사용되는 곳은 고린도전서 7:11과 마태복음 5:24 등 두 곳뿐이다. 골로새서 1:20은 창조 세계 안에서의 피조물들의 일치를 말하기 위해서 '화해'를 사용한다. 이 세 곳을 제외한 나머지 11곳은 모두는 하나님과 사람 사이의 화해를 의미하는 신학적인 개념으로 사용되었다. 이러한 언어적인 통계를 볼 때, 신약성경에서 '화해'는 구원론적인 개념이라는 사실이 분명해진다.

다른 한편으로 헬라어로 된 구약성서(70인역)에서는 동사형 'διαλλάσσειν'(디알라쎈)이 두 번 인간관계의 복원이라는 윤리적인 의미로 사용되었고 (삿 19:3; 왕상 29:4b), 명사형 'διαλλαγή'(디알라게) 역시 시락서 22:22; 27:21에서 인간관계의 복원이라는 세속적인 의미로 사용되었다. 반면에 2Makk 1:5; 5:20; 7:33; 8:29b 등에서 이 헬라어 용어들은 신학적인 의미 곧 하나님과 인간 사이의 관계를 말하기 위하여 사용되었다. 이처럼 헬라어 유대 문헌에는 이 용어가 자주 사용되지 않은 반면에 헬라의 세속문헌들에서는 자주 사용되고 있다. 이 헬라 문헌들에서 '화해'는 주로 국가나 도시들 사이에 일어난 전쟁과 같은 불화를 정치외교적으로 해결하여 화해의 관계를 회복하는 것을 의미한다.

그러나 이 세속적인 헬라 문헌들에서는 이 용어가 하나님과 인간 사이의 화해라는 신학적인 의미로는 전혀 사용되지 않았고, 철저히 정치 외교적인 개념으로만 사용되었다. 하나님과 인간의 관계를 위하여 신학적인 의미로 사용된 것은 위에서 말한 헬라주의 유대교 문헌과 일부 초대 기독교의 문헌 곧 바울의 서신들에 와서야 비로소 찾아 볼 수 있다.

신약성경에서는 오직 바울만이 홀로 외롭게 '화해'라는 개념을 사용해서 신학적인 화두로 삼고 있다는 것이 특이하다. 특히 로마서 5:10~11; 11:15; 고린도후서 5:18~20 등이 신학적으로 '화해'를 집중해서 다루고 있는 단락이다. 그러므로 '화해'는 초대교회에서 바울이 최초로 그리고 홀로 사용한 전문적인 신학용어라고 할 수 있다. 이처럼 통계적으로는 신약성경에서 그렇게 자주 사용되지 않는, 더구나 오로지 바울의 서신들에만 그것도 오직 세 곳에서만 나오는 '화해' 개념이지만, 내용적으로는 신약성경의 구원의 메시지를 농축된 형태로 표현하는 개념으로 받아들여진다. 그래서 어떤 학자는 신약성경의 전체적인 메시지의 내용을 '화해'라는 개념으로 정리하기도 하고, 혹은 바울 신학의 핵심적인 주제라고 말하기도 한다. 이 '화해' 개념으로써 바울이 말하려는 내용은 무엇인가? 죄로 말미암아 하나님의 원수가 된 인간을 하나님께서 예수 그리스도 안에서 찾아오셔서 먼저 인간의 죄를 용서하여 주시고, 그 죄로 말미암아 깨어져 버린 관계를 회복해서, 인간으로 하여금 새로운 하나님 관계 속에서 살아가게 하셨다. 이것이 바울이 '화해'라는 개념으로 말하고자 하는 내용이다. 그렇다면 신약성경이 전체적으로 말하고자 하는 구원의 메시지를 바울이 특별히 '화해'라는 개념으로 정리했다고 할 수 있다. 바울은 예수 그리스도의 십자가 죽음에서 이루어진 구원을 하나님과의 화해라는 말로 표현한다. 이 점에서도 골로새서와 에베소서는 바울의 확실한 전통에 서 있다. 특히 고린도후서 5장의 단락은 신학적으로 바울 신학의 핵심을 말하는 매우 중요한 단락이다. 이 글에서는 고린도후서 5장에 근거하여 바울의 화해사상을 신학적으로 요약하려고 한다.[2]

바울의 화해사상이 갖는 신학적인 의미

1. 화해는 하나님이 예수 그리스도의 속죄 죽음에서 죄인들을 위하여 행하신 구원사건이다

바울의 화해사상의 핵심은 그 화해의 주체가 항상 하나님이라는 것이다. 하나님은 화해의 대상이 아니라, 항상 주체이다. 하나님이 화해사건의 주체라면, 그 대상은 '우리' 혹은 '세상'이다. 그러므로 화해를 말하는 문장에서 주어는 항상 하나님이고, 인간이 주어로 나올 때에는 항상 수동태 형이 사용된다(롬 5:10~11, 고후 5:20). 이는 헬라주의 유대교 문헌과 비교해서 바울의 서신이 보여주는 가장 분명한 차이점이다. 예컨대 요세푸스는 유대 전쟁사 5, 415와 유대 고대사 6, 151에서 하나님을 화해의 대상으로 말한다. 바울에 따르면, 하나님과 인간은 화해의 협상을 벌이는 대등한 상대가 될 수 없다. 어느 경우에도 인간은 하나님과 화해를 논의하거나 협상할 수 없다. 바로 이 점이 헬라−로마의 세속적 정치문헌에서 말하는 외교적인 화해론과 근본적으로 다른 점이다.[3]

바울은 화해를 말하는 단락에서 인간이 누구인지를 분명히 밝히면서 시작한다. 인간은 하나님의 원수이다(롬 5:10; 고후 5:17의 '옛 사람'이나 5:21도 인간론을 전제하고 있다). 인간은 하나님을 부정하는 자이고, 죄인이다(롬 5:6, 10). 인간은 죄인이고, 연약하고, 원수이기 때문에, 생각이나 행동에 있어서 오로지 하나님에 맞서는 적일 따름이다(롬 8:7). 인간은 죄인으로서 하나님과의 관계는 완전히 단절되었고, 하나님을 배신한 배반자이다. '적의'는 하나님 앞에서 죄인인 옛 사람의 실존적인 삶의 표징이다. 그러나 이것을 하나님과 인간 사이의 상호 적대적인 관계로 이해해서는 안 된다. 인간이 하나님에게 맞서는 적일 따름이지, 하나님이 인간에 맞서는 적이 될 수 없다.

바울은 하나님이 인간에 대해서 적의를 가지고 있다고 말한 적이 결코 없다. 인간을 향한 하나님의 진노도 하나님의 그러한 적의를 말하는 것이 아니라, 죄인이 종말에 받아야 할 심판을 객관적으로 표현하는 것일 뿐이다.[4] 단한 번도 인간의 적으로 나타나지 않은 하나님이 인간과 화해될 수도 없고, 그럴 필요도 없다. 하나님이 주체적으로 죄인을 그 자신과 화해시켰다. 하나님이 그 자신을 인간과 화해하신 것이 아니다. 하나님은 십자가의 죽음에서 하나님을 향한 인간의 적의를 제거하셨다. 하나님은 인간의 반역을 극복하시고, 그 인간으로 하여금 그와의 관계를 회복할 수 있게 하셨다. 로마서 5:1의 표현대로 말하면, '하나님과의 평화'를 갖게 하셨다. 화해는 인간이 하나님 앞에서 가지고 있는 죄인으로서의 실존적인 삶 곧 하나님을 배반하고 거역하는 원수 관계를 제거함으로써 하나님과 올바른 관계를 갖게 하는 것이다. 바울은 하나님과 인간 사이의 상호 관계가 변화되었다고 말하지 않는다. 하나님의 편에서는 인간에 대한 어떠한 관계도 변화시킬 이유도 없고, 또 그럴 필요도 없다. 하나님은 한 번도 인간을 향하여 적대적인 관계를 가진 적이 없기 때문이다. 하나님은 창조주이다. 화해는 하나님의 종말론적인 새 창조 행위이다(고후 5:17). 하나님이 화해의 대상이 된다는 말은 창조주로서의 하나님의 본질을 왜곡하는 것이다. 창조주가 피조물이 된다는 말과 같은 것이다. 화해는 하나님이 예수 그리스도의 속죄 죽음에서 죄인들을 위하여 행하신 구원사건이다.

2. 그러므로 바울의 화해론은 만족설이나 보상설 혹은 위무설과는 전혀 다른 것이다

그리스도 안에 계신 하나님이 죄인을 그 자신과 화해하게 하셨다는 바울의 화해론은 기독교 신학사에서 위무설, 보상설 혹은 만족설이라는 이름으로 크게 오해되었다. 그리스도가 그의 죽음을 통해서 하나님을 '은혜롭게 조정해서 세상과 화해시켰'[5]고 말할 수 없다. 이러한 오해는 서구 교회의 수많은 신앙고백과 찬송가 가사에서 발견할 수 있지만, 바울의 화해사상은 그러한 오해를 명백하게 거부한다.[6] '하나님의 변화나 위무'는 바울의 화해사상에서는 결코 생각할 수 없다. 그러므로 하나님이 자신을 인간과 화해시켰다거나 화해와 하나님의 진노를 반제적으로 대비하는 것은 바울의 사상을 곡해하는 것이다. 인간이 어떤 제물을 드리거나 혹은 회개의 행위를 통하여 하나님의 진노를 진무함으로써 하나님의 대(對)인간 관계를 변화시킨다는 생각은 바울의 화해사상에서는 전혀 찾을 수 없다. 바울은 하나님의 화해는 인간이 드리는 제물이나 회개에 근거되어 있는 것이 아니라, 오로지 하나님 자신의 사랑 안에 근거되어 있다고 말한다(롬 5:8; 고후 5:14). 예수가 자신의 생명을 희생 제물로 바쳐서 하나님을 만족시키거나 하나님의 진노를 위무시킴으로써 하나님께서 자신을 죄인들과 화해하게 하셨다는 만족설 혹 위무설은 바울의 화해사상과는 다음과 같은 점에서 전혀 다르다.

첫째, 만족설이나 위무설은 하나님을 의의 차원과 은혜의 차원에서 서로 분리해서 이해하려고 하는데, 바울은 그러한 구분을 인정하지 않는다.[7] 그렇게 구분할 경우, 하나님의 의는 오직 심판하는 의가 되고, 그래서 하나님은 인간을 그 행위에 따라서 보복하시는 분이 되고, 먼저 하나님의 벌주시는 의에 합당한 일을 행함으로써 하나님의 은혜와 자비가 나타나게 해야 한다. 이는 바울의 신학이 결코 아니다. 제2이사야의 전통에 서 있는 바울에게 있어서 하나님의 의는 심판 개념이라기보다는 구원 개념이다. 바울에게 하나님의 의는 죄인이 마땅히 받아야 할 대가인 죽음에서 벗어나게 해서 하나님과의 바른 관계를 맺게 하시고, 그 안에서 행복한 삶을 살아가게 하시는 하나님의 해방하시는 행동이며 힘이며 선언이다. 이러한 하나님의 의가 나타난 곳이 바로 십자가 사건이다(롬 3:24~26). 바울은 하나님의 의와 은혜를 결코 분리해서 따로 생각한 적이 없다.

둘째, 만족설이나 위무설은 하나님과 죄인을 상호 적대 관계에 있는 것으로 오해한다. 하나님이 죄인을 향하여 적대적이기 때문에, 예수 그리스도의 속죄 죽음을 통해서 하나님을 위무해야 한다는 것이다. 그러나 바울은 어디에서도 죄인을 향한 하나님의 적대감을 말하지 않는다. 죄인은 하나님의 원수이지만, 하나님은 죄인의 원수가 아니다. 그러므로 바울은 하나님이 자신을 죄인과 화해하셨다고 말하지 않고, 죄인이 그리스도의 죽음을 통해 하나님과 화해되었다(롬 5:10)거나 혹은 하나님이 죄인을 자기 자신과 화해하게 하셨다고 말한다(고후 5:18~19). 화해의 주체는 하나님이고, 그 대상은 항상 죄인이다. 하나님은 죄인과 화해할 필요가 없다. 하나님은 단 한 순간도 인간의 원수로 인간과 적대 관계에 있지 않기 때문이다. 하나님과 인간 사이에 '죄'가 서 있어서 하나님과 인간을 적대 관계로 만들었다. 그러나 하나님은 이 '죄'의 지배를 받지 않았고, 오로지 인간만이 죄의 노예가 되었다. 하나님은 예수 그리스도를 '죄'가 되게 하심으로써 하나님과 인간 사이를 가로막고 있는 죄의 힘을 무너뜨렸다. 죄의 세력에서 벗어나는 것 곧 화해가 필요한 것은 죄인이지 하나님이 아니다. 하나님은 예수 그리스도의 십자가 사건에서 죄인들이 가지고 있는 하나님 자신을 향한 원수 됨을 제거하시고, 죄인의 반역을 극복하시고, 죄인으로 하여금 그 자신과 올바른 관계를 갖게 하셨다. 그러므로 죄인에 대한 하나님의 관계가 변화된 것이 아니라, 하나님을 향한 죄인의 관계가 변했다. 죄인을 향한 하나님의 자세는 항상 동일하다.

그것은 사랑이다. 화해는 하나님 앞에서 죄인의 존재와 행위를 규정하는 부정적인 관계를 제거하는 것이다. 하나님이 자신을 죄인과 화해시켰다거나, 그리스도께서 하나님을 죄인과 화해시켰다고 말한다면, 그것은 바울의 신학을 전혀 왜곡하는 것이다. 예수의 십자가 사건에서 하나님이 변화되었다거나 위무되었다고 말할 수 없다.

셋째, 만일 만족설/위무설을 받아들인다면, 예수의 십자가 죽음은 구원사건이 아니라, 구원을 위한 전제에 불과하게 된다. 예수는 죄인을 대신해서 하나님의 진노를 누그러뜨리기 위한 곧 구원의 전제를 충족시키기 위해서 십자가에 달려 죽은 것에 불과하게 된다. 그렇다면 십자가 사건은 하나님의 사건이 아니라, 인간의 사건이 된다. 바울에 의하면 하나님은 예수의 십자가 사건 안에 계셨다. 십자가 안에 계신 하나님께서 세상을 자신과 화해시키셨다(롬 3:25; 고후 5:19). 속죄와 화해의 사건에서 하나님과 예수는 하나가 되었다. 그러므로 예수의 죽음은 하나님을 위한 인간의 사건이 아니라, 죄인을 위한 하나님의 사건이다. 예수는 하나님을 위해서 죽은 것이 아니라, 인간을 위해서 죽었다. 그리스도 안에 계신 하나님(고후 5:19) 스스로 그의 아들을 죽음에 내어주셨다(롬 8:32). 그것은 우리를 위한 그의 영원한 사랑을 보여주신 것이다(롬 8:31). 그러므로 예수의 십자가 사건은 하나님 자신의 행동 곧 죄인들을 향한 그의 사랑의 행위(롬 5:8), 죄인들을 향한 그의 자비로운 배려의 사건(롬 3:24), 구원을 베푸는 그의 의를 드러낸 사건(롬 3:25~26)이다. 하나님이 십자가에서 죽어가는 그리스도 안에 계셨기 때문에, 예수의 속죄죽음 자체가 하나님의 구원하시는 화해행위 곧 화해의 실행 혹은 실현이지, 화해를 위한 혹은 하나님을 진무하기 위한 전제나 수단이 아니다. 몰트만이 말한 대로, 십자가에 달려 죽으신 분은 인간이 아니라, 하나님 자신이다. 독일의 조직신학자 한스 요아킴 크라우스는 캔터베리의 안셀름의 저서 「왜 하나님이 인간이 되셨는가?」(Cur deus homo?)로부터 출발하는 이러한 보상설이나 만족설로서의 화해론은 '화해사업의 주체로서의 하느님'을 후퇴시키는 것이라고 바르게 비판하면서, 칼 바르트와 폴 틸리히의 화해론이 화해의 주체자

로서의 하나님을 바르게 그리고 분명하게 드러내고 있다고 말한다.[8]

3. 화해와 예수의 속죄죽음

바울이 화해를 말하는 맥락에서는 반드시 예수의 죽음을 말한다. 하나님의 화해사건이 일어난 유일한 장소는 예수 그리스도의 십자가 죽음이다. 로마서 5장(8~10절)에서 바울은 예수의 죽음을 죄인들을 향한 하나님의 사랑의 증거라고 말한다(참고. 6절). 바울은 십자가 사건을 속죄와 화해의 사건으로 규정한다(참고. 고후 5장과 롬 5장 외에도 롬 3:25).[9] 로마서 5:10~11은 화해를 명시적으로 말한다. 9절이 죄인들이 예수의 피를 통하여 의롭게 되었다고 말한다면, 그것은 속죄 사상에 속한다. 십자가에 달렸다가 부활하신 하나님의 아들의 죽음 안에서 죄인의 속죄가 일어난 것이다. 하나님은 그의 화해행위를 속죄 사건으로 일으키셨다. 그렇다면 바울은 어떤 의미로 속죄와 화해를 말하는가? 고린도후서 5:19a, b은 이러한 속죄 차원을 말한다. 이러한 속죄는 죄인들의 죄를 죄가 없으신 그리스도에게 전가하심으로써 일어난다(21절). 루터가 말했듯이 여기에는 '교환'이 일어났다. 이러한 교환 사건에는 속죄와 화해가 연결되어 있다. 구약성서에서 속죄는 단순히 죄를 제거한다는 부정적인 의미를 넘어서 하나님께로 나아감을 말한다. 바울은 고린도후서 5:14~15에서 예수 그리스도의 죽음을 내포적인 대리의 죽음으로 말함으로써 구약성서의 속죄 사상을 받아들인다. 십자가에서 일어난 죽음을 심판을 통하여 '하나님의 원수들이' 그들의 죄로부터 해방되어 하나님께로 나와서 하나님과 화해하게 되었다. 그러므로 속죄와 화해는 동일한 사건 곧 십자가의 사건을 말하는 서로 연관된 두 개의 신학적인 표현이다.

4. 하나님의 화해사건과 바울의 사도직 그리고 사도적인 선포

바울이 고린도후서 5장에서 화해를 말하는 역사적인 맥락이 그의 사도직에 관한 변호였다. 예수 그리스도의 십자가에서 이루어진 하나님의 화해사건의 수혜자로서 다메섹 도상에서 은혜를 받은 바울은 그로 말미암아 하나님과 화해되고, 그리스도 예수의 사도가 되었다. 사도로서 그의 사명은 그 자신이 누구보다도 강력하게 경험한 하나님의 이 화해사건을 이방인들에게 선포하는 '화해의 직책'을 수행하는 것이었다(고후 5:18). 그래서 '그리스도의 사신'으로서 바울은 고린도 사람들에게 하나님의 화해사건에 참여할 것을 요청한다(고후 5:20).

그리스도 예수 안에서 일어난 하나님의 화해는 사도의 복음 선포를 통하여 그리고 그렇게 선포된 사도의 복음을 믿음으로 받아들이는 사람들에게 구체적으로 실현되며, 또한 그들은 지속적으로 하나님과의 화해의 관계 안에 머물게 된다. 만일 바울의 사도직을 부정하는 사람은 바울을 통하여 선포된 화해의 메시지 자체를 부정하는 것이며, 그럼으로써 자신의 구원을 거부하는 사람이 된다. 하나님께서 그리스도 안에서 완성하신 화해의 사건은 그리스도(하나님)께서 사도 안에서, 사도를 통해서 말씀하심으로써 화해의 말씀이 된다. 사도의 선포 안에서 말씀하시는 분은 하나님 자신이다.

그러므로 고린도후서 2:14는 "하나님은 우리를 통해서 그리스도를 아는 지식을 계시하신다"고 말하고 고린도후서 5:20은 '하나님은 우리를 통해서 권면하신다.'고 말한다. 이처럼 하나님은 그리스도 안에서 일어난 화해사건의 주체일 뿐만 아니라, 화해의 말씀을 사도를 통해서 선포하는 주체이기도 하다. 그러므로 고린도후서 5:20에서 '그리스도를 대신하여'는 사도가 그리스도를 대신한다는 말이 아니라, 부활하신 그리스도께서 사도를 통하여 말씀하신다는 뜻이다. 사도는 주님이 사용하시는 '입'이다.[10]

하나님에 의해서 권위가 부여된 설교는 그가 '세우신' 말씀에 합당하게 수행됨으로써, 부활하신 그리스도의 자기계시가 되고, 하나님이 행하신 화해의 행위를 늘 새롭게 선포한다. 예수 그리스도의 십자가 죽음에서 이루어진 하나님의 화해사건은 화해의 말씀을 통하여 사람들에게 적용된다. 그러므로 말씀의 선포는 단순히 하나님의 화해사건에 관한 정보를 제공하는 것이 아니라, 하나님의 화해라는 구원사건을 계시하는 하나님의 행위이다. 화해의 말씀을 듣는 것은 단순히 객관적이고 지적인 차원이 아니라, 자신을 변화시키신 하나님을 향하여 삶 전체를 내맡기는 단호한 결단을 수반한다(갈 2:20). 이러한 결단을 통하여 하나님의 화해사건에 참여하는 사람은 더 이상 죄의 세력 아래 있는 옛 사람 곧 하나님의 원수가 아니라, 그리스도의 지배를 받는 새 사람 곧 하나님과 화해한 사람으로서 하나님과 평화의 관계 안에서 살게 된다.

사도를 통하여 선포된 복음은 하나님의 말씀이기 때문에, 단순한 제안이나 호소가 아니라, 창조적인 부르심이다. 사도적인 화해의 선포를 단순히 '제안'이나 '호소'로 보려는 것은 적절하지 않다. '제안'이나 '호소'는 구원의 힘을 가진 것이 아니라, 단순한 정보제공에 지나지 않으며, 호소를 받은 사람의 결정에 결과가 너무 지나치게 맡겨지기 때문이다. 사도를 통한 하나님의 선포는 '제안'이나 '호소'의 차원을 넘어서는 생명창조를 위한 강제적인 힘으로 작용한다. 사도적인 선포의 뒤를 이은 오늘의 설교도 단순히 하나님의 구원에 관한 정보제공이나 호소가 아니다. 하나님의 화해를 말하는 모든 설교에는 하나님의 구원하는 능력이 들어 있다. 그러나 동시에 화해의 말씀의 선포가 듣는 사람의 믿음의 결단을 도외시하는 원맨쇼가 되는 것은 아니다. 바울이 그의 복음 선포를 믿음으로 받아들여서 이미 하나님과 화해한 고린도교회의 성도들에게 고린도후서 5:20처럼 "너희는 하나님과 화해하라"고 촉구하며, 고린도후서 6:2에서처럼 "지금은 은혜받을 만한 때요"라고 말한다면, 성도들의 복음을 위한 결단이 또한 중요한 요소임을 부정할 수 없다. 사도 바울의 선포를 통하여 하나님과 화해한 고린도 성도들이 바울의 사도직을 의심하면서 그의 복음에서 떠난다면, 그것은 하나님의 화해의 영역을 떠나는 위험한 것이다. 그러므로 5:20의 "너희는 하나님과 화해하라"는 말은 바울이 선포한 화해의 복음을 떠날 위기에 처한 고린도 교인들을 '재복음화'하는 것이라고 할 수 있다.[11] 바울의 사도직, 그의 사도적인 선포는 하나님의 화해의 사건과 말씀과 떨어질 수 없는 긴밀한 연결 관계 속에 있다. 진정한 구원은 사도 바울의 복음 안에 있으며, 진정한 설교는 바울이 선포한 복음을 내용으로 해야 한다.[12]

II. 본문연구

고진감래의 마음으로 쓰는 글

고린도후서 1:1~2:11[1]의 주해와 적용

고린도후서의 시작은 고진감래(苦盡甘來)의 상황에서 내어놓는 성찰의 회고다. 좋지 않은 일들이 있었으나 상당 부분 극복되었고 이제 그에 대한 의미의 해석과 차후 조치가 필요했다. 바울 편지의 관행인 인사말과 감사의 글이 나오고서 지난 날 방문 일정의 변경에 대한 해명, 방문 대신 보낸 편지의 동기, 결과 및 그에 따른 권면이 이어진다.

> 인사말(1:1~2)
> 감사의 글: 고난과 위로의 신학(1:3~11)
> 바울의 진심 표명(1:12~14)
> 방문 계획 변경과 그 사유(1:15~24)
> 방문 대신 쓴 편지와 그 효과(2:1~11)

위로가 있는 고난은 매우 쓸 만하다(1:1~11)

1. 본문의 이해

다소 예외가 있기도 하지만 일반적으로 바울의 편지는 서두(序頭)에 해당하는 '인사말'과 '감사의 글'로 시작한다. 이 부분은 편지 쓰기의 관행에 속하는 부분이기는 하지만 편지의 본체에서 다루게 될 내용의 신학적 전주 (前奏)가 여러 곳에 배어 있다.

1) 인사말(1~2절)

고린도후서는 바울이 자신의 '사도 됨'을 유별나게 밝히는 편지(고린도전서와 갈라디아서) 중의 하나다. "하나님의 뜻으로 말미암아 그리스도 예수의 사도 된 바울"임을 애써 강조한다(갈 1:1, 11~12 비교). 이는 고린도 공동체의 전부 또는 일부 신자들이 자신의 사도성에 대해 의문을 제기하거나 그 권위에 대적하는 비우호적인 분위기를 보였기 때문이다. 그래서 고린도후서는 지도자로서의 권위가 손상이 된 공동체에 여전히 '권위 있는 말씀'으로 호소해야 하는 리더십의 부담이 버거웠던 편지다. 나의 권위를 인정치 않고 내게 대적하던 사람들에게 옳은 길을 권면해야 하는 경우의 부담스럽고 긴장된 마음 상태를 경험해 본 사람이라면 이 편지를 쓰던 바울의 심정을 조금은 더 잘 이해할 수 있을 것이다.

이런 마음의 부담을 지고서도 여전히 그들을 '하나님의 에클레시아'요 '하기오이'(거룩한 사람들, 성도)라 부르고 그들에게 성부와 성자의 은혜와 평강을 축원한다. 그냥 쉽게 스쳐 읽어버릴 구절이 아니다. 바울이 깊은 기도 가운데 자신의 마음을 상하게 했던 사람들로 인해 생겨나는 분노와 증오와 서운함과 수치심의 모든 중압감을 내려놓고 하나님을 기쁘시게 하기 위하여 그리고 복음으로 그들을 품으시는 "그리스도의 심장"(빌 1:8)으로 그들을 생각하면서 무겁게 이 말을 썼을 것이다. "우리 아버지 하나님과 주 예수 그리스도께서 내려 주시는 은혜와 평화가 여러분에게 있기를 빕니다"(1:2, 표준새번역).

2) 감사의 글(3~11절)

이어지는 감사의 글은 찬송과 감사의 선율로 가득 차 있다. 하나님을 향한 감탄의 송축으로 시작되어(3절, 이 단락을 여는 어구 '율로게토스 호 쎄오스'는 히

브리 찬양 '바룩 아타 아도나이' 의 헬라어 표현으로 전형적인 유대 송축문의 형태를 갖는다)
모든 사람이 합창으로 하나님께 감사의 고백을 올릴 것을 기대하는 모습으
로(11절) 마무리된다. 이러한 찬양의 근거는 모든 환난과 문제와 부담을 다
풀어 녹여 오히려 '선' 을 이루는 방향으로 섭리하시는 하나님의 위로의 역
사에 있다. 확실히 바울은 문제 가운데 있다. 그로 인해 심적 부담도 고조
되어 있다. 편지를 받는 고린도 교인들도 그에 따른 긴장에 사로잡혀 있다.
편지의 중심부에 들어가면 그런 갈등의 이슈들이 전면에 부각될 것이다.

　그러나 고린도후서의 바울은 아픈 상처를 건드리기 전에 그 모든 것을
치유하시는 하나님의 역사에 초점을 둔다. 죄와 심판으로 인해 절망에 빠
졌던 이스라엘 백성에게 "위로하라 내 백성을 위로하라"(사 40:1) 명령하시
는 자비의 하나님이 바로 바울과 고린도 교인들의 하나님이시기 때문이다.

(1) 고난과 위로의 선순환(3~7절)

　위로의 공식은 고난을 극복하여 오히려 승리를 가져다 주시는 하나님의
전화위복(轉禍爲福)의 원리에서 발견된다. 그 확신의 원형은 예수 그리스도
의 사건이다. 바울에게는 예수 그리스도께서 고난을 받으셨으나 하나님께
서 그를 죽은 자 가운데서 다시 살리셔서 큰 선을 이루셨음이 복음의 핵심
이며 복음으로 사는 신앙인의 삶의 원리다(고후 13:4). 이 원리는 본문 5절에
도 암시되어 있다("그리스도의 고난이 우리에게 넘친 것같이 우리의 위로도 그리스도로
말미암아 넘치는도다"). 그런 의미에서 바울이 찬송하는 하나님은 우선적으로
"우리 주 예수 그리스도의 하나님"이시다. 그리고 그렇게 예수를 죽은 자
가운데서 살려 큰 위로를 주신 그리스도의 하나님은 우리를 위해 "자비의
아버지"요 "위로의 하나님"이 되신다(3절).

　하나님의 위로는 '대속적 고난' 을 통해서 이루어진다. 물론 대속적 고난
의 원형은 예수 그리스도시다(막 10:45; 사 53장). 그리스도께서 고난을 당하
심으로써 우리는 생명을 얻어 위로를 받는다. 마찬가지로 바울이 고난을
당함으로써 고린도 교인들에게는 예수 그리스도의 생명이 역사하여(고후

4:12) 위로가 가득하게 된다.

　대속적 고난과 위로의 선순환(善循環)은 이렇게 이루어진다. ① 사도가 사역 중에 고난을 당한다. ② 하나님께서는 그 고난 중에 사도를 위로하신다. ③ 이렇게 받은 하나님의 위로는 워낙 강력하여 사도에게만 영향을 미치는 것이 아니고 넘쳐흘러 사역 대상자들인 고린도 교인들을 위로할 수 있게 만들어 준다(3절). 그러므로 바울은 6절에서 이렇게 선언할 수 있다. "우리의 환난받는 것도 너희의 위로와 구원을 위함이요(위의 ① 혹 위로받는 것도 너희 위로를 위함이니(위의 ② 이 위로가 너희 속에 역사하여 우리가 받는 것 같은 고난을 너희도 견디게 하느니라(위의 ③)."

　그래서 현재 바울에게나 그들에게나 어려움이 없지 않지만 오히려 소망을 가질 수 있다. 합력하여 선을 이루시는 하나님께서 고난을 겪는 우리에게 최종적으로 반드시 위로를 주실 것이기 때문이다(7절). 하나님 안에서의 고난은 반드시 그분의 위로로 낙착된다. 그리고 그 위로는 선순환의 전염성을 갖는다.

(2) 신앙에 도움이 되는 고난(8~11절)

　이러한 '고난과 위로의 선순환' 의 예로서 바울은 자신이 아시아에서 가졌던 경험을 간증으로 내놓는다. 아시아라 하면 복음 전도 중 핍박을 당했던 에베소를 연상시킨다(행 19:21~41; 고전 15:32 참고). 여기서 언급된 사건이 무엇인지에 대해서 많은 논쟁이 있지만, 그 역사적 실체에 대한 지식이 우리의 메시지를 위해 꼭 필수적인 조건은 아니다.

　그가 겪은 어려움은 견딜 수 있는 힘의 한계를 넘어서는 성격의 것이었다. 빌립보서에서 표현했던 것처럼 "떠나서 그리스도와 함께 있을 욕망을 가진 이것이 더욱 좋[다]"(빌 1:23)고 할 정도의 고통이었다. 더 이상 살 희망이 없는 지경까지 갔다고 한다(8b절). 마음으로는 '사형선고' 를 받은 느낌까지 들었으니 그 이상 더 갔으면 실제 죽음밖에 없었으리라(9a절). 그러나 하나님께서는 그와 같은 초죽음의 상태에서 바울을 건져 주셨다(10a절).

이런 사활을 건 구원에는 의미가 있었다. 바울은 자신의 삶의 경험을 통해 항상 하나님을 배운다. 이런 고난은 자기를 의지하는 교만을 없애는 효과를 갖는다. 하나님은 예수를 죽은 자 가운데서 다시 살리신 구원의 하나님이시다. 고난 당하는 자가 생각이 바로 박혀 있다면 그 고난을 통해 그러한 부활의 위로의 하나님만을 의뢰하는 법을 배울 것이다(9절). 실제로 바울은 살 소망까지 끊어졌던 그 환난에서 하나님만을 의뢰하여 구원을 입었다(10a절). 이 원리를 경험하여 알았기 때문에 현재의 어려움에서도 하나님께서 자신을 건져내시리라는 것을 확실히 믿을 수 있다(10b절). 그뿐만 아니라 아직 겪지 않았지만 앞으로 또 맞부딪히게 될 고난에서도 건지시리라는 것을 소망할 수 있다(10c절).

따라서 현재의 어려움은 그다지 슬퍼할 일도 낙망할 것도 아니다. 이기게 되어 있다. 그러니 고린도 교인들도 중보의 기도로 바울의 건승(健勝)을 위해 빌어야 한다. 그렇게 같이 기도하여 이 어려움을 극복한 후에 드리게 되는 감사는 바울 혼자의 것이 아니라 함께 마음 쓰고 합심했던 사람들 모두의 것이 될 것이기 때문이다(11절). 이 확실한 하나님의 구원의 기쁨을 함께 나누자는 바울의 격려가 이것이다.

2. 설교자를 위한 적용

첫째, 위로의 하나님께서 만들어내시는 '고난과 위로의 선순환'을 생각해 본다. 고난은 선이 아니다. 하나님께서 고난을 만들어내신다고 생각해서는 안 된다. 하지만 합력하여 선을 이루시는 하나님은 그 고난으로 '위로'라는 선을 만들어내신다. 내가 받는 고난 중에 역사하시는 하나님은 그 고난에서 구원받게 하시고 큰 위로를 경험하게 하신다. 그리고 그 위로로 우리는 다른 고난받는 사람들을 위로할 수 있는 능력을 갖추게 된다.

'상처 받은 치유자'(wounded healer)는 고난에서 위로를 경험한 사역자다. 그런 의미에서 모든 고난은 사역자에게 '대속적 고난'이다. 그리고 그런 의미에서 내가 고난을 당한 영역이 바로 나의 사명이다. 고난에 너무 절망하지 말자. 전화위복이 주 특기이신 하나님께서는 그 고난으로 우리를 정금같이 나오게 한 뒤 거기서 체득한 위로와 확신과 능력으로 고난 가득한 세상에서 효과적인 사역을 감당하게 하실 것이다.

둘째, 초죽음으로 몰고 가는 큰 고난은 겪는 당사자에게도 교육의 효과를 갖는다. 대부분의 주요 사역자들은 생명 정지에의 욕구를 느낀 적이 있다. 본문의 바울만이 아니다. 엘리야가 그랬고(왕상 19:4) 모세가 그러했다(민 11:10~15). 예레미야 또한 나지 않았더라면 더 좋았을 것이라는 원망을 한 적이 있다(렘 20:14~18). 사역자가 겪는 마음의 '사형선고'는 자기를 믿고 의지하던 교만을 제어하면서 진정한 겸손을 배우게 한다. 그래서 하나님만 의지하는 법을 익힌다.

그렇다. 우리는 사역에서의 구원이 필요할 때가 적지 않다. 얼마나 자주 위기에 부딪히는가. 예상치 못했던 공격에 뭇매를 맞고 소망이 완전히 끊어질 때쯤 하나님께서는 얼마나 멋지게 우리를 다시 살려 내시던가! 왜 이런 일들을 허락하실까? 일의 발생은 악당 또는 죄인들 때문이다. 그러나 그런 일들은 우리를 겸손하게 만드는 순기능을 한다. 그리고 우리는 하나님만 의지하는 법을 배운다. 그러고 나면 앞으로도 사망에서 우리를 건져내시는 구원의 하나님을 소망으로 굳게 붙잡게 된다. 그러니 앞으로 어떤 일이 있어도 겁나지 않는다.

때로는 해명을 해야만 하는 경우도 있다(1:12~24)

1. 본문의 이해

감사의 송축은 끝났다. 그리고 그 송축의 감동 파도를 타고 다소 껄끄러웠던 문제에 대한 자기 해명으로 미끄러져 들어간다.

1) 바울의 진심 표명(12~14절)

바울은 우선 하고 싶은 말의 결론부터 내놓는다. 자신이 못 믿을 사람이 아니라는 요지다. "내 양심을 걸고 말하건대 나는 당신들을 대할 때 오직 거룩함과 진실로만 했음을 자부할 수 있습니다. 다른 인간적 꼼수는 전혀 없습니다. 오직 하나님의 은혜에 충실했습니다. 당신들에 대한 내 마음은 일관되게 변함없습니다. 주님께서 다시 오실 때 여러분과 제가 서로를 주님 앞에서 자부할 수 있는 관계가 되는 것 외에 다른 생각은 없습니다." 이렇게 진심을 표명한 뒤 바울은 고린도 교인들이 자신에 대해 가졌던 오해에 대한 구체적 해명을 한다.

2) 방문 계획 변경과 그 사유(15~24절)

바울이 애초에 고린도 성도들이 기대하던 바대로 고린도 방문 일정을 이행하지 못하여 '경솔하고 변덕스럽다'는 비난이 있었던 것이 분명하다(17절).[2] 바울의 처음 방문 계획은 15~16절에서 설명된 것처럼 "고린도 → 마케도니아 → 고린도 → 유대"였다. 이 계획은 그의 말대로 대충 아무 생각 없이 '해도 그만 안 해도 그만'으로 여겼던 그런 즉흥적 변덕에 따른 것이 아니었다(18절).

그러나 바울은 다시 고린도로 돌아가지 않았다(23절). 아마 계획에 따라 시행했던 직전의 고린도 방문(15절)이 바울에게나 그들 모두에게 아픔을 가져다 준 '고통의 대면'이 되었던 것 같다(2:1). 애초의 약속을 이행하지 못함이 석연치 않은 일이기는 했지만 그래도 마케도니아에서 고린도로 돌아가는 방문 일정을 취소하는 것이 오히려 그들에게나 자신에게 피차 유익한 것이라고 판단을 내렸다(23절). 양자간의 문제가 해결되지 않은 상태에서 마음의 준비 없는 재회는 더 심각한 감정적 충돌을 일으킬 것이 뻔한 일이었다.

바울은 사도로서의 존재 목적이 '지배'나 '통제'의 권력 야욕이 아님을 분명히 고백한다(24a절). 아마 그네들 중 일부가 바울에게 이런 비난의 화살을 날렸던 모양이다. 아니다. 사도의 존재 목적은 앞의 대속적 고난의 원리에서 밝혔던 바와 같이 '당신들의 영적 복지'다. 사도는 지배가 아니라 기쁨을 위해 존재한다. 사도의 기쁨이 아니라 당신들의 기쁨을 위해서 부름을 받았다(24b절). '변덕'이라는 비난을 감수하더라도 고린도 공동체에 유익이 되는 결정을 내려야 했던 바울의 마음을 담은 해명이다. 때로는 계획이 변경될 수도 있다. 그리고 때로는 사도도 해명을 해야만 할 때가 있다.

바울은 이러한 해명의 한 가운데 '하나님의 신실하심'에 대한 선언을 포함시켰다(18~22절). '예'(yes)와 '아니오'(no)를 동시에 포함시키는 양다리 걸치기 기회주의에 대한 비난과 대비되면서, 하나님께서 복음과 하나님나라와 당신의 백성들을 향해 베푸시는 은혜와 복에 대한 신실하신 '예'(yes)의 확언(確言)이 강조된다. 바울과 동역자들이 전한 예수 그리스도가 '예'가 되어 고린도 교인들 가운데서 열매를 맺었다는 점을 상기시킨다(19절). 그리고 그들은 하나님의 '예'인 복음에 '아멘'으로 응하여 하나님께 큰 영광이 되었다(20절). 그 긍정의 하나님께서 그들에게 부어 주신 성령은 바로 이와 같은 '예'의 역사의 보증이며 확증의 도장(印)이다(21~22절). 이는 모두 바울이 고린도 교인들에게 그리스도의 복음을 전했을 때 발생한 일들이었다(고전 2:1~5 참고).

바울의 숨은 논지는 이렇다. "기억하십니까? 우리의 말이 기회주의적 변덕이 아니었다는 것을. 우리가 말씀을 전할 때 하나님께서 우리의 '케리그마'에 '예'로 확증하여 여러분의 교회가 만들어졌고 그때 성령을 부어 주셔서 지금도 그 증거가 되고 있습니다. 우리의 말은 하나님 안에서 '예'입니다. 저의 여정 변경도 이렇게 하나님 안에서의 '예'의 한 부분임을 아셔야 합니다." 이렇듯이 바울의 해명은 자기변명에 그치지 않고 하나님의 신실하심과 '합력하여 선을 이루시는' 미래에의 긍정을 선포하는 메시지로 이어진다.

2. 설교자를 위한 적용

첫째, 무엇인가에 대해 해명을 해야 할 때가 있다. 이럴 때면 보통 구차하다는 느낌이 든다. 한 때 엄청난 관객을 불러 모았던 영화 〈친구〉의 마지막 장면을 생각한다. 옛 친구 동수를 살인교사한 준석이를 위해 친구들이 모든 사전 작업을 다 해 놓았다. 준석이는 법정에서 그 사실을 부인하기만 하면 된다. 그러나 준석은 단 한마디로 자신의 살인교사를 시인하고 만다. 후에 상택은 준석에게 "니 와그랬노" 묻는다. 건달 준석의 말이다. "쪽 팔려서 … 동수나 내나 건달 아이가 …." 건달의 자존심이 있다는 말이다. 하물며 사역자에게 자존심이 없으랴. 해명을 하는 것 자체는 자존심이 상하는 일이다. 그러나 사역자도 해명을 해야만 할 때가 있다. 바울은 그 구차할 수 있는 해명을 하나님의 신실하심에 대한 긍정의 찬미로 전환시켰다. 해명이 필요할 때는 가장 적절한 때에 용감하게 하자. 그리고 사역자의 해명은 복음 증거와 말씀의 선포가 되어야 할 것이다.

둘째, 때로는 계획을 변경해야 할 때도 있다. "사람의 마음에는 많은 계획이 있어도 오직 여호와의 뜻이 완전히 서리라"(잠 19:21). 계획을 따르는 것보다 더 중요한 것은 그 계획이 가져올 결과를 진중하게 하나님 앞에서 상고하는 일이다. 바울은 계획 변경으로 인한 비난을 피하는 것보다 고린도 공동체에 유익을 가져다 주는 것을 더 우선시 했다. 자신의 자존심과 명예에 손상이 오더라도 그들에게 도움이 되는 길을 택했다. 철저하게 사역대상자의 영적 복지를 자신의 존재 이유로 삼는 자세에서 다시 한 번 '대속적 고난'의 원리를 읽는다. 명분과 자존심에만 '올인' 하는 것이 꼭 자랑스러운 일은 아니다.

눈물로 쓴 편지는 효과가 있었다(2:1~11)

1. 본문의 이해

그렇게 예정했던 방문을 포기한 대신 바울은 '가슴 아픈 편지'를 보냈다 (3~4절).[3] 문제를 일으켰던 사람들에 대한 강한 책망이 담겨 있었던 것으로 보인다(5절). 고린도 교인들도 이 편지를 가슴 아프게 읽었다(4~5절). 이 편지는 고린도 공동체의 회개를 가져왔고 그래서 문제의 사람이 모종의 징계를 받아(6절) 공동체와 바울 쌍방에 어느 정도 흡족한 결과를 가져왔다(9절).

이제 바울은 그 문제의 사람을 용서할 것을 권하며 그의 책망의 편지는 문제의 사람을 보응하려는 것이 아니라 전체 공동체를 위하는 사랑 때문이었다고 말한다(4b절). "그러니 그 사람이 너무 힘들게 내버려두지 말고 이제는 너그럽게 용서하자(7절). 저를 사랑하는 공동체의 마음을 보여 주라(8절). 중요한 것은 공동체 전체의 순종이며 그에 따른 질서의 회복이다(9절). 죄는 미워하되 죄인은 사랑해야 된다. 그러지 않으면 사탄의 꾀에 당하고 만다 (11절). 우리의 싸움은 사람에 대한 것이 아니고 사탄을 향한 것이다." 다소의 긴장과 불안이 남겨진 가운데 최후의 승리를 위해 기도하며 내어놓는 바울의 신중한 권면이다.

2. 설교자를 위한 적용

교회가 징계를 해야 할 때가 있다. 징계의 매를 드는 사람들이나 징계를 당하는 사람이나 좋을 것은 없다. 징계의 상황은 없는 것이 좋다. 그러나 그리스도의 몸이기도 하지만 '용서받은 죄인들로 구성된 사회학적 인간 집단'이기도 한 교회에는 그 공동체의 보전과 정체성 유지를 위해 많이 파괴적인 구성원을 징계해야만 할 때가 반드시 있다(마 18:15~20). 자존심 싸움과 의분을 가장한 이기적 비판과 공격은 자멸적이지만 진정한 사랑에 입각한 징계는 공동체를 정결케 하여 바로 세운다.

그리고 진정한 회개가 있고 나면 사랑의 용서가 뒤따라야 한다. 사탄에게 이용당하면 안 되기 때문이다. 사탄은 인간의 감정을 이용해 신앙공동체를 파괴하고 자기 목적을 달성하려고 계책의 속임수를 쓴다. 우리가 싸워야 할 대상은 사탄이지 형제나 자매가 아니다. 회개한 교인은 용서하여 살리고 그를 유도한 사탄은 가차 없이 공략하라. 누가 적인지 바로 알아야 한다. 교회는 종종 적과 싸우지 않고 한 식구와 싸우는 실수를 범했다. 우리는 주적이 누구인지 똑바로 알아야 한다.

맺는 말

인사말과 감사의 글에는 바울의 신학적 고백이 담겨 있다. 현재 큰 고난의 위기는 일단락되었다. 또한 그 고난이 고린도 교인들을 위한 대속성을 가지며 위로의 선순환을 통해 하나님의 선을 이루는 도구가 된다는 것도 다시 한 번 확증했다. 그러므로 사역자의 고난은 종국적 결과를 볼 때 그다지 나쁜 것이 아니다. 아니, 어쩌면 필연적인 것일지도 모른다. 사역자의 중요한 사명은 고난일 것이다. 우리 주님께서 그러셨던 것처럼.

바울이 고린도 공동체와 정면으로 부딪힐 때 가졌던 아픔은 꽤나 버거운 것이었다. 그러나 바울의 진심과 동기가 하나님 안에서 순수했기 때문에 우여곡절 끝에 합력하여 선을 이루시는 하나님의 승리가 있었다. 애초에 방문 계획까지 취소해야 할 때는 많이 아팠고 속이 상했을 것이다. 그러나 그 대신 보냈던 눈물의 편지가 일단 좋은 결과를 가져왔을 때 바울의 마음도 많이 풀어졌다.

이제는 문제를 일으켰던 사람을 사랑하는 자신의 마음이 다시 확인되면서 대범하게 용서와 회복을 권할 수 있었다. 애초부터 싸움은 그 사람을 향한 것이 아니라 궤계를 쓰는 사탄을 향한 것이었기 때문이다. 하나님께서는 바울이 복음을 전할 때 신실하심의 '예'로 뒷받침해 주셨다. 그 하나님께서 이제 공동체 위기의 상황에서도 신실의 '예'를 확언(確言)하신다. 오직 주께만 영광!

02

새 언약의 일꾼

고린도후서 2:14~4:6의 주해와 적용

고린도전서가 이방 세계의 주변 환경 속에서 신생교회인 고린도 교회가 안고 있는 다양한 문제들에 대해 답변하기 위해 기록된 서신이라면, 고린도후서는 바울이 이미 자신의 사도직에 대한 비난을 전제하고 자신의 사도직에 대해 강하게 변증하는 서신이다. 이것은 고린도전서와 고린도후서 사이에 바울의 적대자들이 고린도에 와서 고린도 교인들에게 자신들의 복음과 생활방식을 받아들이게 하는 데 성공했음을 의미한다. 이런 의미에서 바울과 적대자들의 대결 그리고 그들로 인한 바울과 고린도 교회 간의 갈등상황이 고린도후서 전체의 역사적 배경과 내용적인 틀을 제공해 준다고 볼 수 있다.

그러나 바울의 주된 관심은 적대자들의 정체를 규명하는 것이나 적대자들의 비난에 대해 일목요연하게 대응하는 데 있지 않다. 오히려 바울의 일차적 목표는 적대자들에 의해 심한 혼란을 겪는 고린도 교인들에게 과연 그리스도의 참된 사도가 누구인지를 깨닫게 하는 것이었다. 바울이 이렇게 자신의 사도직 문제에 몰두하는 것은 개인적인 차원을 넘어선다. 그의 사도직은 늘 그의 복음과 직접적으로 연결되어 있기 때문이다. 그의 사도직의 정당성이 무너지면, 그가 전한 복음도 위태로워질 것은 당연하다.

이러한 의미에서 고린도후서는 논쟁적이라기보다는 목회적인 특성을 지닌다. 적대자들과의 대결을 그 출발점으로 삼지만, 궁극적으로는 고린도 교인들의 오해를 불식시키고 그들의 믿음을 강화하고자 하는 바울의 목회자적 마음과 동기를 볼 수 있어야 할 것이다.

우리가 다룰 본문(2:14~4:6)은 서신의 서두와 지난날의 회고(1:1~2:13) 후에 바울이 적대자들의 비난에 대해 자신의 사도직을 본격적으로 변증하는 2:14~7:4의 보다 큰 맥락에 포함된다.[1] 여기에서 바울은 사도직의 본질을 설명하면서, 누가 하나님께 인정받는 그리스도의 참사도이며 새 언약의 사도직을 수행하는 데 적합한지를 고린도 교인들에게 판단할 수 있도록 전개해 나간다. 바울은 자신의 사도직을 새 언약의 일꾼으로 규정하고(3:6), 전체적으로 새 언약의 일꾼의 근거(2:14~3:3), 새 언약의 일꾼의 영광(3:3~3:18), 새 언약의 일꾼의 임무(4:1~6)를 밝힌다.

새 언약의 일꾼의 근거(2:14~3:6)

1. 본문 주해

바울은 이 단락을 자신의 선교사역을 요약하는 감사 형식으로 시작한다. 감사의 내용은 하나님이 항상 그를 그리스도 안에서 승리케 하시며, 어디에서나 사도들("우리를")을 통하여 그리스도를 아는 냄새를 나타내신다는 사실이다(14절). "우리"라는 복수형을 사용할지라도 바울은 변호의 맥락에서 우선적으로 자기 자신을 염두에 두는데, 여기에서 바울은 자신의 모든 선교사역의 주체가 하나님이라는 사실을 분명히 한다. "항상"과 "어디에서나"라는 두 개의 부사가 이 점을 강조해 준다. 이것은 바울의 복음선포 속에 하나님이 현재해 계시다는 반증이다. 복음선포 속에서 하나님의 임재를 체험할 수 있기 때문에, 사도의 선포는 인간의 구원과 멸망을 결정하는 그리스도의 향기가 되는 것이다(15절).[2] 그의 선포를 받아들이는 것은 생명에 이르게 하고, 선포를 거절하는 것은 죽음에 이르게 한다(16절; 고전 1:18~25).

이처럼 사도의 직분은 생명과 죽음을 결정하는 막중한 일이기에 아무나 감당할 수 있는 일이 아니다(15~16절). 오직 하나님에 의해 부름받은 자만이 할 수 있다(17절; 3:5~6). 이것은 "하나님의 말씀을 혼잡하게 하는 사람들"(17절),[3] 즉 사람의 손으로 쓰여진 추천장을 가지고 다니며, 참 사도라고 주장하고, 이러한 추천장이 없는 바울에 대해서 공격을 서슴지 않는 그의 적대자들을 염두에 두고 하는 말이다(3:1). 이들에게 반박하기 위해 바울은 고린도 교인들 자체를 자신의 추천장으로 제시하며, 자신의 우월성을 피력한다(3:2~6). 그들의 추천장이 "돌판에", "먹"으로 쓴 편지인 반면, 바울의 추천장은 고린도 교인들의 "마음에", "하나님의 영"으로 쓴 추천서다. 여기에서 강조되는 것은 참된 사도직은 자신의 재능이나, 사람이 써 준 추천장에 근거하는 것이 아니라, 오직 하나님의 은혜로우신 위임을 통해 비롯된다는 점이다(갈 1:1 참조).

2. 설교 포인트

이 단락을 토대로 설교하고자 하는 설교자는 6b절의 질문("누가 이 일을 감당하리요")을 출발점으로 삼는 것이 유익하리라 본다. 과연 생명과 죽음을 결정짓는 그리스도의 사도직을 감당할 수 있는 사람은 누구인가? 다른 말로 하면, 인간들의 인정과 개인적인 재능에 의지하는 거짓 사도와 하나님의 인정을 받는 참된 사도의 차이는 무엇인가?

1) 참된 사도는 자신의 사도직이 하나님의 은혜로 온 것임을 늘 자각하는 사람이다. 14절에 보면, 바울은 "항상 우리를 그리스도 안에서 이기게 하시는" 하나님께 감사한다. 여기에서 사용된 동사 '트리암뷰오'(θριαμβεύω, 원문에는 분사형으로 표현)는 본래 "개선행렬에 참가시키다"라는 의미다. 이 단어는 로마 장군들이 승리를 거둔 후 로마로 입성하는 개선행렬을 배경으로 한다.[4] 즉 바울은 어둠의 세력에 대한 궁극적인 하나님의 승리를 생각하며, 자신을 그 복음의 개선 행렬의 전령으로 간주한 것이다.

바울은 자신이 이러한 승리의 행진에 참여한 것이 오직 은혜로 말미암은 것임을 잘 알았다. 과거에 그는 자신의 젊음과 열정을 다른 방향으로 쏟고 있었지만 하나님께서는 이전의 박해자를 다메섹에서 쳐 이기시고, 그를 복음의 승리의 행진 속에 참여시키셨다. 그 이후로 "은혜"(카리스)는 그의 모든 삶을 지배하는 삶의 원칙이었다. 사도로서의 소명뿐만 아니라(갈 1:15; 2:9, 2:21; 고전 3:10; 롬 1:5, 15:15~16), 그의 모든 선교적인 존재 및 활동 역시 단지 은혜로서만 간주한다(고전 15:9~10).

3:5~6은 2:6b의 질문에 대한 직접적인 대답이다. "우리가 이런 일을 할 수 있는 자격이 우리에게서 났다고 생각하지 않습니다. 우리의 자격은 하나님에게서 납니다. 하나님께서 우리에게 새 언약의 일꾼이 되는 자격을 주셨습니다"(표준새번역). 새 언약의 일꾼으로서의 사도의 직분은 하나님의 능력으로만 가능하다는 것이다. 이러한 은혜의 현실에는 "내"가 들어설 자리가 없다. 복음의 행진의 주체는 오직 주님이시고, 사도는 단지 도구에 불과할 뿐이다. 어디에도 인간적인 업적이나 자기 자랑은 설 자리를 잃는다.

그러므로 참된 사도는 자기를 내세우며, 추천장 같이 인간들에 의해 인정받으려는 자가 아니라, 오직 하나님의 은혜만을 찬양하는 자다. 이것은 다른 사람과의 비교의식이 아니라, 마음 깊은 곳에 자리 잡고 있는 분명한 소명의식에서만 가능한 것이다.

2) 사도직의 근거가 오직 은혜임을 아는 사도는 사도직을 부여하신 그분의 뜻대로 사역한다. 바울은 고린도 교회에 나타난 적대자들을 "하나님의 말씀을 혼잡하게" 하는 사람들(17절)이라고 혹평한다. 여기에서 사용된 헬라어 동사 '카펠류오'(καπηλεύω)는 본래 물건을 팔거나 이익을 위해 포도주 원액에 물을 타는 행위를 말한다. 즉 자신의 유익을 위해 하나님의 말씀을 팔거나 하나님의 말씀의 질을 떨어뜨리는 것을 의미한다.[5] 이들과 달리 바울은 자신이 순전함으로(신실하게), 하나님 앞에서(*coram Deo!*), 그리스도 안에서(그리스도와의 교제 안에서) 말씀을 전한다고 말한다(17절).

사도직의 본질이 생명과 죽음을 가르는 막중한 사명임을 안다면, 하나님의 말씀을 통해 개인적인 이익을 얻으려거나 교인들을 현혹시키는 것이 아니라, 하나님의 말씀 안에서 그리스도가 나타나도록 최선을 다하는 것이 사도의 본분일 것이다. 이러한 의미에서 참된 사도의 초점은 자신의 업적이나 자랑이 아니라, 교인들의 변화된 위상에 놓여져 있다. 사도 자신이 얼마나 재능이 있고, 얼마나 많은 노력을 기울였는가에 초점이 있는 것이 아니라, 자신이 돌보는 교인들이 얼마나 그리스도의 복음으로 변화되었는가가 더 중요하다. 바울이 자신의 추천장을 일개 종이쪽지가 아니라, 고린도 교인들을 향해 "너희가 바로 나의 편지(추천서)다"(2~3) 라고 말할 수 있는 근거도 바로 여기에 있다.

참된 사도직을 가름하는 시금석은 자신의 능력이 아니라, 자기가 섬기는 교회의 영적 수준이다. 이것이 바로 바울이 데살로니가 교인들을 향해, "우리의 소망이나 기쁨이나 자랑의 면류관이 무엇이냐 그가 강림하실 때 우리 주 예수 앞에 너희가 아니냐 너희는 우리의 영광이요 기쁨이니라(살전 2:19~20)"고 자신 있게 말할 수 있었던 이유다.

새 언약의 일꾼의 영광(3:7~18)

1. 본문 주해

앞 단락에서 사도직의 근거를 설명한 후, 바울은 이제 사도직의 영광이 얼마나 대단한 것인지, 옛 언약과 새 언약의 대조를 통해 설명한다. 이것은 아직도 모세가 지닌 옛 언약의 영광에 호소하는 적대자들의 도전을 전제한다. 새 언약과 옛 언약의 대조는 바울이 6절에서 자신을 죽이는 문자로 된 것이 아니라, 살리는 영으로 된 새 언약의 일꾼(렘 31:33)으로 소개함으로서 이미 암시된 것이다. 이때 모세가 시내산에서 십계명을 받아 가지고 내려올 때, 그의 얼굴이 하나님과의 만남을 반영하여 광채가 났기 때문에 모세가 자신의 얼굴을 수건으로 덮었다는(출 34:29~35) 옛 언약의 논증에 중요한 배경이 된다.

바울은 "작은 것에서부터 큰 것으로의 결론"을 이끄는 랍비의 논증법(a minori ad maius)을 통해 율법으로 대표되는 옛 언약의 선포자인 모세의 직분보다 복음으로 대표되는 새 언약의 선포자인 바울의 직분이 더 영광스럽다는 사실을 강조한다. 죽음에 이르게 하는 문자에도 선포할 때 영광이 있었고(7절), 정죄를 선포하는 직분에도 영광이 있었고(8절), 잠시 있다가 사라져 버릴 것도(11절) 영광이 있었는데, 하물며 사람을 살리는 영의 직분(8절), 의의 직분(9절), 영원히 남을(11절) 직분에는 얼마나 그 영광이 크고 빛나겠느냐는 것이다. 바울은 이러한 사도직의 영광을 알고 소망하기 때문에 언제나 (고난과 오해에도 불구하고) 담대하게 복음을 선포할 수 있다(12절). 이러한 바울의 담대함의 근거는 자신이 수건을 가린 모세처럼 행동할 필요가 없기 때문이다(13절).

담대함으로 번역된 '파레시아'(παρρησία)는 본래 자유시민의 권리, 즉 대중 앞에서 연설할 수 있는 권리를 의미한다. 따라서 바울의 자유에 기초한 개방성(담대함)은 모세의 수건에 의한 가리움의 속박과 대조를 이룬다. 이때 주목할 만한 것은 바울이 앞에서 언급한 출애굽기 34장의 본문을 그리스도 중심으로 재해석했다는 것이다. 구약 본문에 의하면, 광채 때문에 접근할 수가 없어서 모세가 수건을 쓴 것으로 되어 있지만(출 34:30), 바울은 모세의 얼굴에 나타난 영광이 사라지는 것을 두려워했기 때문에 수건을 썼다고 해석한다(14절). 이것은 옛 언약인 율법의 유효성이 그리스도의 사역에 의해 종결되었다는 의미다.

그러나 아직도 유대인들은 옛 언약이 종결되었다는 사실을 깨닫지 못한다. 그래서 지금도 회당에서 구약을 읽을 때, 수건이 가려져 있어서 진리를 바로 알지 못하는 것이다(14절). 그 수건은 그리스도 안에서만 벗겨질 것이다(15절). 유대인들도 언제든지 주께로 돌아가기만 하면, 그 수건이 벗겨질 것이고 예수를 그리스도로 발견할 수 있다(16절).

따라서 바울은 새 언약의 특징이 자유임을 선언한다(17절). 이 자유는 율법과 그에 속한 모든 속박으로부터의 자유를 의미하며, 이 자유는 주의 영만이 주실 수 있는 선물이다(18절).

2. 설교 포인트

1) 새 언약의 일꾼은 결국 새 언약의 공동체를 섬기는 사람이다. 바울은 하나님에 의해 새 언약의 일꾼으로 세움받았다(6절). 그러므로 새 언약의 일꾼이 세워야 할 공동체는 더 이상 옛 언약에 근거해서는 안 된다. 바울이 여기서 강조하는 것은 그리스도에 대한 믿음이 온 후로 율법은 그 종말을 고하였다는 것이다(롬 10:4). 물론 모세의 율법도 영광이 전혀 없는 것은 아니다. 율법 자체는 선하고, 거룩하고, 신령하다(롬 7:12). 그러나 연약한 인간을 지배하는 죄의 세력 때문에, 생명으로 인도할 계명이 도리어 죽음으로 인도한다는 것이 드러났다(롬 7:10).

이제 그리스도의 오심으로 옛 언약의 유효성은 지나갔다. 율법의 종결로 유대인과 이방인을 가로막는 모든 차별도 폐지된다. 새 언약의 공동체는 보편성을 가진다. 더 이상 율법이 아니라, 하나님의 은혜로 받아들여지는 공동체기 때문이다. 유대인이든 이방인이든 예수를 믿고 그리스도의 영을 받을 때 비로소 자유함을 얻게 되며, 그리스도의 승리의 행진에 참여하는 영광스러운 존재가 된다.

2) 따라서 이 새 언약의 공동체는 율법이라는 문자가 아니라, 자유를 주시는 하나님의 영을 통해서만 실현될 수 있다(18절). 주께로 인도하는 분도 성령이요, 믿는 자를 주님의 형상으로 변화시키는 것도 성령이다. 따라서 성령이 주시는 자유함이란 모든 율법으로부터의 해방을 의미하지만, 그렇다고 방종을 말하는 것은 아니다. 성령이 주시는 자유함의 결과는 또한 주님의 형상으로 닮아가게 하는 과정을 포함한다. 다시 말해서 성령이 주시는 자유함이란, 율법으로부터의 해방일 뿐만 아니라, 동시에 주의 형상으로의 변화(성화)를 위한 해방도 의미한다(갈 5:13).

새 언약의 일꾼의 임무(4:1~6)

1. 본문 주해

이 단락에서 바울은 지금까지의 논의를 정리한다. 바울은 다시 한 번 자신의 사도직이 하나님의 긍휼(은혜)에 의한 것임을 밝힌다(4:1). 하나님이 사도직의 근거가 되시고, 성령이 사역의 주체가 되기 때문에 그는 낙심하여 자신의 직무를 포기하거나 게을리할 수 없다(1절). 오히려 바울은 순수하고 결백하다. 그는 적대자들이 비난하는 것처럼, 간교하지도 않고 하나님의 말씀을 왜곡시키지도 않는다. 여기에서 그는 다시 추천장의 문제로 돌아간다(3:1).

바울은 인간의 추천장이 아니라, 바울의 사역이 드러내는 진리에 근거해서 하나님 앞에서 떳떳하게 자신을 내세울 수 있다(2절). 적대자들의 추천장과 바울의 추천장의 차이는 "하나님 앞에서"에 있다. 그러므로 고린도 교회의 교인들도 바울의 사도직의 정당성을 인정해야만 한다. 물론 바울이 전하는 복음을 모든 사람이 받아들이는 것은 아니다. 그러나 그렇다고 해서 바울이 전하는 복음이 잘못된 것이 아니다. 복음은 믿음으로 받아들이는 사람들에게만 주어진다. 결국 복음이 거부되는 것은 불신앙 때문이다. 바울은 이것을 복음이 멸망하는 자들에게 가려져 있다고 완곡하게 표현한다(3절). 그 원인은 이 세상의 신, 즉 이 세상을 통치하는 사탄의 계략 때문이다. 또한 사탄이 하나님의 형상인 그리스도의 영광을 선포하는 복음의 빛을 보지 못하게 하기 때문이다(4절). 이 사탄의 함정(불신앙)에서 벗어날 수 있는 유일한 길은 올바른 복음을 듣고 받아들이는 길뿐이다.

따라서 복음을 전하는 사도의 역할이 매우 중요하다. 무엇을 전하느냐에 따라 그 결과가 확연하게 달라지기 때문이다. 여기에서 바울은 다시 한 번 적대자들과 자신과의 결정적인 차이를 밝힌다(5~6절). 그들은 예수 그리스도의 영광의 빛을 체험하지 못했기 때문에, 복음을 전한다고 하지만 결국에는 자기 자신들을 전한다(5절). 인간적인 추천과 자신들의 능력을 과시하기 때문에, 예수 그리스도의 영광이 아니라 자신의 영광만이 드러날 뿐이다.

그러나 바울에 따르면, 참된 사도는 다음과 같이 두 가지를 전하는 사람들이다. 하나는 예수 그리스도만이 참된 주님이시라는 것과 다른 하나는 예수님 때문에 자신이 교회를 섬기는 종이 되었다는 사실이다(5절). 이러한 복음의 선포야말로 사람들을 구원의 새창조로 이끌 수 있는데, 바울은 이미 이것을 다메섹에서 체험한 바 있다(6절). 어두움과 혼돈의 세계에서부터 빛을 창조하시되 말씀 하나로 이루신 하나님께서(창 1:3) 사도의 마음을 밝혀 그리스도의 얼굴에 나타난 하나님의 영광을 아는 지식의 빛을 주셨다는 것이다(6절). 그러므로 바울은 자신이 전하는 복음의 핵심이 빛을 창조하신 하나님이 직접 주신 것이라는 확신에 근거하여, 자신의 사도직의 정당성을 강조하는 것이다.

2. 설교 포인트

이 단락에서 얻을 수 있는 설교의 포인트는 참된 사도의 역할 및 임무와 연관된다. 참된 사도의 시금석은 그 선포를 통해 누가 전해지느냐 하는 것이다. 그리스도가 전해지느냐, 아니면 자기 자신이 전해지느냐. 바울은 5절에서 자신의 임무를 두 가지로 제시한다. 하나는 예수 그리스도의 주 되심을 선포하는 것이다(롬 10:9; 14:8~9). 즉 예수의 주 되심이 그의 선포의 핵심이었다. 예수께서는 십자가에 못 박히시기까지 하나님께 순종하여, 결국 하나님께서 그를 부활하게 하시어 전 우주의 주가 되게 하셨다(빌 2:6~11). 바울의 선교는 결국 온 세상 사람들에게 온 우주의 주인이신 주님을 주님으로 알리는 행위다.

또한 예수를 주로 고백하는 것은 결국 자신이 그분의 종이라는 사실을 인정하는 것이다. 종은 주인의 뜻에 온전히 순종해야 하는 존재다. 따라서 예수가 온전히 주로 선포되기 위해서는 전하는 자의 인간적인 권위나 특권은 포기되지 않으면 안 된다. 이것이 바로 자신을 연약한 질그릇(4:7)에 비유하고, 그리스도의 능력이 나타나기 위해 오히려 자신의 약한 것을 자랑한다는 고백의 의미다(12:9~10).

맺는 말

본문에서 바울은 자신의 사도직을 변증한다. 그러나 적대자들과의 대결 그 자체보다 고린도 교인들을 회복하기 위한 바울의 목회자적 관심에 유의해야 한다. 바울이 그저 자신을 변증하는 것으로 그치는 것이 아니라, 사도직의 본질 속으로 들어가는 것도 바로 이 때문이다. 바울은 새 언약의 일꾼으로서 자신의 사도직의 근거가 오직 하나님께로부터 온다는 사실을 강조한다. 이 사실을 망각할 때, 하나님이 세우신 모든 지도자들은 인간적인 것을 내세우고 자기 자신이 자랑의 근거가 된다. 심지어 자신의 유익을 위해 하나님의 말씀을 이용하고, 주님이 아니라 자신을 선포하게 된다(4:5). 이런 의미에서 오늘날의 목회자는 율법의 문자에 매여 교인들을 정죄하고, 속박하는 행위를 지양하고, 복음 안에 나타난 그리스도의 자유와 생명을 전달해야 할 것이다.

또한 바울은 자신이 전파해야 할 복음의 핵심이 예수가 주님이시라는 사실임을 확신하였기에, 자신이 예수를 위해서 다른 사람들의 종이 되는 것도 기쁨으로 받아들일 수 있었다. 참된 목회자는 교회라는 현장과 결코 분리될 수 없다. 따라서 오늘날의 목회자는 어떤 상황에서도 실망하거나 흔들림이 없이 하나님의 부르심을 확신하고 신뢰하면서 묵묵히 교회와 복음을 위해 일하는 자세가 필요하다고 하겠다.

03

바울의 사역과 고난

고린도후서 4:7~5:10의 주해와 적용

바울 사도는 자신이 서 있는 선교의 현장에서 고난과 죽음 그리고 더 나아가 영원과 심판의 실재들을 심도 있게 다룬다. 사실 그의 선교적인 삶은 죽음과도 같은 고난의 연속이었다. 그러나 이러한 고난을 통해 고린도에 새로운 생명의 역사가 나타났고 무엇보다 하나님의 도우심의 손길을 경험하는 기회가 되었다.

우리의 삶은 바울이 살던 그 고난과 선교적 삶에 어느 정도 근접해서 살고 있는가? 고난이 없는 우리 시대에 바울의 선교적 삶과 고난의 삶은 우리에게 무슨 교훈의 말씀을 던져 주고 있는가?

구조 및 내용 요약

1. 구조
고린도후서 4:7~5:10은 다음과 같이 단락 구분이 가능하다.

바울의 사역: 삶과 죽음(4:7~4:15)

영원한 영광(4:16~18)

바울의 현세와 내세의 소망(5:1~10)

2. 내용 요약

바울은 전 문맥(3:18~4:6)에서 사람들에게 계시된 복음의 영광에 대해 감격스럽게 진술했다. 그러나 본문(4:7~5:10)에서는 영광의 복음을 지닌 사람들이 받는 고난의 삶과 앞으로 다가올 영원한 하늘의 집에 대한 소망을 피력한다.

먼저 바울은 믿는 자들을 질그릇에 담긴 보배로(4:7) 묘사한다. 그리고 우리의 연약함과 하나님의 영광이 함께 공존하는 고난의 삶을 나눈다(4:8~9). 성도의 삶은 고난받지만 생명을 낳는 거룩한 삶이다. 이러한 삶은 예수 그리스도의 삶과 죽음에 기인하며 궁극적으로 하나님께 영광 돌리는 삶인 것이다(10~15절). 바울은 고난 중에 역사하시는 하나님의 능력을 통해 속사람이 날마다 새로워짐을 경험한다. 그리고 이처럼 새롭게 하시는 주님의 능력을 통해 영원에 대한 사모함으로 이어간다(16~18절).

5장에서는 현세와 내세의 두 가지 실존 양식을 집과 옷의 이미지로 설명하는데(5:1~10), 다가올 영원한 집에 대한 그의 갈망은 믿음으로 사는 현세적 삶의 신실성에서 나온 것이다. 그리고 현실에 대한 이러한 믿음의 삶은 그리스도의 심판대에서 보응에 대한 기대로 귀결된다.

단락별 주해와 적용

1. 바울의 사역(4:7~15): 삶과 죽음

1) 이 보배를 질그릇에(4:7)

바울이 왜 이 은유를 사용했는지 정확하게 이해하기 위해서는, 먼저 '보배'와 '질그릇'이라는 단어가 무엇을 의미하는지 생각해 보아야 한다.

보배란 무엇인가? 바울은 전 문맥에서(3:18~4:6) '주의 영광'(18절), '진리'(2절), '복음'(3절), '그리스도의 영광의 복음의 광채'(4절) 등과 같은 단어와 구절들을 통해 하나님의 영광과 그리스도의 영광에 대해 감격스럽게 말한다. 이러한 일련의 흐름 속에서 '예수 그리스도의 얼굴에 있는 하나님의 영광을 아는 빛'(6절)이 우리의 마음속에 비춰졌다고 진술한다. 바로 이것이 보배다. 예수 그리스도의 인격과 삶에 계시된 영광스런 복음, 따라서 우리는 그분 안에서 하나님의 영광스런 빛을 볼 수 있는 것이다. "나를 본 자는 아버지를 보았거늘"(요 14:9).

이 보물은 질그릇에 담겨져 있다. 성경에서 질그릇은 여러 가지 의미로 사용되었다. 디모데후서(2:20~21)에서는 그릇의 종류보다 정결함에 초점이 맞추어져 있고, 이사야 64:8에서는 하나님을 토기장으로 소개하면서 질그릇이 스스로 빚어질 수 없다고 강조한다. 그런데 본문에서 질그릇을 사용하는 의미는 8절에서부터 진술된 고난과 관련이 있다. 즉 인간의 육신적인 연약함과 한계를 지적함과 동시에 보배에 비해 무력한 자들임을 지적한 것이다.

이렇게 된 것은 능력이 '우리에게'(ἐξ ἡμῶν 엑스 헤몬) 난 것이 아니라, 하나님께 있음을 보여 주는 것이다(7b절). 죽음과도 같은 고난 속에서 인간들은 연약함과 무력감을 경험하지만 이것을 이기도록 하는 힘은 우리 자신에게 나오는 것이 아니라 하나님께로부터 나오는 것이다. 우리 스스로가 무력함과 연약함을 인정하면 할수록 하나님의 능력이 얼마나 큰지를 더욱 정확하게 인식할 수 있다.

여기서 우리는 그리스도인들이 누구인지 그 정체성에 대해 생각하게 된다. 즉 우리는 복음의 영광으로 둘러싸인 자들이지만 동시에 우리의 삶은 연약함과 한계 가운데 둘러싸여 있다. 전자는 우리에게 특권이지만, 후자는 우리가 이 땅에서 환경의 지배를 받고 육신적인 연약함으로 죽을 수밖에 없는 존재임을 나타낸다. 따라서 복음의 영광은 하나님께 속해 있고 약함과 한계는 우리에게 속해 있다.

결국 바울은 '보배'와 '질그릇'의 은유를 통해 참된 인간의 모습은 능력과 힘이 탁월한 데 있는 것이 아니라 한계와 약함에 있음을 강조한다. 이것은 우리의 모습 속에 "지혜 있는 자가 많지 아니하며 능한 자가 많지 아니하며 문벌 좋은 자가 많지 아니하도다"(고전 1:26)라고 하신 말씀과 일맥상통한다. 다시 말하면 우리는 하나님의 능력의 손길을 경험하면서 사는 존재들이라는 것이다.

우리는 하나님의 은혜로 사는 자들이다. 그래서 주님께서는 바울에게 말씀하셨다. "내 은혜가 네게 족하도다 이는 내 능력이 약한 데서 온전하여짐이라"(12:9). 약함은 우리에게 더 이상 없어져야 할 그 무엇이 아니다. 오히려 약함을 인정하며 주님의 능한 손길에 우리 자신을 맡기는 것이 우리의 자세인 것이다.

2) 예수 죽인 것 … 예수의 생명도(4:10)

바울은 8~12절에서 하나님의 영광의 복음과 우리의 연약함이 공존하는 그리스도인의 생활에 대해 설명한다. 무엇보다 8~9절의 극단적인 대비가 10절에서 절정을 이룸을 주목해야 한다. 이것은 우리에게 다음과 같은 질문을 던진다. 10절의 "항상 예수 죽인 것을 몸에 짊어짐은"은 무슨 의미를 내포하는가? 이러한 질문에 대한 답은 8~9절 속에서 더욱더 분명해진다.

8~9절은 '사방으로' 라는 구로 그 틀이 짜여 있다. 이 구는 뒤 따르는 4가지의 절들을 지배하는데, 이 4가지 절들이 동일한 패턴으로 나온다(… but not … but not … but not … but not). 즉 고난의 측면에서 표현된 수동 분사는 '그러나 … 아니하며'에 의해 대조를 이룬다('우겨쌈을 당하여도' 그러나 … 아니하며 / '답답한 일을 당하여도' 그러나 … 아니하며). 그리고 처음 것과 동일한, 그렇지만 더욱더 무게가 있는 또 다른 수동적인 분사가 뒤따른다('싸이지 아니하며', '낙심하지 아니하며'). 이것은 고난받지만 그 고난보다도 넉넉하게 이겨내도록 도우시는 하나님의 손길이 더 큼을 의미한다.

다시 말하면, 바울이 고난을 표현한 '우겨쌈'(틀리보, '무거운 압력이 있는', '몹시 괴로운'), '답답한 일'(아포레오, '무엇을 해야 할지, 어떻게 해야 할지 몰라서 당황스러운'), '핍박'(디오코, '도망가도록 만드는', '박해'), '거꾸러 뜨림'(카타발로, '가장 낮은 곳에 던져진')과 같은 단어들을 그가 질그릇 임을 보여 주는 것이다. 반면에 '… 하지 아니하며', 즉 '싸이지'(스테네코레오, 문자적으로, '매우 비좁은 장소'로 어려움과 고난을 의미) 아니하고, '낙심'(엑사포레오마이, '소망이 끊어져서 완전히 절망적인')하지 아니하며, '버린 바'(에그카탈레이포, '완전히 포기되고 버려진') 되지 아니하며, '망하지'(아폴뤼미, '완전히 죽음을 선언하는', '완전히 파멸된') 아니하고와 같은 말들은 "능력이 심히 큰 것이 하나님께 있다"(7절)는 증거가 된다.

따라서 바울은 8~9절에서 사도 자신의 무력함과 연약함을 강조하거나 그 고난 가운데서도 함께하시는 능력이 크신 주님의 보호하심을 날카롭게 비교한다. 즉 그는 세속적인 관점에서는 멸시와 천대를 받은 자들이었지만 하나님의 관점에서는 승리하는 자들이었다. 이러한 8~9절의 대조적인 비교는 10절에서 절정을 이루어 "우리가 항상 예수 죽인 것을 몸에 짊어짐은"이라고 고백한다. 이러한 배경에서 바울이 쓴 '죽인 것'이라는 단어를 이해해야 한다. 즉 이 단어는 우리가 세례를 받으면서 그리스도의 죽음에 동일화될 때 사용된 단어가 아니다. 이 단어는 전문맥(8~9절)에서 보듯이 복음을 전하는 삶 가운데 직면해야만 될 위험들과 죽음, 즉 고난받을 수밖에 없을 때 쓴 단어다. 바울의 이 말은 "네가 네 십자가를 지고 나를 따르라고" 말씀하신 주님의 말씀과 같은 맥락을 이룬다.

그러므로 바울은 그리스도의 생명에 동참하려면 먼저 그의 고난에 동참해야 함을 역설한다. '십자가 없이 면류관'도 없다는 것이다. 이러한 바울의 죽음과도 같은 고난(10~11절)과 바울 안에서 역사하는 사망은(12절) 궁극적으로 고린도 교회 성도들에게 예수의 생명으로(12절) 나타난다. 생명은 '사망', 즉 고난과 희생을 통해 잉태된다. 그리고 이렇게 바울이 고난을 감수하며 수고하는 것은 '많은 사람'(15절)이 하나님의 은혜를 깨닫고 하나님께 감사함으로 영광을 돌리게 하기 위함이었다(15절).

예수님의 죽음과 고난은 모든 사람들이 생명을 얻도록 하는 것이었다. 마찬가지로 그리스도인들의 삶은 복음을 전하며 고난받는 삶을 의미한다. 죽음조차도 받아들이는 그리스도인들의 고난의 삶은 곧 다른 사람들을 위한 생명의 수단이 된다. 우리가 이와 같이 고난을 인내하면서 복음을 전해야만 하는 이유는 다른 사람들이 생명을 얻는 것이 결코 헛된 일이 아님을 알기 때문이다. 즉 그들도 우리의 희생과 헌신의 삶을 통해서 하나님의 은혜에 감사하며 하나님께 영광을 돌릴 수 있는 가능성이 있는 자들이다.

그러므로 그리스도인의 삶은 다른 사람을 위한 삶이다. 복음을 위해 기꺼이 다른 사람에게 손해 보는 삶, 핍박과 조롱을 감수하는 삶인 것이다. 우리는 우리 자신을 위한 이기적인 삶을 이미 십자가에 못박은 사람들이다. 이 세상의 무수한 질그릇들이 보배 없이 무가치하게 버려져 있음을 바라보고 긍휼한 마음을 가지며, 세상의 무가치한 질그릇에 보화를 담는 것이 우리의 최대 관심이어야 한다. 이것은 참으로 고난의 삶을 우리 스스로 자원하는 것이다. 타인들을 품고 사랑으로 섬기는 것은 쉽지 않다. 때로는 괴롭고 당혹스럽고 천한 곳에 던져질 수도 있다.

그러나 분명한 사실은 우리의 고난이 깊으면 깊을수록 주님의 능력 또한 더욱더 크게 경험된다는 사실이다. 새로운 생명은 산고의 시간을 지나야 잉태가 된다. 예수님의 생명이 한 사람의 삶 가운데 잉태되는 과정도 마찬가지다. 죽음과도 같은 고난과 그 고난 속에서 보호하시는 주님의 능력이 임하면서 생명의 역사는 일어나는 것이다. 그러므로 보배가 담긴 질그릇은 생명을 잉태하는 고난 가운데 그 진가가 발휘된다. 이것은 전적으로 주님의 은혜로만 가능한 것이다.

2. 영원한 영광(4:16~18): 겉 사람은 후패하나 우리의 속은 날로 새롭도다

바울이 여기서 언급한 겉사람과 속사람은 육체와 영혼 또는 육체와 정신을 이분법적으로 구분했던 헬라적 사상과는 분명 거리가 있다. 오히려 바울은 여기서 한 인간의 두 가지 측면을 말한다. 즉 한 측면에서는 '겉사람' 이다. 이것은 바울 자신이 고난을 당할 수밖에 없고 죽을 수밖에 없는 존재라는 것이다. 여기 '후패하다' 라는 단어는 소비적인 단어로 육체적으로 가진 힘이 점점 더 황폐해지고 약해져서 죽음에 이름을 뜻한다. 따라서 이 겉사람은 이 세대에 속한 것으로, 지나가는 것에 불과하다.

그러나 다른 한 측면에서 그는 그리스도 안에서 새롭게 된 새사람이다 (갈 2:20; 빌 1:21). 즉 영원한 나라에 속한 사람, 이미 새 시대의 영을 소유한 사람이다. 여기서 '새롭도다'라는 동사는 자신의 존재가 날마다 새로워지는 것을 말한다. 그것은 하나님의 영원하신 목적 속에서 부활의 소망을 기다리는 종말론적인 존재로 매일 새롭게 됨을 말한다. 그러므로 이것은 과거에 처음으로 주님을 영접하고 세례를 통해 보증되는 것이 아니라, 매일의 삶 가운데 지속적으로 주님과의 만남에 의해만 새로워질 수 있다. 좀 더 정확히 말하면 복음을 전하는 고난의 삶 속에 하나님의 보호의 손길을 경험하는 것을 말한다.

흥미로운 사실은 바울이 16절에서 7~12절에서 보인 대조법을 또 다시 발전시킨다는 것이다. '질그릇'(7절), '예수 죽인 것'(10절), '죽음에 넘기움은'(11절), '사망은 우리 안에서 역사하고'(12절)라는 단어들이 본 구절에서는 '겉사람은 후패하나'(16절)라는 단어로 표현되었다. 대조적으로 '보배'(7절), '예수의 생명'(10~11절), '생명'(12절)이라는 단어들이 '우리의 속은 날로 새롭도다'(16절)라고 표현되었다.

따라서 바울이 낙심하지 않는 이유가 바로 여기에 있었다. 생명의 역사를 위해 수고하는 자신의 삶이 비록 겉사람은 후패하지만 속사람은 새롭게 된다는 것을 알고 있었기 때문이다. 날마다 새롭게 되는 경험들은 세상의 환난에 대한 무게가 '경하며', '잠시' 지속되는 것이다. 그러나 영원한 하늘나라에서 누릴 영광은 무게가 '중하며', '영원히' 지속이 될 것임을 확신하며 하늘의 것을 사모하게 했다(17~18절).

우리는 육체적인 관점에서 보면 죽음이라는 종착역을 향해 나아가고 있다. 이 세상에서 우리의 삶은 임시적이며 일시적이다. 우리는 점점 더 약해질 것이며, 죽음의 권세에 대해서는 저항할 수 없을 것이다. 우리 자신 안에는 나의 생명을 연장하거나 새롭게 할 아무런 힘이 없다. 그러나 그렇다고 낙심할 필요는 없다. 왜냐하면 주님의 능력으로 인해 속사람이 날마다 새롭게 되기 때문이다. 우리는 '일신우일신'이라는 말을 잘 알고 있다. 생명을 가진 존재기에 날마다 새롭게 거듭나야 한다는 의미다.

새롭게 거듭난다는 것은 삶의 변화를 뜻한다. 이러한 변화의 삶을 추구하는 것은 성장과 성숙함을 위해 필수적인 것이다. 이것은 또 다른 면에서 하나님께서 인간에게 주신 커다란 축복이요 은혜다. 여기에 우리의 삶이 주님을 매일 깊이 만나야 할 이유가 있다. 주님의 능력이 우리의 삶 가운데 머물게 될 때만이 우리의 삶은 날마다 새롭게 되기 때문이다. 이것은 성령과 동행하는 삶이요(갈 5:22~23) 하나님의 말씀을 즐거워하는 삶이다(롬 7:22). 중요한 것은 우리가 오늘 여기 이곳에서 속사람이 새롭게 되는 역사를 날마다 경험하고 있느냐 하는 것이다. 즉 우리의 삶이 다른 영혼에 대한 헌신과 희생의 삶을 살아가고 있느냐 그리고 이러한 선교적인 삶 속에서 말씀과 기도로 주님과 깊이 만나는 일들이 있는가 하는 것이다.

3. 바울의 현세와 내세(5:1~10): 우리의 장막 … 하늘에 있는 영원한 집

바울은 이 문단에서 현세와 내세의 두 가지 실존 양식에 대해 집과 옷의 이미지를 들어서 설명한다.

첫째, 1절에서 집의 이미지를 사용해서 땅에 있는 장막과 하늘에 있는 영원한 집을 비교한다. 하늘의 집과 비교해서 현세의 장막은 임시적이고 열등한 거주지에 불과하다. 둘째, 바울은 옷의 이미지를 사용한다(2~5절). 두 벌의 옷에 대해서 언급하는데, 이것은 각각 현세와 내세의 실존을 의미한다. 바울은 현세에서 '탄식'하며(2, 4절) 하늘로부터 덧입고자 갈망한다고 고백한다('탄식하며 … 하늘로부터 오는 … 덧입기를 간절히 사모' (2절), '탄식하는 것은 벗고자 함이 아니요 오직 덧입고자 함이니' (4절)).

여기 '탄식'이라는 단어는 인간의 삶 가운데 현존하는 고통스런 짐을 의미한다. 이렇게 탄식해야 할 이유는 바로 이 현세의 장막 집은 고난의 장소기 때문이며(1:8; 4:8~12; 11:23~27) 또한 하나님께서 내세에 우리를 위해 주실 모든 축복을 덧입고자 하는 간절한 소망 때문이다. 바울은 자신의 이러한 완성된 종말론에 대한 소망이 하나님께서 보증으로 주신 성령을 통해서 이루어갈 수 있음을 확신한다(5절). 여기 '이루게 하시고'와 '주신'이라는 말은 단순 과거 분사들로 하나님이 행하시는 결정적인 행동들을 가리킨다. 성령의 의해서 우리의 새로운 거처와 새로운 의복은 준비되고 있는 것이다.

궁극적으로 바울은 현세의 우리의 삶을 위해 '믿음으로 행하고'(7절), '주를 기쁘시게 하는 자 되기를'(9절) 힘쓰도록 권면한다. 새 시대에는 주님과 함께 영원히 거하지만 현재의 실존에 대해서도 믿음을 따라 행할 것을 담대하게('우리가 항상 담대하여' 6, 8절) 촉구한다. 그리고 이러한 삶에 자세는 마지막 날 우리가 행한 것에 따라서 그리스도의 심판(롬 14:10)과 보응을 받기에 매우 심각하게 받아들어져야 함을 말한다.

성도는 일시적이고 취약한 장막을 넘어 영원한 집을 사모하는 자들이다. 우리는 하나님이 내세에 우리에게 주실 모든 축복들을 덧입고자 갈망하는 자들이다. 그러나 우리는 이러한 내세에 대한 갈망이 결코 현재의 실존을 벗을 수 없음을 인식해야 한다. 현세에서 우리는 일시적인 장막에서 살면서 내세를 탄식함으로 갈망하면서도 믿음으로 살아야 한다. 이 세상의 가치관과 세속의 정신을 따라서 사는 삶이 아니다. 오히려 세속의 정신과는 역류해서 살아가는, 주님이 기뻐하시는 삶을 살아야 한다.

우리의 시선은 주님께 고정되어 있어야 하고 우리의 손과 발은 사랑함으로 다른 사람들을 섬겨야 한다. 우리는 선한 일을 위해 지음을 받았다(엡 2:10). 또한 믿음은 반드시 열매를 낳는다. 그 열매는 이웃 사랑의 넓이와 깊이로 드러난다. 결국 우리 각자는 주님의 심판대에 서며, 그때 우리가 행했던 것이 드러날 것이다. 따라서 그리스도의 심판에 대한 건전한 두려움은 우리 믿는 자들로 하여금 복음을 전파하며 주님의 말씀대로 살고자 하는 참된 동기가 될 수 있다.

맺는 말

본문을 통해 배우는 바울의 위대한 점은 그의 삶의 목표가 영원한 하늘 나라에 있다는 것이다. 그는 영원을 갈망했으며 하늘의 영원한 집을 간절히 사모했다. 이러한 영원에 대한 바울의 태도는 우리들의 삶을 영원한 관점에서 살도록 도전한다. 그러나 이러한 그의 영원한 내세적 목표는 현실에 대한 '피안주의' 또는 현실과 영원의 분리된 이분법적인 삶이 아니었다. 그는 하나님께서 부르신 현세적 삶을 결코 소홀히 하지 않았다. 오히려 현세적 삶을 더욱더 믿음 가운데 두며 하나님께서 기뻐하시는 자로 서기 위해서 신실해야만 했다. 즉 하나님 앞에서 자신이 누구인지를 정확하게 인식하면서 현실의 죽음과도 같은 고난의 삶을 인내하였던 것이다. 이러한 삶은 다른 사람들이 생명을 얻는 삶이었고 궁극적으로 주님을 기쁘시게 하는 믿음의 삶이었다.

본문은 오늘날 교회가 서 있어야 할 곳, 목회자가 관심을 가져야 할 것, 신학교의 교수들과 학생들이 궁극적으로 있어야 할 곳에 대해서 분명한 이정표를 제시한다. 그곳은 복음이 전파되는 고난의 현장이다. 또한 복음이 선포되는 선교의 현장이다. 다른 사람들의 영혼을 위한 곳이요, 주님의 능력의 손길을 경험하는 현장인 것이다. 안락한 책상과 화려한 강대상이 아닌 선교의 현장 가운데 쓰인 그의 편지가 다른 사람의 영혼과 하나님께 초점이 맞추어졌다는 사실은 오늘날 목회의 현장에 서 있는 우리 모두에게 시사하는 바가 크다고 할 수 있겠다.

04

그리스도인의 헌신,
그 동기와 비전

고린도후서 5:11~7:16의 주해와 적용

바울은 고린도후서를 AD 56년에 마케도니아 도시 중의 하나인 빌립보나 데살로니가에서 기록하였다(7:5; 8:1; 9:2~4). 고린도후서는 바울의 사역 기간 중 어려운 때, 즉 아시아에서 거의 죽음에 이르는 경험과 고린도에서의 격한 다툼이 있을 때 기록되었다. 이러한 가슴 아픈 경험들은 그의 삶과 사역을 다시 한 번 돌아보게 하였고, 그리스도의 고난을 다시 조명하게 하였다. 바울은 자신의 삶으로 흘러넘치는 그리스도의 고난을 느꼈고, 그 사도적 사명을 강하게 확인하였다.

고린도후서의 중요성은 고린도후서가 고린도전서와 고린도후서 사이의 사건들을 재구성해 주기 때문이다. 고린도후서의 증거로 우리는 일시적으로 알려지지 않은 기간 동안 발생한 몇 가지 중요한 사건들에 대하여 추정할 수 있다. 첫째, 바울은 그의 삶을 위협하는 충격적인 사건을 경험했다(1:8~9). 둘째, 바울은 슬픈 상황 하에서 짧은 고린도 방문을 가졌다(1:23; 2:1). 셋째, 죄인들의 정체(2:5~11; 7:12)는 알기 어렵다(아마도 고린도전서 5장에 나오는 근친상간하는 형제들).

바울은 별도의 여행 후에 고린도를 떠나도록 강권되었고, 또한 그것은 바울로 하여금 "눈물의 편지"를 쓰도록 하였다(2:3~4, 9; 7:12). 이러한 사건에서 몇 가지 함축적인 일들을 그려볼 수 있다. 첫째, 고린도에서 회중과 외부에서 들어온 사람들로 구성된 무리들이 바울에 대한 중요한 반대가 있었다. 둘째, 고린도후서에, 그가 기록한 대로 바울은 그가 쓴 "눈물의 편지"에 대한 회신을 기다리고 있었고, 디도에게서 긍정적인 회신만을 들었다. 셋째, 바울과 고린도 교인들과의 문제는 예루살렘 빈민을 위한 기금 마련을 어렵게 했기 때문에 그는 다시 예루살렘으로 돌아가는 새로운 계획을 시도한다(롬 15:26).

고린도후서의 큰 배경 안에서 고린도후서 2:14~7:4에 나타난 "큰 탈선"은 기본적으로 바울의 사도적 사역의 신학적인 사상과 관련이 있다. 한편, 많은 신학자들은 고린도후서가 몇 개의 다른 편지들을 편집한 편집물로 믿고 있으며, 만일 고린도후서가 한 개의 편지가 아니라면 고린도후서 1~9장까지가 가장 기본적인 문서라고 믿는다. "큰 탈선" 안에서 짧은 부분인 고린도후서 6:14~7:1은 가장 어려운 부분이다. 이 부분은 바울의 권위가 삽입된 부분으로서 또 다른 벗어난 부분으로 본다.

"큰 탈선"은 어려운 상황에서의 바울의 신학을 볼 수 있고 이것은 당면한 문제에 대하여 사역자들을 가르치고 격려하는 풍부함이 있다. 목회자들과 신학도들은 이 장을 잘 이해해야 한다.

기독교인 헌신의 규명(5:11~6:10)

바울은 현재의 문제들과 미래의 운명에 대한 영적인 조명의 빛으로 본인의 사역에 대한 자신의 동기들을 성찰하였다. 이것은 많은 사람들로 하여금 고린도 교회에서 소명받은 그들 사도의 신실성에 많은 문제가 있었음에 틀림없다고 느끼게 만들었다.

어떤 경우든 바울은 자신의 사도적 사역에 관하여 세 가지를 각기 다른 두 권에 걸쳐 전달한다. 그는 동기와 목적 및 사도적 헌신의 어려움에 관해서 토론한다.

1. 헌신에 대한 동기(5:11~15)

고린도후서 5:11에 보면 바울의 동기 중 첫 번째는 "주의 두려움"에 기인한다. "주의 두려움"은 심판대에서 심판하시는 그리스도에 대한 경외감이다.

복음에 대한 바울의 끝없는 설교는 하나님 앞에서 개인적인 책임에 그 원인을 둔다. 그의 동기는 순수하게 하나님께서 사람의 마음속을 볼 수 있다는 것이다. 그는 기록하길, "우리는 하나님 앞에서 알려졌다"(5:11). 그것은 바울의 사명이 하나님에 의해 인정되었고 2차적으로 어느 정도 고린도 교인들 스스로 그를 인정했다는 것이 확실한 본질이다. 바울은 하나님 앞에서 책임감을 가졌고, 두 번째로 고린도 교인과 다른 사람들에게 책임감을 느끼는 사람이었다.

고린도후서 5:12에서 볼 때 바울의 대적자들에 대한 역사적인 재정립은 중요하다. 바울의 대적자들에 대한 정체를 분명하게 알기는 어렵다. 그들이 철학적 웅변가들인지 영지주의자들인지 유대주의자 혹은 신령한 선교사들인지 모르지만, 몇몇 특성은 명박하게 드러나 보인다. 그들은 자기 과시와 자천에 익숙했고 외형적인 외모를 중요하게 여기는 자들이었다. 동시에 그들은 바울을 자천하는 사람이라고 주장했다. 그래서 바울은 이러한 비난에 대하여 자신을 방어한다.

바울은 5:11에서 말하는 것처럼 고린도 교인들을 위한 기회, 즉 그들의 사도에 대한 자부심을 갖도록 설명했다. 그것은 그의 대적자들의 추종자들이 서슴없이 그렇게 하던 것이다. 5:12이 보여 주듯이 대적자들은 또한 외모를 강조했다. 그러나 바울에 의하면 헌신의 동기는 결코 외모로 나타나는 것이 아니라 오직 하나님만이 확실하게 보실 수 있고 사람들은 그들의 양심의 만족에 의해서만 알 수 있는 내면적 마음에 의해 실현된다. 따라서 바울은 자기 이익을 위해 동기화되는 것이 아니라 하나님께서 그것을 통하여 의를 보실 수 있도록 한 것이다. 기본적 원칙은 명백하다. 사람의 헌신에 대한 하나님의 평가가 더 중요하다. 왜냐하면 하나님만이 사람들의 마음속을 볼 수 있기 때문이다.

5:13은 설명하기 어렵고 많은 해설들이 있어 왔다. 그러나 모든 가능성에도 불구하고 이것은 바울에 대항하는 대적들에 의해 만들어진 기판임을 알 수 있다. 그것은 고대 세계에서는 일상적인 모욕인 그가 미쳤다는 것이다(행 26:24; 요 10:20). 그래서 바울은 그의 행동이 하나님이 인정하시는 "하나님을 위한 목적"임을 말한다. 그가 자기 이익을 얻기 위해 한 것은 아무 것도 없다. 그 대신 만약 그의 행동이 하나님을 위한 것이면, 그의 행동은 하나님을 영화롭게 하는 것이다.

5:14~15에는 그의 사도적 헌신을 위한 바울의 동기의 핵심이 나타나 있다. 바울은 그리스도의 사랑을 말한다. 즉 자기희생으로 죽으신 예수 그리스도께서 보여 주신 사랑이다. 그리스도를 따르는 사람으로서의 이기적인 사역은 말할 가치가 없다. 왜냐하면 그리스도께서 자기희생을 위해 죽으셨으니 우리도 자기희생을 위해 죽어야 한다는 것이 논쟁의 중심이다. 그리스도가 죽었다. 따라서 믿는 모든 자들에게 죄에 대해, 자신에 대해 죽기를 말한다. 역설적인 방법으로 그리스도와 함께 죽는다는 것은 5:15 말씀처럼 그리스도를 위해 살아야 함을 말한다.

바울은 그리스도인의 헌신을 위한 두 가지 매우 중요한 동기를 말한다. 첫째, 책임의 동기인데 이는 마지막 심판 때의 그리스도의 역할에 초점이 맞춰져 있다. 하나님은 보상의 문제로서 모든 믿는 자들에게 그들이 행한 것을 설명하도록 할 것이다. 둘째, 자기희생적 사랑의 동기는 마지막 구세주로서 그리스도의 역할을 가리킨다. 보상을 위한 동기보다 더 큰 것이 사랑이다.

그리스도는 그의 사랑을 자기부정과 희생을 통하여 보여 주셨다. 이 그리스도의 사랑이 바울로 하여금 그리스도를 위하여 그리고 자신을 위해서가 아닌 다른 사람을 위해 섬기며 살도록 행동하게 한다. 그리스도인 사역자들은 바로 이 두 가지 측면, 즉 신성한 책임과 희생적 사랑에 의해 동기 부여되어야 한다.

2. 헌신의 목적(5:16~6:2)

더 나아가 바울은 그의 사도적 사명의 목적으로서 화목의 메시지를 생각하였다. 그 사명은 바울을 하나님과 사람 사이의 화목의 대리인으로 부르게 한다. 만약 바울의 사명을 요약한다면 바울은 화목의 메시지를 선포했다고 말할 것이다. 바울이 일생동안 헌신한 그의 사명은 '화목'으로 묘사된다. 바울의 화목의 사명에 관하여 말할 때 중요한 몇 가지 사항이 있다. 첫째, 하나님께서 화목을 시작하셨다. 둘째, 단지 사도나 유대인만이 아닌 모든 사람이 하나님과 화목되어야 한다. 셋째, 예수님은 이 화목을 위한 대리인이다.

5:16에서 바울은 그의 대적자들이 정죄했던 외모에 근거한 외형적인 판단들을 뒤에 가서 언급한다. 그는 다메섹 도상에서 회심하기 전 그 자신이 그리스도와 다른 사람들을 이러한 외형적인 모습으로 보았었다. 그러나 이제 바울은 하나님과 인간의 화목이 유대의 선민사상에 가장 현저하게 나타나는 외적인 자격조건이 아닌 그리스도 안에 있음을 발견했다. 그리스도가 하나님과 사람이 화목할 수 있도록 하기 위해 자기희생을 하셨기 때문이다.

바울의 대적자들에 의해 나타나는 외형적 능력은 하나님과 화목하게 되었을 때 아무 가치 없는 것이었다. 근본적인 것은 "새로운 창조물"이다. 그리스도의 희생적 죽음을 통한 화목은 새로운 창조물을 만든다. 5:17에서 바울은 옛 것과 새 것 사이의 현저한 차이를 보여 준다. 여기서 다시 새로움의 주제를 언급한다. "새 것이 되었다"는 말씀은 5:5의 확실한 희망을 상기시키는 것이며 5:6, 8에 대한 확신이다. 화목의 사역을 통해서 그리스도 안에서 하나님은 믿는 자들을 확실하게 재창조하셨다. 마치 하나님께서 우주만물을 처음 창조하셨던 것처럼.

그리스도의 사역의 지속적인 영향은 바울을 5:18 말씀처럼 "모든 것이 하나님께로 났다"는 분명한 것으로 인도하였다. 그것은 우리가 아닌 하나님께로부터 시작된 화목과 재창조다. 이와 같이 하나님은 바울의 삶의 목적을 화목의 사역으로 주셨다. 그는 5:19에서 넓은 의미에서는 같은 용어로서 그의 사도적 사역의 내용을 풀어놓는다. 화목의 언어는 반복되어 사용될 만큼 그의 사역에서 중요한 것이었다. 이어 그리스도의 복음을 선포하는 바울은 그 자신을 그리스도의 대사로 보았다(5:20). 대사로서 바울이 선언한 취지는 "하나님과 화목하라"는 것이다. 바울의 복음의 메시지 중 이것보다 더 귀한 내용은 없다. 그것은 하나님께서 시작하실 것을 미리 예정한 것이다. 선민의 구별 없이 보편적인 인간의 접근이 가능함은 물론 예수는 구원의 화목을 대리하였다.

5:21에서 바울은 화목이 가능했던 것은 그리스도의 속죄를 통해서였음을 정확하게 설명한다. 화목의 대리자로서 그리스도께서 "죄를 삼음"이 되셨는데 이는 어떤 사람이나 사도들로서는 불가능한 일이다. 그리스도를 "죄를 삼음"은 이해하기 어렵다. 이것은 그리스도가 죄인이 되었다는 의미인가? 교회 역사를 통해서 해석가들은 이 구문을 붙잡고 씨름하였다. 감사하게도 바울 자신은 주의 깊게 "그는 죄를 알지 못했다"라고 설명함으로서 몇 가지 제한들을 설정해 놓았다. 그리스도로 "죄를 삼음"은 최소한 성육신을 의미하고 최대한의 의미로는 대리를 의미한다. 바울이 여기서 말하고자 한 것은 "죄와 상관없음"이 아니라 죄를 대신 지신 대리의 개념이다.

따라서 그리스도는 죄를 위해, 심지어 그리스도가 그런 취급을 받을 이유가 없음에도 하나님에 의해 죄인처럼 취급되셨으며 진짜 죄인들의 자리에서 모든 죄 값을 지불하셨다. 화목의 사역을 통하여 이 모든 죄인들은 하나님의 의가 되었다. ABBA 패턴에 따르면 절대적인 논리가 두드러지게 나타난다. 죄인을 의인으로 만들기 위해 의인이 죄인이 된 것이다.

고린도후서에서의 바울의 신학은 역설적 은혜의 토대 위에 세워졌다. 즉, 죄인인 우리를 하나님께서 죄가 없다고 하기 위하여 죄가 없으신 그리스도가 죄인이 되셨다. 고린도후서의 다른 곳에서도 바울은 "우리 주 예수 그리스도의 은혜를 너희가 알거니와 부요하신 자로서 너희를 위하여 가난하게 되심은 그의 가난함을 인하여 너희로 부요케 하려 하심이니라"(8:9)와 같이 말한다. 바울에게 이 말씀은 바울의 사역의 내용과 동기 두 가지를 보여 준다. 즉 이것이 바울이 6:1에서 말하는 은혜다.

　바울은 "하나님의 은혜를 헛되이 받지 말라"고 신자들을 몰아친다. 고린도 교인들은 신앙과 행동이 일치하지 않는 위험이 있었다. 고린도 교인들은 화목의 메시지를 믿었으나 그들이 믿음대로 행동하지 않았다. 바울은 6:2에서 이사야 49:8을 인용하여 이 점을 강조한다. 바울의 관점은 올바른 것이다. 이사야 49장에서 말씀한 약속된 하나님의 종은 이미 신약 시대에 사람들에게 주어졌다. 그래서 "지금은 구원의 날이라"고 말한다. 하나님의 은혜가 우리 위에 있고 이 은혜는 헛되이 받을 수 없다.

　이 말씀의 현대적 적용은 특별히 목회자들과 기독교 사역자들에게 강하게 적용된다. 우리의 사역은 우리가 하고자 하는 목적으로서의 화목의 복음에 의해서 규명되어야 한다. 하나님과 사람간의 화목으로 인도하지 못하는 어떤 헌신이나 사역도 그릇된 인도이고 가치 없는 일이다. 그리고 그것은 그리스도 안에 있는 하나님의 은혜를 정확하게 이해하지 못한 것이다.

3. 헌신의 어려움(6:3~10)

　다음의 주요 본문은 사도적 헌신의 어려움으로 방향을 바꾼다. 복음의 역설의 빛 안에서 헌신에 대한 이해의 토대를 쌓은 후에 바울은 자신의 사역의 어려움을 설명하는데, 어느 정도 방어적인 모습을 보인다. 의심의 여지없이 바울의 대적자들은 그의 어려움을 가중시키는 자들이다. 그들은 하나님께서 바울의 사역을 인정하셨는지에 관하여 지속적으로 문제를 제기했다. 그러나 바울에게 문제는 하나님의 인정하심이 아니었다. 그리스도를 따르는 사람들은 반드시 십자가 사건의 역설적 의미를 자기의 경험으로 인정하고 받아들여야 한다.

　6:3~4은 화목의 사역에 대한 바울의 책임을 말하고, 바울은 사역을 위해 거리끼는 어떤 것도 하지 않을 것을 선언한다. 이것은 바울이 지금 그가 자천한다고 비난받는 바로 그 일로 돌린다. 그러나 자천은 비난의 요점과 다르다. 오히려 문제와 어려움들은 지금 바울의 자천의 근거가 된다. 하나

님의 종으로서 바울은 하나님께서 사도적 사역을 인정하셨다는 증명으로서 그가 처한 어려움을 이야기한다.

고난의 목록은 독특한 형태로 나타나 있다. 아홉 개의 부정적인 항목들(6:4~5) 뒤에 아홉 개의 긍정적 항목들(6:6~7)이 따라오고, 그 뒤에 부정적인 항목들이 긍정적 항목으로 바뀐 역설적 형태(6:8~10)가 뒤따라온다. 첫 번째 부정적 항목은 세 가지로 구분된다. 많이 견디는 것과 환난과 궁핍 등인데, 매 맞음과 감옥에 갇힘과 폭동 이 세 개는 일반적인 고통을 나타낸다. 두 번째 세 가지는 인간적인 고통을, 그리고 마지막 세 가지는 자초한 고통을 나타내는데, 자초한 고난은 바울을 그가 목적하는 아홉 가지 항목으로 이끈다.

긍정적인 아홉 가지의 항목 또한 같지 않은 세 부분으로 나뉜다. 그것은 4-1-4의 형태를 취하는데, 첫 번째 네 가지(순수, 이해, 인내, 친절)는 사역의 내적인 질을 말하는 반면, 마지막 네 가지(거짓 없는 사랑, 진리의 말씀, 하나님의 능력, 의의 병기)는 영적인 도구들이다. 두 가지 형태는 이런 선물들의 원천인 성령에 의해 서로 연결된다.

끝으로 마지막 아홉 가지는 좀 더 직접적으로 바울 대적자들의 비난에 대한 답으로서 기능을 한다. 대적자들에 의하면, 바울의 사역은 불경건과 무례와 솔직하지 못한 특성이 있다고 비난한다. 그러나 바울에게는 이러한 문제와 약함과 어려움을 통하여 하나님의 평안과 능력과 기쁨의 증거가 된다. 이것이 앞에서 나온 바울의 역설적 신학이다. 하나님의 이런 어려움들을 긍정적인 경험과 그의 주장에 대한 공헌으로 바꾸신다.

4. 요약

사역의 동기는 사람들이나 자신이 아닌 하나님께로부터 온다. 목회자들과 기독교 사역자들은 그들을 붙드시고, 그들에게 보응해 주시는 분이 하나님이심을 깨달아야 한다. 심지어 사람들과 그들의 조직이 그렇게 하지 않을지라도 말이다. 그리스도를 통하여 보여 준 거룩한 사랑은 궁극적으로 그리스도인 사역의 동기와 본이 된다. 바울의 사도적 사역의 목적과 내용은 하나님과 사람 간의 화목이었고, 그것은 죄를 대속하신 그리스도를 통해서 이루어진다. 마지막으로 그리스도인으로서 헌신의 어려움은 그리스도의 고통과 함께하도록 우리를 돕고, 하나님께서 우리를 인정하신다는 것을 가리킨다.

경험된 그리스도인의 헌신(6:11~7:16)

다음 주요한 부분에서 바울은 그와 고린도 교회간의 관계에 초점을 맞춘다. 무엇이 바울과 고린도 교회의 상호 존중과 기쁨의 관계를 아픈 부분으로 변하게 했는가 하는 것이다. 바울은 관계가 완전하게 치유되고, 그들의 복음을 위한 협력 작업이 다시 시작되기를 원한다.

1. 애정의 변화(6:11~13)

6:11~12은 바울 사도에 의한 고린도 교회에 대한 감정적 호소다. 바울은 자신을 향한 그들의 마음이 열리도록 고린도 교인들에게 자연스럽게 말한다. 6:12에서 그는 고린도 교회에 대한 자신의 애정을 억제하지 않고 나타내며, 고린도 교회들은 그들의 애정을 억제하고 있음을 느낀다고 말한다. 그는 6:13 말씀을 위하여 미리 언급하였으며 생각의 변화를 호소한다. 즉 내가 나를 너희에게 주었으니 그러므로 너의 것을 나에게 달라고 말하며, 영적 아버지로서 바울의 역할, 즉 "나의 자식처럼 너희에게 말한다"고 호소한다. 두 가지는 고린도 교인들의 따뜻함을 얻기 위해 그들의 사도가 다시 계획한 것이다.

2. 그릇된 애정(6:14~7:1)

이 구절들은 아마도 고린도후서에서 구절의 기원과 둘레의 문맥적 상황에 비추어 볼 때 가장 논쟁이 되는 부분이다. 그러나 이것은 문맥과 분리되었고, 논쟁을 다시 할 부분도 아니다. 단지 진지한 시도는 그것을 있는 그대로 읽어야 한다는 것이다.

바울이 명백하게 말하는 것은 분리와 거룩함을 위한 긴급한 필요성이다. 그것은 하나의 명령으로 나타나는데, "믿지 않는 자와 함께 멍에를 매지 말라"는 것이며, 그 뒤에 다섯 개의 수사의문문이 따라온다. 즉 각각은 "없다"는 것을 강조한다. 믿는 자와 믿지 않는 자가 가진 공통점은 무엇인가? "없다." 만약 그것이 충분하지 않다면, 뒤따라 나오는 세 가지 구약에서 인용된 질문들을 보라. 무엇이 이러한 생각들을 일으키게 하는가? 적어도 이 구절은 앞절과 접하는 세 가지 요점이 있다.

첫째, 분리와 거룩함의 생각은 화해사역과 밀접하게 연결된다. 우상숭배에 의해 더럽혀진 것은 하나님의 화해사역과 배치되며, "하나님의 은총을 헛되이 받는 것"이다(6:1b). 믿는다면서 우상과 분리되지 않는 사람들은 진실로 화목의 메시지를 받지 않은 것이다. 그들은 새로운 창조물이 아니며, 죄에 대하여 죽은 자들도 아니다.

둘째, "땅에 있는 장막"(5:1)의 생각으로, 이것은 바울의 6:14b 말씀과 일치한다. "우리는 살아계신 하나님의 성전이다." 땅에서 부패되어 죽어야 할 육체는 살아계신 하나님께서 그의 임재를 위해 지상의 거룩한 장소로 만들어 두셨다. 그것은 또한 하나님께서 믿는 자들의 아버지가 되신다는 표시다. 고린도 교인들이 이러한 불일치를 가지고 있는 한, 그들의 사도와 그의 메시지를 이해할 수 없다.

마지막으로 이 구문은 거룩하지 못한 일과 활동에 그들의 애정을 준 일과 그들의 사도에게 애정을 주지 못한 사건을 풍자한다. 이 구문에서 바울이 요구하는 것은 고린도 교인들이 그릇된 애정을 가졌다고 말하는 것이다.

3. 재확인된 애정(7:2~16)

7:2은 6:11을 반복함으로 시작한다. "마음으로 우리를 영접하라"(7:2a)는

근본적으로 "너희 마음을 넓히라"(6:11b)의 반복이다. 이것은 탈선 후에 주요한 주제로 다시 돌아가는 선포다. 중요한 관심은 고린도 교인들에게 그들의 사도에 대한 재확인된 애정을 호소하는 것이다. 7:2은 바울이 의심 아래 있음을 보여 주는데, 아마도 그것은 바울의 대적자들에 의해 비방된 결과며, 예루살렘을 위한 기부금 모금과 연결되어 금전적 유익을 취하였다는 비난이었을 것이다(갈 2:10; 고전 16:14; 고후 8~9장).

고린도에서 일어난 그 의혹은 정확한 것이 아니었다. 그러나 착취에 대한 비난과 대적자들과 관계된 많은 증거들이 이야기되었다. 기부금 모금은 바울의 대적자들의 타겟이 되어 그들은 바울이 자신의 주머니를 채우기 위해 예루살렘 빈민들의 돈을 가로챘다고 비난했다. 7:2의 강조된 소리와 반복은 상황의 심각성을 나타낸다. 아마 7:2에서의 그 강한 논조는 중요성을 깨달은 것을 의미하고, 7:3에서 자신의 방어를 위하여 주장한다. 바울은 의심할 나위 없이 고린도 교인을 사랑했고 그들에 대하여 충실하였다(고후 11:11). 7:4에서 바울은 7:2에서의 세 가지 부정들을 고린도 교인들에게 관련된 세 가지 기쁨의 선언을 통해 평형하게 한다. 아마도 그것은 7:9에 나타난 기쁨의 표현일 것이다. 바울은 고린도 교인들에 의해 격려되고 그들을 자랑스러워 한, 같은 감정이 고린도 교인들에게서 그들의 사도에게 향하여 있음을 확신한다(고후 5:12).

고린도 교인들과의 화목은 7장에서 디도의 등장으로 완성된다. 2:14~7:4의 커다란 탈선은 7:5에 나타난 바울의 여행을 가져왔고, 7:8의 근심의 편지(고후 2:1~4)를 쓰게 했다. 탈선에서부터 다시 회복됨을 나타내기 위하여 하나의 생각이 반복되어 나타난다("저희를 작별하고 마케도니아로 갔노라" (2:13b). 그리고 "우리가 마케도니아에 이르렀을 때"(7:5a)).

7:6에서 강조의 "그러나"는 슬픔에서 옮겨가는 신호요 고민과 갈등에서 편안함과 기쁨으로의 전환을 나타낸다. 7:7에서 그는 "나로 더욱 기쁘게 하였다"고 표현한다. 바울은 아시아에서 단지 생명을 위협하는 상황에만 직면한 것이 아니라 고린도 교회와의 관계가 깨어짐으로 인한 큰 슬픔에도

직면하였었다. 두 고통이 합해짐은 참을 수 없는 것이었다.

바울의 근심의 편지에는 마지막 호소로 보내졌고, 기도의 사명은 그 결과를 가져오는 것이었다. 마치 시험 결과를 기다리는 학생의 심정으로 바울은 기다렸다. 사실 첫 번째 약속장소에서는 디도를 만나지 못해 낙심과 슬픔이 더해졌는데, 결국 디도를 마케도니아에서 만난다. 그곳에서 바울은 디도에게서 고린도 교인들이 회개하였다는 소식을 듣는다.

7:10~11에서 바울은 회개한 고린도 교인들의 경건한 슬픔을 확인하고, 그것이 사도와의 관계를 바르게 하고자 하는 그들의 열망임을 확인했다. 고린도 교인들은 범죄자들을 처벌함으로써 바울에 대한 그들의 헌신을 확인했다(2:5~11 참조).

바울은 기쁨과 안도를 억누를 수 없었다. 7:13~16은 바울이 위로를 받은 사실과 고린도에서 디도의 위치를 다시 언급한다. 흥미롭게도 디모데는 고린도에서 잘 받아들여지지 않은 반면에(고전 16:10 참조), 디도는 고린도에서 존경받는 위치를 가진 것으로 보인다. 7:13~15에 따르면 고린도 교인들은 디도를 기쁘게 맞이하기를 원했으며, 또 마땅히 그래야 한다고 생각한 것 같다. 또한 고린도 교인들이 디도를 영접한 사실로 인해 바울은 위로를 받았고 마음에 확신을 가졌다. 바울이 디도에게 고린도 교인들을 자랑했다는 사실은 디도가 바울이 그를 감동시킬 필요가 있을만큼 중요한 인물이었음을 시사한다.

마지막으로 디도의 애정은 고린도 교인들에게 중요하다. 혹자는 디도가 사도행전에 언급되지 않은 것으로 보아 그다지 중요한 인물이 아닌 것 같은데, 어떻게 그가 고린도 교회의 상황에 대해 영향을 미쳤는지 의아해 한다. 확실하다고까지는 할 수 없을지라도 디도가 헬라인이었고(갈 2:3 참조) 그는 사회적으로 고린도 교인들에게 중요한 인물이었던 것으로 보인다. 아마도 디도는 출생신분이 높았든지 아니면 재산이 많고 학력이 높아 사람들에게 명망을 얻은 것 같다. 이것이 바로 그가 고린도에 큰 영향을 미칠 수 있었던 배경이었을 것이다.

어쨌든 디도는 예루살렘의 가난한 자들을 위한 바울의 구제헌금에 매우 중요한 인물이었다. 구제헌금은 고린도후서 8~9장의 주제인데, 고린도후서 7장에서 디도가 등장한 것과 또 그가 신뢰할만한 인물로 소개된 것은 바울이 고린도 교인들에게 구제헌금을 다시 시작하도록 촉구하는데 완벽한 배경이 된다. 그래서 바울은 고린도 교인들이 다시금 자신에 대한 애정을 회복했다는 디도의 보고를 접하면서, 이번에는 고린도 교인들에 대한 그의 애정을 재차 확신시켜 준다. 이제 애정의 교환은 완성되었다.

4. 요약

고린도후서 6:11~7:16에 나타난 바, 그리스도인의 섬김에 대한 바울의 경험은 애정을 주고받는 가운데 얻는 자랑과 기쁨에 대한 경험이다. 바울이 추구했던 관계는 자신과 고린도 교인들이 모두 상호 애정에서 우러나오는 서로에 대한 자랑과 기쁨에서 이익을 얻는 그런 관계였다.

그러나 안타깝게도 바울이 경험한 것은 슬픔과 고난이었다. 바울이 이렇게 부정적인 경험을 하게 된 이유는 적어도 부분적으로는 고린도 교인들의 잘못된 애정 때문이었다. 고린도 교인들은 자신들의 사도와 그의 하나님을 사랑한 것이 아니라 음란함과 불신자들, 심지어 벨리알을 더 가까이 하였다. 바울이 그들과의 상호 애정이 회복된 것을 그토록 기뻐했던 이유가 바로 여기에 있다. 바울은 이렇게 회복된 신뢰와 기쁨에 근거하여 고린도후서 8~9장에서 가난한 자들을 위한 구제헌금모금에 대해 자유롭게 말한다.

고린도후서 5~7장의 메시지는 오늘날에도 명확하게 울려 퍼진다. 그리스도를 통해서 하나님께서는 세상과 화목하셨고 그리스도를 통해서 믿는 자들은 죽음 가운데서 생명을 얻었다. 이 생명이 모든 기독교 사역자들이 애써야 할 화해사역의 기초가 된다. 끊임없는 육체적 쇠함과 고난 그리고 사역의 시험들은 그리스도 십자가의 역설을 기초로 한다. 이 십자가의 신학과 하나님의 사랑을 가지고 사역자들은 세상과 하나님의 교회를 섬겨야 한다.

　바울은 고린도 교회에서 체험한 그리스도인의 섬김의 경험을 통해 이 십자가의 역설을 몸소 실천한다. 힘든 싸움과 반대 그리고 슬픔 속에서 하나님은 바울에게 디도와의 만남과 그가 가져온 고린도 교인들에 대한 기쁜 소식을 통하여 위로와 기쁨과 확신을 주셨다. 오늘날 기독교 사역자들과 주의 종들도 이와 같은 평안과 기쁨과 자신감을 경험해야 한다.

구제사역을
어떻게 추진할까?

고린도후서 8~9장의 주해와 적용

고린도후서 8~9장에서 사도 바울은 고린도 교회에게 예루살렘 교회로 보낼 구제금[1]의 모금을 하루 빨리 완결할 것을 강력하게 촉구한다. 이 본문의 의미를 제대로 파악하기 위해서는 바울의 구제금에 대한 전반적인 이해가 선행되어야 한다.[2]

구제금에 대한 기본 이해

1. 관련 성경본문

바울의 구제금은 바울서신 몇 곳(롬 15:25~31; 고전 16:1~4; 고후 8~9장; 갈 2:10 등)과 그 외 사도행전 24:17 등에서 언급된다. 이 중에서도 고린도후서 8~9장은 가장 길게 논하고 있을 뿐만 아니라, 구제금에 대한 바울 자신의 이해를 가장 잘 엿볼 수 있는 본문이다.

2. 바울의 구제금의 역사

바울은 안디옥 사건(주후 48년) 이후 독자적인 선교활동을 전개했다(갈 2:11 이하).[3] 그는 로마제국의 동편에 위치한 갈라디아, 마케도니아, 아가야, 소아시아 등에서 복음을 전했는데, 이곳에서의 사역이 어느 정도 마무리되자 그의 오랜 소원대로 로마제국의 서편으로 가서 선교활동을 하려고 했다(롬 1:10, 13; 15:23).

그런데 이미 세워진 그의 교회들과 예루살렘 교회와의 관계는 그리 돈 독하지 못했다. 바로 이 문제를 해결하기 위해서 바울은 그의 교회들에게 서 예루살렘 교회를 위한 구제금을 모으기 시작했다.[4] 그러나 이 모금의 진 행은 그리 순탄하지 못했다. 아마도 마케도니아와 아가야의 교회들만이 그 들의 모금을 완성한 것 같다. 모금 과정은 약 일 년 반 정도 걸렸으며, AD 55년 봄(오순절)에야 바울은 구제금을 예루살렘 교회에 전달할 수 있었다.

3. 바울의 구제금의 성격

구제금의 성격을 제대로 이해하기 위해서는 먼저 갈라디아서 2:1~10에 나오는 안디옥 교회와 예루살렘 교회의 지도자들 사이에서 이루어졌던 소 위 '사도회의'에 대한 본문을 제대로 이해해야 한다. 바울은 이 사도회의에 서 이루어진 합의의 토대 위에서 자신의 구제금 사역을 추진했기 때문이다.

구제금의 성격에 대한 견해로는 보통 네 가지가 제시된다. 첫째, 성전세 다. 지교회가 모교회에 의무적으로 내야 하는 일종의 세금이었다는 견해 다. 둘째, 사랑의 구호금이다. 그리스도인이 어려운 동료 그리스도인을 도 와주는 단순한 사랑의 선물이었다는 견해다. 셋째, 순례예물이다. 종말에 이방 민족들이 예루살렘을 순례할 때 가져 오는 예물이었다는 견해다. 넷 째, 알모젠(Almosen)이다. 디아스포라 사회에서 이스라엘의 하나님을 믿게 된, 소위 '하나님을 경외하는 사람들'이 이스라엘의 하나님에 대한 자신들 의 믿음과 유대인들에 대한 자신들의 사랑의 표시로 주었던 구제금 (Almosen)[5]과 비슷한 것이라는 견해다. 즉 바울의 구제금은 디아스포라에서 행해졌던 알모젠(Almosen)에 비견되는 것이다.

이 중에서 마지막 견해만이 갈라디아서 2:1 이하에 나타나는 사도회의의 성격 및 고린도후서 8~9장에 나타나는 구제금의 성격과 잘 조화를 이룬다.

이상과 같은 기본적인 이해를 토대로 이제 고린도후서 8~9장을 살펴보자.

주요 사상과 맥락

1. 카리스의 다양한 의미들

이 두 장의 본문을 처음부터 끝까지 관통하는 가장 중요한 단어는 '카리스' 다. 이 단어는 8:1, 4, 6, 7, 9, 16, 19과 9:8, 14, 15 등에 나온다. 그런데 이 단어는 세 가지 의미로 사용된다. 첫째, 복음의 "은혜"다. 즉, 하나님의 복음의 은혜 또는 예수 그리스도의 복음의 은혜라는 의미로 사용된다(8:1, 9; 9:8, 14). 둘째, "구제금"이다. 즉, 예루살렘 교회를 위하여 모금하는 구제금이라는 의미로 사용된다(8:4, 6, 7, 19). 셋째, 하나님을 향한 "감사"다. 즉, 사람이 하나님께 드리는 감사라는 의미로 사용된다(8:16; 9:15).

2. 카리스의 흐름

하나의 단어 카리스가 때로는 복음의 은혜, 때로는 구제금, 때로는 감사라는 의미로 사용되는 것은 절대로 가볍게 보아 넘길 사안이 아니다. 복음의 은혜는 하나님이 예수 그리스도를 통하여 사람들에게 주시는 것이다. 구제금은 바울 교회 사람들이 예루살렘 교회 사람들에게 주는 것이고, 감사는 사람들이 하나님께 드리는 것이다.

지금 이 카리스는 흐른다. 하나님은 바울의 마케도니아 교회들(8:1)과 고린도 교회(8:9; 9:14~15)에게 복음의 은혜인 카리스를 주시고, 바울 교회들은 이 카리스를 구제금 카리스의 형태로 예루살렘 교회에게 전달하고, 예루살렘 교회는 이 카리스를 감사(εὐχαριστία 유카리스티아)의 형태로[6] 다시 하나님께 드린다.

하나님에게서 사람들에게로 주어졌던 카리스가 다시 사람들에게서 하나님께로 돌아간다. 하늘에서 땅으로 내려왔던 카리스가 다시 땅에서 하늘로 올라간다. 그런데 그냥 내려왔다가 그냥 올라가는 것이 아니다. 이사야 55:10~11에 나오는 비 또는 하나님의 말씀처럼, 이 땅에 내려와서 생명의 역사를 이룬 후에 다시 하늘로 올라간다. 그 생명의 역사는 다름 아닌 바울 교회들의 이방 그리스도인들을 복음으로 구원하는 것과 그렇게 믿게 된 그들을 예루살렘 교회의 유대 그리스도인들과 한 공동체가 되게 하는 것이다 (9:11~13).

3. 구제금의 주요 명칭들

바울은 구제금을 아주 다양한 명칭으로 부른다. 그 중에서 특히 중요한 명칭은 '디아코니아', '코이노니아', '카리스' 다. 먼저 8:4을 살펴보자. "그들은 우리에게 '텐 카린 카이 텐 코이노니안 테스 디아코니아스 테스 에이스 투스 하기우스'(τὴν χάριν καὶ τὴν κοινωνίαν τῆς διακωνίας τῆς εἰς τοὺς ἁγίους)를 간절히 요청했다."

여기서 디아코니아가 구제금의 명칭이라는 데는 아무도 이의를 제기하지 않는다.[7] 반면에 카리스와 코이노니아는 논란이 된다. 카리스는 호의 또는 허락을 의미할 수도 있고[8] 구제금을 의미할 수도 있다.[9] 코이노니아는 동참 또는 참여를 의미할 수도 있고[10] 역시 구제금을 의미할 수도 있다.[11] 단순화시키면, 카리스를 호의로 이해하는 사람은 코이노니아를 동참으로 이해하고, 카리스를 구제금으로 이해하는 사람은 코이노니아도 구제금으로 이해한다. 즉 8:4은 사람에 따라서 "그들은 우리에게 성도들을 위한 이 봉사의 일에 그들도 동참할 수 있도록 호의를 베풀어 달라고 간절히 요청했다"로 이해되거나, "그들은 우리에게 성도들을 위한 이 봉사의 일을, 이 은혜의 일을, 이 교제의 일을 간절히 요청했다"로 이해된다. 그런데 자세히 살펴보면 후자의 견해가 훨씬 더 타당하다는 것을 알게 된다.

8:4에서 뒷부분인 '테스 디아코니아스 테스 에이스 투스 하기우스'는 앞부분의 병렬적 소유격이다.[12] 따라서 카리스, 코이노니아, 디아코니아는 지금 모두 동등한 개념으로 사용된다. 구제금은 일차적으로 가난한 성도들

을 위한 디아코니아지만 단순한 물질의 봉사만은 아니다. 구제금은 디아코니아인 동시에 카리스며[13] 코이노니아다.[14]

이 세 가지 명칭은 제각기 구제금이 가진 세 측면과 관련된다. 첫째, 디아코니아는 가난한 사람들을 도와주는 물질적인 측면과 관련되고(8:4, 13, 14; 9:1, 12), 둘째, 카리스는 제공자들이 이미 받은 하나님의 은혜와 관련되고(8:1, 9; 9:8, 14), 셋째, 코이노니아는 제공자들과 수혜자들 사이에 이미 형성된 교제와 관련된다(8:4; 9:13).

이렇게 바울은 구제금을 디아코니아, 카리스, 코이노니아로 규정하면서, 디아코니아보다는 다른 두 명칭에 더 많은 비중을 둔다. 이 구제금은 마케도니아 사람들이 하나님을 믿게 되었다는 것과 그럼으로써 이제 그들과 예루살렘 사람들 사이에 교제의 관계가 형성되었다는 것을 밝혀 준다. 이렇게 바울에게 구제금은 디아코니아로서보다는 카리스와 코이노니아로서 더 큰 의미를 갖는다.

고린도후서 9:13~14도 이 견해를 지지한다. 즉 '이 봉사는 봉사의 수혜자들로 하여금 하나님을 찬양하게 한다. 그들이 하나님을 찬양하는 이유는 이 봉사가 봉사의 제공자들이 그리스도의 복음을 받아들였다는 것과 따라서 이제는 봉사의 제공자들과 수혜자들 사이에 교제의 관계가 형성되었다는 것을 드러내기 때문이다.' 8:4에서와 마찬가지로 여기서도 카리스,[15] 코이노니아,[16] 디아코니아가 서로 밀접한 관련 하에 사용된다. 즉 디아코니아를 통해서 카리스와 코이노니아가 드러나고 인정받는다. 이제 고린도후서 8~9장의 구조를 살펴보자.

8~9장의 구조

여기에서 바울은 고린도 교회가 이미 일 년 전에 시작한, 하지만 그 동안에 별 성과가 없던 모금을 이제는 조만간에 완성하라고 그들을 다각도로 독려한다.

    1) 묘사대상을 중심으로 나눌 때
        마케도니아 교회들은 헌신적으로 모금했다(8:1~6).
        고린도 교회도 풍성하게 모금해야 한다(8:7~9:15).

    2) 관점을 중심으로 나눌 때
        마케도니아 교회들의 구제금을 사람과 사람의 관점 및 하나님과 사람의
            관점에서 다룬다(8:1~6).
        고린도 교회의 구제금을 사람과 사람의 관점에서 다룬다(물질의 차원이 강
            조된다, 8:6~9:7).
        고린도 교회의 구제금을 하나님과 사람의 관점에서 다룬다(예배의 차원이
            강조된다, 9:8~15).

    3) 내용을 중심으로 나눌 때
        마케도니아 교회들을 모범으로 제시한다(8:1~6).
        세 가지 동기를 언급한다(8:7~9).
        일 년 전에 시작한 모금을 이제는 수중에 있는 것으로 완성하라고 촉구한
            다(8:10~15).
        동역자들의 파송을 고지한다(8:16~24).
        그들 앞에서 풍성하게 완성할 것을 재차 촉구한다(9:1~7).
        구제금 사역의 의미를 전체적으로 언급한다(9:8~15).

    이제는 지금까지 살펴본 것들을 염두에 두면서 고린도후서 8~9장의 메시지를 적용차원에서 살펴보자. 여기서는 '구제사역을 어떻게 추진해야 할까?' 라는 질문과 관련해서만 다룬다.

1. 모범을 제시하라(8:1~6)

바울은 머뭇거리는 고린도 교회에게 마케도니아 교회들이 이 사역에 얼마나 헌신적으로 동참했는지를 생생하게 보여 준다. "그들은 많은 환난 중에도 크게 기뻐했다. 그들은 극도로 가난하면서도 많은 구제금을 모았다"(2절 참조). 구체적인 모범을 제시하는 것은 특히 이럴까 저럴까 머뭇거리는 사람들에게 종종 큰 도움이 된다.

전통적으로 마케도니아인들과 아가야인들[17] 사이에는 강한 경쟁의식이 있었다. 물론 바울이 이 경쟁의식을 악의적으로 사용한 것으로 보이지는 않는다. 그러나 선의적으로 사용할 수는 있다. "그들은 힘이 닿는 대로 주었다. 아니 힘에 부치도록 주었다. 그것도 자원해서 그렇게 했다"(3절 참조). "마케도니아 교회들은 이렇게까지 했다. 너희 고린도 교회도 최소한 이 정도는 해야 하지 않느냐"는 것이다.

사람들에게는 다른 사람들보다 더 잘, 더 많이, 더 아름답게 하고 싶은 바람이 있다. 선의의 바람이 있다. 나와 비슷한 또는 내 주위에 있는 사람들이 모범으로 구체적으로 제시되면, 그 선의의 바람에 불이 붙을 수 있다.

2. 동기를 유발하라(8:7~9)

한국 교회에는 동기유발만 제대로 되면 어려운 사람들을 위한 구제 및 봉사사역에 발 벗고 나설 교인들이 많이 있다. '왜 구제 및 봉사를 해야만 하느냐'는 올바른 동기를 유발시킬 필요가 있다.

바울은 세 가지를 제시한다. 첫째, 하나님의 은혜. "너희는 이미 믿음, 말씀, 지식, 열심, 사랑 등에 부요하다. 그런 것처럼 이 구제금 사역에도 부요해라"(7절 참조). 그들이 이런 것들에 부요하다는 것은 그들이 이미 하나님의 복음의 은혜를 받았다는 것을 말한다(고전 1:4 이하). '너희가 이미 하나님의 복음의 은혜를 받았기 때문에 이 카리스, 즉 이 구제금 사역에도 부요해야 한다'는 뜻이다.

둘째, 마케도니아와 비교한다. "내가 너희에게 명령하는 것이 아니다.

다른 사람들(마케도니아 교회들)의 열심은 이런 열매를 맺었는데, 너희의 사랑은 어떤 열매를 맺을지를 테스트하는 것이다"(8절 참조). 바울은 마케도니아의 열심과 고린도의 사랑을 서로 비교하면서, 마케도니아의 열심이 살아있는 열심이어서 이런 열매를 맺은 것 같이 고린도의 사랑도 살아있는 사랑이어서 그와 같은 열매를 맺어야 한다고 촉구한다.

셋째, 예수 그리스도의 희생이다. "예수 그리스도는 원래 부요하셨음에도 불구하고 너희를 위해서 가난하게 되셨다. 이는 당신이 가난하게 되심으로써 너희를 부요하게 하려 하심이었다"(9절 참조). 예수님은 고린도 사람들을 위해서 가난하게 되셨다. 그분의 희생 덕분에 그들은 부요해질 수 있었다. 지금은 그들이 예루살렘 교회의 가난한 사람들을 위해서 자신들을 희생해야 할 때다.

3. 방법을 제시하라(8:10~15)

이 단락에서 바울은 그 동안 일 년 여를 끌어온 모금을 이제는 완성하라고 촉구한다. 그러면서 구체적인 방법을 제시한다. "처음에 그러려고 생각하던 대로, 이 완성도 가지고 있는 것에서 하라. 원하는 마음만 있다면, (하나님은) 없는 것에서가 아니라 있는 것에서 기쁘게 받으신다"(11절).

바울은 지금 당장 내 수중에 있는 것에서 주라고 촉구한다. '많이 벌어서 다음에 많이 내겠다'가 아니라, '얼마가 되든지 지금 가지고 있는 것에서 내라'는 것이다. 액수는 문제가 아니다. 지금 당장 줄 수 있는 만큼 주는 것이 중요하다.

또 바울은 주고자 하는 마음을 더 강조한다. 물론 눈에 드러나는 열매도 중요하다. 그러나 마음이 우선이다. 마음만 있다면, 열매는 많아도 괜찮고 적어도 괜찮다. 열매가 많든 적든 마음만은 꼭 담겨 있어야 한다. 마음이 더 중요하다는 것을 강조하라. 그렇다고 마음이 많이 가는 곳에 적은 열매가 맺힐 리는 없지 않은가!

4. 투명성을 확보하라(8:16~24)

이 단락에서 바울은 고린도 교회에게 파송하는 동역자들(디도와 두 형제)을 소개한다. 이들의 임무는 직 · 간접적으로 고린도 교회에 활기를 불어넣어서 답보상태에 있는 모금을 완성하게 하는 것이었다. 여기에서는 첫 번째 형제(18절 이하)에 대해서만 살펴본다.

이 형제는 마케도니아의 복음사역자였다(18절). 마케도니아 교회들은 그를 바울이 추진하는 구제금 사역(카리스)의 동역자로 선출하였다(19절). 고린도전서 16:3을 보면, 바울은 고린도 교회의 구제금은 그들이 선출하는 사람들이 직접 예루살렘으로 가지고 가게 하겠다고 밝힌다. 한 지역이 모은 구제금은 그 지역의 대표자들이 직접 예루살렘으로 운반하게 했던 것이다. 이것이 바울이 취한 방법이었다. 바울은 마케도니아에서도 똑같은 방법을 취했을 것이다.

그렇다면 바울은 왜 대표자들을 선출하여 그 지역의 구제금을 직접 관장하게 했을까? "우리는 우리가 추진하는 이 거액의 구제금과 관련해서 그 누구도 우리를 비방하지 못하게 하려고 조심한다. 우리는 하나님 앞에서뿐만 아니라 사람들 앞에서도 선한 일을 하려고 하기 때문이다"(20~21절 참조). 고린도 교회 사람들 중에는 이 일로 그를 오해하거나 고의로 모함하는 사람들도 있었다(고후 12:16~18). 그들은 바울이 사도로서 수고한 삯을 받을 수 있는 사도의 권리를 사용하지 않는 대신 아주 교묘한 속임수로(즉, 구제금 명목으로) 그에 상응하는 재물을 취한다고 비난하였다. 바울은 이런 오해, 비방, 모함 때문에 구제금 사역이 타격을 받지 않도록 하기 위해서 구제금을 자기가 직접 관장하지 않고 각 지역이 뽑은 지역 대표자들에게 관장하게 했던 것이다.

많은 재정문제가 투명성과 관련되어 있다. 목회자 또는 소수가 재정을 자기 마음대로 좌지우지하면, 그 교회에는 잡음, 오해, 비난이 끊이지 않기 마련이다. 그리고 일단 그런 사태가 발생하면, 그 구제사역은 제대로 추진될 수 없다. 그러나 이런 문제는 재정을 투명하게 공개적으로 사용할 때 거의 해결된다.

5. 긍정적으로 독려하라(9:1~7)

지친 사람들은 격려해 주어야 한다. 엉뚱한 오해 때문이건 어린 믿음 때문이건 지쳐있을 때는 격려가 필요하다. 야단을 치는 것은 별 효과가 없다. 전체적으로 볼 때, 고린도 교회는 분명히 잘못하고 있었다. 모금을 거의 중단하고 있었기 때문이다. 그런데 부분적으로 보면, 그런 고린도 교회라도 잘한 것도 있었다. 예를 들어 그들은 마케도니아보다 먼저 모금을 시작했다. 바울은 바로 그런 부분들을 강하게 부각시키면서 그들로 하여금 더욱 분발하도록 독려한다. "나는 너희의 선한 바람을 알고 있다. 그래서 나는 마케도니아 사람들에게 '아가야는 일 년 전부터 준비돼 있다' 고 자랑해왔다. 그리고 이 너희의 열심이 많은 (마케도니아) 사람들을 분발하게 했다"(2절 참조). 이렇게 비록 부분적일지라도 사람들이 가진 긍정적인 면을 강조하면서 독려하면 좋은 효과를 볼 수 있을 것이다.

바울이 고린도 교회에 세 명의 동역자들을 보낸 것은 고린도 교회 스스로는 모금을 완성하지 못할 수도 있다고 생각했기 때문이다. 그래서 그런 불상사가 발생하지 않도록 미리 이들을 보내서 독려하려는 것이다. 그런데 바울은 이런 불안한 마음을 전혀 드러내지 않는다. 대신 그는 자기가 그들을 얼마나 자랑하는지와 얼마나 신뢰하는지를 강조한다(3~4절). 자랑은 그들의 바람 및 원함에 대한 자랑이고, 신뢰는 그들의 완성에 대한 신뢰다. 이렇게 바울은 그들을 최대한 긍정적으로 격려했다.

6. 이웃 섬김이 곧 하나님 섬김임을 강조하라(9:8~15)

바울은 구제금이 어려운 사람들을 도와주는 일인 동시에 나아가 하나님께 감사와 영광을 드리는 것임을 강조한다. 9:8~10에 의하면, 이 구제금 사역의 근원은 하나님이시다. 하나님은 사람들에게 복음의 은혜를 주셨고, 그 결과 그들은 "모든 착한 일"을 할 수 있다. 9:11~15에 의하면, 이 구제금 사역의 목표도 하나님이시다. 구제금이 어려운 사람들에게 전해지면, 그들은 제공자들에게가 아니라 하나님께 감사와 영광을 드린다. "이미 모든 것에 부요한 너희는 이 구제사역에도 부요하여야 한다. 이 구제사역은 우리로 인하여 하나님께 감사가 드려지게 한다. 왜냐하면 이 예배의 봉사는 성도들의 부족을 채워 줄 뿐만 아니라 많은 사람들이 하나님께 감사드림으로써 또한 (하나님에게까지) 흘러 넘어간다"(11~12절 참조). 하나님에게서 나온 것이 다시 하나님께로 돌아간다.

이 구제금은 분명히 예루살렘 교회의 어려운 성도들을 도와주려는 물질적인 봉사다(12a절). 그러나 이 구제금은 이웃 사랑의 차원인 동시에 하나님께 드려지는 감사와 영광의 예배기도 하다(12b절).[18] 환언하면, 제공자들은 이 구제금을 통하여 수혜자들의 궁핍을 도와줄 뿐만 아니라 나아가 (수혜자들을 통하여) 하나님께 감사와 영광의 예배를 드리는 것이다. 이렇게 이웃을 섬기는 것이 곧 하나님을 섬기는 것이다.

한국 교회는 하나님을 사랑하는 사람은 이웃도 사랑해야 한다는 것을 잘 알고 있다. 그런데도 이웃 사랑은 왠지 잘 이루어지지 않고 있다. 교회의 대내 및 대외활동 중에서 화려한 사랑의 몸짓은 있어도 뜨거운 사랑의 마음은 없는 경우가 얼마나 많은가! 왜 그런가? 왜 한국 교회에서는 하나님과 이웃을 둘 다 사랑하는 사람들을 만나기가 이리도 어려운 것일까? 우리의 마음속 깊은 곳에서는 아직도 하나님 사랑과 이웃 사랑을 별개로 취급하기 때문은 아닐까? 하나님 사랑과 이웃 사랑을 별개로 인식하는 한, 참다운 구제 및 봉사사역의 실현은 요원한 바람일 뿐이다. 이웃을 사랑하는 것이 곧 하나님을 사랑하는 것임을 명심하라.

06

교회의 덕 세움을 위한
바울의 사도권 변호

고린도후서 10:1~12:13의 주해와 적용

전체의 논제와 구조

고린도후서 10장에 들어오면서 9장까지의 협력과 화해 무드와는 전혀 다른 대결적 분위기가 펼쳐진다. 너무 갑작스러운 어조의 변화 때문에 많은 학자들은 10장 이후 부분을 별개의 편지로 보기도 한다.[1]

바울이 '거짓 사도' 요 '궤휼의 역군' 으로까지 몰아붙이는 바울의 대적자들의 정체는 무엇인가? 이들이 가지고 있던 기본 입장은 어떤 것인가? 이런 문제는 아직도 그 논란이 계속되고 있다.[2] 우리는 이 글에서 이들의 정체를 밝히는 데 역점을 두기는 어렵다. 바울은 이들이 고린도 교회에 끼치는 지속적인 영향력을 고려하여 고린도 교인들이 어떻게 바른 분별력을 가지고 복음의 진리와 그 일을 헤아리며 또 복음에 합당한 삶을 살아야 할 것인지를 보여 준다.

이 부분의 핵심적인 논제는 바울의 사도권 변호다. 그러나 이것은 단순히 자신의 '권세' 를 주장하는 차원에서 이루어진 것은 아니다. 우리는 어떤 기준들을 가지고 그리스도의 참 사도와 거짓 사도를 구분할 수 있을 것인가? 무엇이 진정으로 그리스도를 따르고 높이는 길인가? 이런 문제들과 관련하여 바울은 복음의 핵심적인 요소들을 이 부분에서 매우 실제적인 방식으로 보여 준다.

고린도 교회 안에 둥지를 틀던 그의 대적자들을 대항하여, 바울은 우선 방어적 입장에서 자신을 변호하기 시작한다. 그들이 쓰는 무기가 무엇이며, 그들을 이길 수 있는 그리스도인의 최고의 강력한 무기가 무엇인지를 보여 준다. 나아가서 바울은 보다 공세적인 입장을 취한다. 대적자들이 기대고 선 기반이 얼마나 빈약한 것임을 폭로함과 동시에 그리스도인들의 참된 평가의 기준이 무엇인지를 밝힌다.

바울은 단순히 자신의 입지를 위한 자기변호에 몰두하지 않고, 고린도 교인들이 그들의 남편 되신 그리스도에게서 떠나지 않게 하고자 하는 열심으로 그들에게 복음을 전하여 준 자신이 그의 대적자들에 비하여 결코 뒤떨어지는 것이 없음을 다양한 측면에서 밝힌다. 이런 자랑들이 바울에게는 어리석은 것에 지나지 않지만, 너무나 쉽게 이런 자랑들에 현혹되는 고린도 교인들을 위해 부득이하게 '바보의 자랑'을 하는 것이다. 그의 유대적 혈통이나 그리스도를 위한 수고, 환상과 계시의 경험 그리고 사도의 표시들 등이 이런 자랑에 속한다.

이런 미묘한 이야기들을 하는 것이 바울에게는 쉽지 않은 일이다. 그래서 이 부분에서의 그의 문체는 대단히 암시적이고 풍자적이며 그 의미도 알쏭달쏭한 경우가 많다. 하지만 바울의 메시지 자체는 분명하고도 단호하다. 무엇보다 그리스도인의 참된 능력은 세상의 강한 것들을 통해서가 아니라 오히려 약한 것들을 통해서 나타나는 '약함을 통한 능력'임을 역설한다. 그러므로 그리스도의 진정한 사역자는 고난을 두려워하지 않고 고난 속에서 십자가의 그리스도와 일치된 길을 걸어야 함을 본문은 잘 보여 준다.

바울의 사도권 변호와 시행

1. 육체의 무기로 싸우는 자들에 대한 대항(10:1~11)

고린도후서 10:1은 바울 자신에 대한 강조로 시작한다. 권면의 표현에서 보통의 경우 "내가 너희를 권한다"(고전 1:10처럼)고 하던 것을, 이곳에서는 "나 바울 자신이(Αὐτὸς ἐγὼ Παῦλος아우토스 에고 파울로스) 너희를 권한다"로 특이하게 시작한다. 이는 바울 자신이 누구냐 또는 그를 누구로 보아야 하느냐가 이 부분의 핵심적 논제임을 나타낸다. 여기에 대해서는 많은 오해와 부당한 비방이 고린도 교회 안에 이미 나돌고 있었지만, 그럼에도 불구하고 바울 자신은 변함없이 그리스도의 사도로 그들을 권면할 지위에 서서 맡겨진 소임을 다하는 자임을 보여 준다.

바울에 대한 부당한 비방이 어떤 것들이냐 하는 점은, "너희를 대하여 대면하면 겸비하고 떠나 있으면 담대한 자"라고 바울이 자신에 대하여 부연 설명하는 문구 속에 그 일면이 나타난다. 이것은 바울이 적극적인 차원에서 스스로를 소개하는 문구가 아니라, 그를 비방하는 사람들이 쓰는 문구를 인용한 것으로 보아야 한다. 하나의 아이러니적 표현 방법이다. 즉 아이러니의 경우 우리는 표면적으로 말하는 것과 그 진의를 다르게 이해해야 한다. 바울은 고린도후서 10~12장에서 숱하게 이런 아이러니들을 사용하는데, 우리는 그런 표현들을 주의해서 읽을 필요가 있다.

바울은 자신에 관한 아이러니적 표현을 통하여 고린도 교인들 앞에 하나의 질문을 던진 셈이다. '내가 과연 그러한 사람일까? 나의 대적자들이 비방하는 것처럼 나는 면전에서는 큰소리도 못 내면서 안전할 만큼 멀리 떨어져서는 온갖 소리 다하는 그런 종류의 사람일까?' 이런 비방은 10:10에 좀 더 상세히 언급된다. "저희 말이 그 편지들은 중하고 힘이 있으나 그 몸으로 대할 때는 약하고 말이 시원치 않다"는 것이다. 그러나 바울은 떠나 있을 때나 함께 있을 때나 항상 동일한 사람이다.

다만 바울이 무엇에 따라 살아가는 사람이냐 하는 것에 대해, 그와는 전혀 다른 근거를 가진 사람들이 그를 바로 이해하지 못하기 때문에 이런 부당한 비방이 나타난 것이다. 바울은 철저하게 그리스도의 방식을 따랐다. 그가 행하는 모든 행동은 '그리스도의 온유와 관용'에서 비롯된다. 바울의 대적자들처럼 자기 추구를 위하여 일하지 않고 그리스도의 교회를 세우기 위하여 일하기 때문에, 주께서 그에게 주신 "권세"(ἐξουσία엑수시아, 고후 10:8)를 그리스도의 방식대로 행사하려는 것이다.

이 권세의 시행은 그 대상에 따라 다르게 나타난다. 10:2에서 우리는 세 가지 다른 주체를 구별해내는 것이 필요한데, 이런 구별은 10~12장 전체의 이해에 핵심적인 역할을 한다. 하나는 바울을 가리키는 '나' (또는 '우리')가 있고, 또 다른 하나는 다수의 고린도 교인들을 가리키는 '너희'가 있다. 그리고 이들 가운데 "저희"(10:2의 τινας티나스, 또는 다른 곳의 τις티스)가 있는데, 이들은 외부에서 온 바울의 대적자들 혹은 이들과 '편의상의 동조'[3] 관계에 있는 고린도의 일부 사람들을 가리킨다.

이들은 실상은 자신들이 그렇게 하면서 바울을 가리켜 '육체대로' 행한다고 비방하는 자들이다. 바울은 이런 사람들을 대하여 '담대히' 곧 엄하게 대하려 한다. 바울에게 주신 권세는 항상 온유한 것만이 아니라, 복음의 진리를 거역하는 자들에 대해서는 칼날같이 날카롭고 엄하다. 바울은 다양한 군사적 용어들을 사용하여 이들에 대한 비장한 캠페인을 벌인다.

바울의 싸움은 '육체 안에서' 행하는 것이나, '육체대로' 행하는 것은 아니다. 육체대로 행하는 것은 세상의 자랑을 앞세우는 것을 포함한다. 이것이 바울의 대적자들이 사용하는 가장 강력한 무기들이다. 그들이 바울의 특정한 약점들을 파고드는 것을 볼 때, 그들 스스로가 앞세우는 무기들이 무엇인지를 추측해 볼 수 있다. 유대적 혈통(11:21~22)이나 자기 추천(10:12), 권위 있는 임재 및 언변(10:10, 11:20~21) 그리고 물질적 대가를 취하는 것(11:7~11), 사도 됨의 증거들(12:12) 등이 여기에 포함된다.

여기에 맞서서, 바울은 육체에 속한 무기가 아니라 강력에 속한 무기로 싸운다. '강력'이란 말 뒤에는 '하나님께'에 해당되는 여격 수식어가 첨가되어 있다. 이 여격의 성격을 두고서는 많은 논란이 있다. 이를 수단의 여격으로 보면 '하나님에 의한 강력'의 의미가 되고(KJV 등), 이익의 여격으로 보면 '하나님을 위한 강력'의 의미가 된다(Barrett 등). 또는 히브리어의 어투를 반영하는 것으로 보면, 하나의 최상급 표현이 되어 '신적 또는 최고의 강력'의 의미가 된다(Hughes, Harris 등). 이 마지막 의미가 문맥상 가장 적합한 것으로 보인다.

하나님께로부터 오는 가장 막강한 무기를 가지고 나아갈 때, 이것이 인간의 자랑에 근거한 모든 '견고한 진'(ὀχύρωμα 오퀴로마, 참고 잠 21:22 LXX)을 무너뜨릴 수 있다. 뿐만 아니라, 이 무기가 사람의 '이론들'과 '모든 높아진 것들'을 무너뜨릴 수 있는데, 이 높아진 것들은 하나님을 아는 지식을 대항하여 인간이 쌓아올린 교만의 성채와 같은 것들이다. 이와 더불어 '모든 생각' 곧 인간의 계략들을 그리스도께 대한 순종 앞으로 사로잡아 올 수 있다. 그리고 모든 불순종하는 것들을 벌할 준비를 갖추게 된다. 이 처벌의 시행은 '너희' 곧 고린도 교인들의 복종이 온전히 이루어지는 것을 그 전제조건으로 요구한다. 먼저 고린도 교인들이 그리스도 앞에 전적으로 복종할 때 그들 중에 복종하지 않는 자들이 누구인지 드러날 것이며, 처벌은 바로 이런 자들을 위하여 마련된 것이다.

바울은 위와 같은 싸움의 성격을 나타내기 위해 생동감 있는 용어들을 사용한다. 우선 현재 분사형 시제의 동사들을 사용하여 이런 싸움이 현재 생생하게 진행 중임을 나타낸다. 뿐만 아니라 일관되게 군사적 메타포들을 사용함으로써, 성을 실제 공격하는 모습, 창끝으로 포로들을 몰아가는 모습, 공격 준비를 마치고 명령을 기다리는 모습 등을 생생히 그려볼 수 있도록 만든다.

물론 바울이 이런 싸움을 위하여 사용하는 무기는 물리적인 무기들이 아니다. 크리소스톰이 잘 지적하는 것처럼,[4] 바울이 강조하는 것은 우리 자신이 육체에 속하지 않는다는 것이 아니라, 우리의 무기가 육체에 속하지 않는다는 것이다. 크리소스톰은 이 무기를 설교라고 지목한다. 물론 다른 것들도 여기에 포함될 수 있지만, 무엇보다 복음의 설교는 우리에게 주신 바 하나님께로부터 받은 가장 강력한 무기다.

이어서 바울은 좀 더 구체적으로 그의 대적자들이 사용하는 계략들이 무엇인지를 보여 주면서 고린도 교인들의 주의를 환기시킨다. 10:7a의 문장은 동사 '블레페테'(βλέπετε)를 어떻게 보느냐에 따라 크게 두 가지 해석이 가능하다. 이것을 직설법으로 보면, 이 문장은 한글 번역이 취한 것처럼 '너희는 외모만 보는도다'의 의미가 되고, 이와 달리 명령법으로 보면 '너희 앞에 있는 것들을 주의하라'는 의미가 된다. 어느 것을 취할지 결정하기는 쉽지 않은 문제다.[5] 전자의 경우를 취한다면 고린도 교인들의 상황은 매우 심각한 수준이다. 그들은 이미 대적자들의 선전에 많이 기울어진 상태라고 볼 수 있기 때문이다. 후자의 경우로 본다면 바로 이어서 나오는 문장의 '어떤 사람'의 선동에 대한 경계를 촉구하는 의미가 부각된다.

이 '어떤 사람'은 자신이 그리스도에게 속한 것을 배타적으로 주장한다. 여기에서 그리스도께 속하였다는 것은 일반적 의미에서 그리스도인 됨을 뜻하기보다는 그리스도께 특별히 속한 것 곧 사도 됨을 뜻하는 것으로 보인다.[6] 여러 육체적 근거에서 자신의 사도 됨을 주장하는 가운데 바울의 사도성을 공격하고 의심하게 만드는 일을 행하는 사람이다. 이런 사람이 사용하는 논리 가운데 하나가, 바울이 약하게 나오는 것은 그의 사도권에 대한 자신감이 없기 때문이라고 비방하는 것이다.

그러나 바울에게는 "주께서 주신 권세"가 있다(10:8). 바울은 이 권세를 주님이 주신 목적대로 교회를 세우기 위하여 사용하는 것을 자랑으로 생각한다. 이것이 그로 하여금 "그리스도의 온유와 관용으로"(10:1) 행하게 하는 것일 뿐, 그가 사람들의 인정을 구하기 위해 일하는 것은 결코 아니다. 만일 바울이 자기 추구를 위하여 일하는 사람이었다면 고린도에까지 복음이 전해지는 일은 일어날 수도 없었을 것이다. 그 바울과 고린도 교인 사이를 이간시켜 담을 쌓으려는 대적자들의 모든 '높아진 것들'은 다 격파되어야만 한다. 대적자들의 부당한 선전의 벽 속에 갇히지 않기 위해 고린도 교인들은 그 앞에 있는 것들을 주의해야 할 필요가 있다.

설교와의 연결

바울에게 그러했던 것처럼 그리스도인들에게는 분명한 자기 인식이 확립되어 있어야 한다. 그러할 때 그리스도인들은 세상의 도전 앞에서 흔들리지 않는다. 우리에게는 온갖 종류의 비방이 닥쳐올 수 있다. 우리의 선한 의도가 왜곡되기도 하고, 우리가 행하지 않은 일에 대하여 뒤집어쓰기도 한다. 이런 순간에 주님 앞에서의 자기 인식이 확고하지 않으면 우리는 쉽게 흔들린다. 자신이 주님께 속한 자라는 것과 주님께서 자신을 세우셔서 사용하신다는 인식이 분명할 때, 우리는 흔들림 없이 우리의 사명을 수행해 갈 수 있다. 세상의 자기주장 방식이 아니라 그리스도의 온유와 관용의 방식으로 모든 사람을 대할 수 있는 것이다.

뿐만 아니라 우리는 우리에게 주어진 최고의 신적 무기를 써서 바르게 싸울 줄 아는 그리스도인이 되어야 한다. 육신적으로 싸움을 거는 사람들에게 육신적인 방식으로 대항하는 것은 그들의 싸움에 말려드는 것을 자인하는 일이 된다. 그런 방식으로 싸워서 이길 승산이 없다. 왜냐하면 그것은 우리의 최고의 무기의 위력을 믿지도 활용하지도 않는 것이기 때문이다. 그리스도께서 우리에게 주신 말씀의 무기, 설교의 무기는 인간의 모든 논리와 계략들, 수사학적 기교들, 교만의 탑들을 무너뜨리고 사로잡는 막강한 힘을 가지고 있다. 이것을 바르게 활용할 줄 아는 그리스도인이 되도록 훈련시켜야 한다.

2. 진정한 분별의 기준(10:12~18)

앞에서 바울은 고린도에 있는 자신의 대적자들의 부당한 비방에 대해 방어적 입장에 서서 자신을 변호하지만, 12절 이하에서는 보다 공세적 입장을 취한다. 그 대적자들이 하는 일이 얼마나 부당하며 저급한 차원의 행위인지를 보여 주는 것이다. 바울은 그런 자들과 자신을 비교하기를 원치 않지만, 고린도 교인들이 두 측을 대등한 자리에 놓고 비교하려 든다면, 그 판단의 진정한 기준이 무엇이 되어야 할 것인지를 밝힌다.

바울이 제시하는 진정한 판단의 기준은 10:18에 있다. 자기 스스로를 '칭찬'하는 사람이 아니라, 주님께서 칭찬하는 사람이 진정으로 인정받은 자다. 스스로의 천거는 그 판단의 기준이 자기 자신에게 있기 때문에, 이런 행위는 기껏해야 자기 자랑 또는 자기주장 밖에는 아무 의미가 없다. 바울의 대적자들은 바로 이런 식의 행위를 하는 사람들이다.

바울은 이런 사람들과 자신을 같은 범주 속에 놓는 것도 또 서로를 비교하는 것도 완강히 거부한다. 왜냐하면 그들은 주님의 천거는 아랑곳 하지 않고 자기 스스로를 기준 삼아 스스로를 재고 비교하는 사람들이기 때문이다. 그들이 그런 잘못된 기준을 가지고 행한다는 것의 표면적 증거가 "남의 수고를 가지고 분량 밖에 자랑하는"(10:15) 일로 나타난다.

바울의 자랑은 하나님이 정하여 주신 분량 안에서 소임을 다한 것이다. 바울의 사역은 하나님께서 재어 주신 바 "분량의 한계를 따라" 이루어졌다 (10:13). 여기에 '한계'라는 말을 사용함으로써, 사역의 영역을 마치 자로 재어서 나누어주시듯이 하나님께서 할당하여 주셨다는 것을 암시한다. 이는 아마도 갈라디아서 2:7~9에 나타나는 것처럼, 바울을 이방인을 위한 사도로 인정한 예루살렘의 합의를 전제로 하는 것으로 보인다.

바울은 자신에게 주어진 분량의 한계를 따라 아무도 간 적이 없던 고린도에까지 복음을 들고 나아갔다. 고린도에서의 사역은 결코 '지나쳐 나아간 것' 곧 한계 밖의 침범이 아니다. 오히려 복음으로 그곳에 나아간 사람이 아무도 없었을 때 바울이 복음을 들고 처음 그곳에 이르렀다. "너희에게까지 이른 것이라"(10:14)고 할 때 '이르렀다'는 말은 데살로니가전서 4:15에도 그 용례가 나오는 것처럼, '앞서다' 또는 '남보다 먼저 일착으로 이르다'는 의미를 가진다. 바울은 남의 터 위에 건축하지 않는 것을 자신의 선교의 원칙으로 삼고 있었다(롬 15:20).

바울의 자랑은 그의 과거의 사역에 근거할 뿐만 아니라 미래의 소망에 근거한 것이기도 하다. 그는 15절에서 자신의 소망을 밝힌다. 고린도 교인들의 믿음이 더하여짐에 따라 자신에게 주어진 한계를 따라서 더 큰 일을 도모하려 한다. '믿음'(πίστις 피스티스)이란 말은 그리스도인의 믿음을 일반적으로 가리키는 말로 볼 수도 있지만, '신실함'(faithfulness)의 의미로 읽을 수도 있다. 만일 후자의 의미로 본다면 바울은 현안의 사태 곧 대적자들의 선전에 귀를 기울이는 고린도 교인들이 자신이 전한 복음에 대한 신뢰를 다시 회복하게 됨으로써, 그의 선교 계획에 진심어린 동역자들이 될 것을 낙관하는 상황이라고 볼 수 있다. 그렇게 될 때, 그 결과는 복음의 큰 확장이 이루어지는 것이다.

15절과 16절의 연결이 다소 애매한 점을 가지는데, 원문에서 15절 끝에 나오는 "넘치도록"과 16절에 바로 이어서 나오는 "너희 지경을 넘어서"를 연결시켜서 생각한다면, '넘치도록 위대하여지는 것'과 '너희 지경을 넘어서 복음을 전하는 것'은 같은 내용으로, 바울이 소망하는 바가 무엇인지를 설명하는 것으로 볼 수 있다. 바울은 자신의 사역의 정당한 영역에 속하는 고린도 교인들과의 관계 회복을 통하여 고린도를 넘은 더 넓은 이방인 지역으로의 복음의 확장을 소망으로 삼는다.

이와 같은 바울의 사역 자세와는 달리 고린도 교회를 집어삼키려 하는 유대인 침입자들은 그곳을 그들의 정착지와 밥줄로 삼으려 한다. 자신들의 한계(영역)도 아닌 곳에, 그것도 이미 다른 사람이 첫 개척의 수고를 다 해놓은 곳에 들어와서 타인의 수고를 자신들의 유익의 기반으로 가로채려 하는 것이다. 그러면서도 자신들의 소행을 큰 자랑거리로 선전한다면 이것이야말로 얼마나 부끄러운 일인가!

바울은 진정한 자랑이 자기 주장이나 자기 자랑에서 나오는 것이 아니라, 오직 우리의 모든 행위의 근거가 되시고 위임자 되시는 예수 그리스도에게서 비롯됨을 천명한다. 진정으로 '옳다 인정함을 받는 자'는 스스로를 천거하는 자가 아니라 주께서 천거하여 주시는 자다. 예수 그리스도의 위임을 받아 예수 그리스도와 연합된 방식으로 십자가와 고난을 마다치 않고 그의 불러 맡기신 일을 수행하는 그 사람이 주님 앞에서 검증을 거쳐 인정받는 자가 될 수 있다.

바울은 13장에 가서 누가 이런 진정한 '도키모스'(δόκιμος)인지를 다시 한번 질문한다. 사람의 시각은 세상적 기준들에 따라 외면적인 것들에 이끌리며 자신의 영광을 추구하겠지만, 주님은 십자가 지고 그를 따르며 그리스도의 영광 위하여 일하는 사람들을 참된 그의 종으로 인정하여 주신다.

설교와의 연결

바울처럼 우리에게도 주님의 인정만이 전부가 되어야 한다. 이것이 우리의 기준이 될 때 우리는 물량주의적이고 성공주의적인 모든 도전들을 이겨낼 수 있다. 아무리 사람들의 큰 인정을 받는다고 해도 주님 앞에서 진정한 '도키모스'가 되지 못한다면, 우리의 사역은 실패일 수밖에 없다. 예수님도 사람의 인정을 위해 일하지 않으셨고, 바울 역시 고린도 교인들의 인정을 위해 일한 것이 아니었다. 만일 사람의 인정을 목표로 한다면, 사람들이 만족할만한 세상적 방식들을 사용하면 될 것이다. 그러나 예수 그리스도의 사역자인 우리가 사람의 인정을 주님의 인정과 바꿀 수 있겠는가? 우리에게는 주님의 인정이 전부며, 이를 위해 우리는 세상의 방식이 아닌 주님의 방식을 따라야 한다.

이런 근본적 출발점이 확고할 때, 나아가 우리는 다른 사람들의 사역을 존중할 수 있게 된다. 자기 유익을 위하여 남의 수고를 가로채는 사람들이 많다. 세상 속에서는 흔한 일이지만, 이제는 교회 안에서도 드물지 않게 이런 일들이 일어나고 있다. 남이 개척한 사역지에 자기 이름표를 붙여버리는 사람들도 있고, 전임 사역자의 수고를 인정하기보다는 깎아 내리기 위해 애쓰는 사람들도 많다. 사소한 것들 속에서도 우리는 조심해야 한다. 남의 설교를 그대로 베껴다가 사용하는 설교자들도 많다고 하며, 인터넷상에 유포되는 자료들을 이름만 바꾸어서 자신의 글인 양 보고서를 제출하는 신학생들도 많은 것이 우리의 현실이다. 남의 수고를 인정하지 않을 뿐만 아니라 도용하는 이런 형태의 행위를 용납하지 않도록 먼저는 자신과 싸우는 것이 필요하다. 그리고 이런 풍토가 일반화되지 않도록 그리스도인들이 사회적으로 본을 보이는 것이 필요하다.

3. 교회를 향한 바울의 열심과 침입자들의 정체(11:1~15)

바울은 자기 자랑 또는 자기 추천이 얼마나 무익한지를 여러 차례 역설하였다. 참 자랑은 그가 예레미야 9:24을 인용하여 강조하는 것처럼, 주 안에서의 자랑만이 있을 뿐이다. 그래서 바울 자신은 피할 수만 있다면 이런 무익한 자랑을 하려고 하지 않는다. 그러나 고린도 교회 안에 일어나는 상황은 그렇게 느긋한 관전을 허용하지 않는다. 다른 복음을 가지고 들어온 침입자들이 바울과 고린도 교인들 사이를 자꾸만 갈라놓으려 하는 것이다. 바울은 고린도 교인들에 대한 변함없는 사랑 때문에, 만일 그들이 자기 사도의 가치를 진정으로 알았다면 그들 스스로 했어야 할 자랑을 마지못해 하는 것이다.

바울이 이와 같이 행하는 동기는 그들을 향한 열심 때문이다. '열심'(ζῆλος젤로스)이란 단어는 결혼 관계에서 비롯된 메타포다. 바울이 고린도 교인들을 향하여 열심 내는 것은, 자기의 신부를 위하여 질투하기까지 사랑하시는 '하나님의 열심'에 근거한다. 바울은 고린도 교인들을 '한 남편' 그리스도의 신부로 이미 간택된 정혼녀(παρθένος파르쎄노스)로 본다. 마침내 이루어질 결혼의 때 곧 재림의 순간까지 그들이 정결함을 잘 유지하여 "그리스도를 향하는 진실함과 깨끗함"(11:3) 가운데서 결합을 맞게 하는 중매자의 역할을 바울은 자신의 역할로 이해했다.

그런데 에덴에서 뱀이 하와를 유혹하였던 것처럼, 그들 앞에 현실적으로 다가온 유혹이 놓여 있다. 곧 '다른 예수', '다른 영', '다른 복음'을 전하는 사람들이 그들 가운데 들어왔고, 고린도 교인들은 이들을 아무 경계 없이 받아들인 것이다. 바울이 11:4에서, "만일"(εἰ에이)을 사용하는 것은 어떤 가상적 상황을 설정하는 것이 아니라, 실제적 상황을 배경으로 하는 가정법 표현이다. 이는 '너희가 잘도 용납하는구나'라는 조소적 질책에 무게를 싣기 위함이다.

여기에서 바울은 11:1의 "나를 용납하라"라고 호소할 때 사용한 것과 동일한 단어를 사용함으로써 하나의 대조적 관계를 부각시킨다. 그들을 '한 남편' 이신 그리스도로부터 이간시켜 '다른 예수'[7]에게 끌고 가려 하는 간악한 미혹자들은 그렇게 잘 용납하면서, 왜 그들의 영적 아비와 같은 바울에 대해서는 그토록 인색한가? 이는 고린도 교인들이 미혹자들의 말에 흔들렸다는 것을 보여준다.

미혹자들의 전략은 바울의 사도성을 의심하게 만드는 것이요, 그의 약점을 노출시키는 것이다. 그들은 예루살렘의 사도들을 지나치게 높이고 있었던 것으로 보이며, 그들에 비해 바울은 사도의 정통성이 결여되어 있다고 강조한 것으로 보인다. 바울이 11:5이나 12:11에서 '지극히 큰 사도들'이라고 부른 것은 아마도 그들에 의해 우상화 되는 사도들을 풍자적으로 그렇게 부른 것으로 보인다. 바울은 자신이 그들에 비해 부족한 것이 조금도 없다는 것을 밝힌다.

뿐만 아니라 대적자들이 바울을 가리켜 "말이 시원치 않다"(10:10)고 선전하는 것과 관련해서 바울은 "내가 비록 말에는 졸하나"(11:6)라고 어느 정도는 그것을 인정한다. 만일 그들이 수사학적 기교를 평가의 기준으로 들고 나온다면, 바울은 이런 기교에 의존하지 않기로 이미 선언한 바 있다(고전 2:1~5). 바울에게 기교보다 더 중요한 것은 실질이요 내용이다. 그래서 바울은 지식의 면에서는 자신이 어느 누구보다 못하지 않음을 밝힌다. 이것은 이미 고린도 교인들 속에서 입증된 사실이다. 바울은 그들로 하여금 침입자들이 들고 나오는 육신적이고 외면적인 평가의 기준에 미혹되지 말고, 그들에게 전해진 복음의 본질에 합당한 가르침과 삶의 방식에 근거하여 올바른 판단을 할 것을 촉구한다.

바울이 고린도에 있는 동안 보여 준 자기 부인적 삶의 형태 가운데 한 가지는 물질적 대가를 받지 않고 복음을 전한 일이다. 이미 고린도전서 9장 가운데서 바울은 그 이유와 동기가 무엇이었는지를 잘 밝힌다.[8] 그 무엇보다 복음이 우선적임을 나타내기 위해 이와 같이 행동하는 바울의 동기를, 그의 대적자들은 철저히 왜곡하여 바울이 이와 같이 하는 것은 자질이 모자라서거나 아니면 다른 교회들보다 고린도 교회를 덜 사랑하기 때문이라고 선전하였던 것으로 보인다. 심지어는 바울의 불순한 욕심과 의도가 숨어 있다고 비방하기도 한다(12:16). 여기에 대해서 바울은 자신의 동기가 철저하게 고린도 교인들을 복음으로 섬기기 위한 자기 부인의 자세에서 비롯된 것임을 강조한다.

바울이 복음을 값없이 전하고 물질적 대가를 취하려 하지 않는 것은 그의 자발적 선택이며 빼앗기지 않을 자랑이다(고전 9:15~18; 고후 11:10). 바울은 다른 것을 내세워 자랑하는 것은 부끄러운 일로 여기지만, 이 일만은 그가 내세우고 싶어 하는 자랑으로 삼는다. 이는 복음의 총체적 본질을 바르게 지키고자 하는 그의 열심과 관련이 있다.

복음은 그 전해지는 내용과 그것이 빚어내는 삶의 형태가 일치되어야 한다. 바울의 대적자들은 '다른 복음'을 가지고 올 뿐만 아니라 그들의 삶의 형태 역시 복음을 사익의 미끼로 삼고 있음을 보여 준다. 그런 면에서 바울은 그들을 '거짓 사도'요 '궤휼의 역군'으로 부른다(11:13). 그들이 비록 자신을 '그리스도의 사도'로 가장하지만, 그들이 가르치는 내용이나 그 삶의 행위가 한결같이 그리스도를 손상시키는 일을 한다. 이런 면은 그 속에 간계를 숨기고 자신을 광명의 천사로 가장하는 사탄의 행위를 따르는 것이다. 바울은 고린도 교인들로 하여금 복음 사역자들이 그 말과 행위 모두에 걸쳐서 진정으로 복음적 삶을 살고 있는지 잘 분간할 것을 요청한다.

설교와의 연결

바울의 변호는 자기 자신을 위한 변호가 아니라 복음을 위한 변호다. 이는 우리 삶의 모든 열심의 동기가 예수 그리스도와 그의 복음이 되어야 함을 보여 준다. 바울은 자기 보호를 위하여 '거짓 사도들'과 타협을 도모하지 않는다. 만일 그의 안전과 입지가 그의 변호의 목적이었다면, 적당한 선에서 그들과 타협할 수도 있었을 것이다. 그러나 중요한 것은 복음의 운명이다. 만일 '다른 복음'을 들고 오는 사람들을 조금이라도 용납한다면 고린도 교회나 갈라디아 교회나 다른 어느 곳에서든 예수 그리스도의 참 복음이 설 자리는 사라지고 말 것이다. 복음의 진리를 위한 바울의 열심을 높이 사야만 할 것이다.

더불어서 우리는 자기추구의 열심을 경계해야 한다. 고린도 교회의 침입자들의 자기 추구의 열심과 바울의 자기 부정의 모습이 대조되는 것을 주목할 필요가 있다. 우리의 열심이 주님 앞에서는 결코 자랑할 것이 되지를 못한다. 누구보다 열심히 일하고서도 그것을 주님의 은혜라고 고백할 수 있는 사람이 진정한 주님의 일꾼이다. 교회 안에는 열심 없는 성도들도 문제지만, 열심이 지나친 성도들도 문제다. 열심히 일한 그것을 자신의 공적으로 생각하여 다른 사람들이 이를 인정하고 치사해 주기를 은근히 기대할 때 거기에는 항상 어려움이 따른다.

열심히 일하는 사람일수록 겸손의 자세가 필요하다. 아니, 따지고 보면 우리는 겸손할 수밖에 없다. 주님의 은혜로 모든 일을 할 수 있었는데 무엇을 내세울 수 있단 말인가? 겸손히 자신을 부정하고 끝까지 한결 같은 자세로 섬기는 사람을 다른 성도들이 진심으로 아끼고 귀히 여기며 따를 것이다.

4. 바울의 '바보의 자랑'과 사도의 표(11:16~12:13)

스스로를 자랑하는 것은 사실 어리석은 일이다. 그러나 바울은 너무나 자기자랑에 쉽게 넘어가는 고린도 교인들이 그 결과 복음 자체에서 멀어지는 것을 우려하여 자신에 대한 바보 같은 자랑을 하려 한다. 먼저 11:16a~21a까지는 이렇게 하지 않을 수 없는 이유를 밝힌다.

바울은 "나도"(κἀγὸ카고, 11:16, 18) 자랑하지 않을 수 없다고 항변한다. 이는 침입자들의 자랑에 쉽게 현혹되는 고린도 교인들의 현 상태를 고려한 표현이다. '그리스도를 따라' 행한다면 그에게는 아무 자랑할 것이 없다. 그러나 바울이 풍자적으로 지적하는 것처럼, "너희는 지혜로운 자로서 어리석은 자를 기쁘게 용납"(11:19)하니, 너희의 관심을 얻기 위해서는 나 역시 '어리석은 자와 같이' 자랑하지 않을 수 없겠구나 하는 마음으로 '육체를 따라' 부득불 자랑을 하는 것이다.

그러나 바울의 자랑의 목적은 그의 대적자들과는 전적으로 다르다. 11:20에서 "누가"라고 지칭하는 것은 그 대적자들을 가리킨다. 여기서도 바울은 반복적으로 '…한다면'(εἰ에이)이라는 조건절을 사용한다. 보다 문자적으로 옮기면, '누가 너희를 종살이 시킨다면, 누가 너희를 집어삼킨다면, 누가 너희를 갈취한다면, 누가 그 자신을 높인다면, 누가 너희 뺨을 친다면, 너희가 이를 용납하는구나' 라고 말하는 것이다. 물론 이 경우에도 가정법은 11:4에서와 마찬가지로 가상적 상황에 대한 가정이 아니라 실제적 상황을 배경으로 하는 가정법 표현이다. 이는 고린도 교회에 들어온 침입자들이 행하는 일이 무엇인지를 보여 준다. 그들은 스스로를 그리스도의 사도로 내세우고 자랑하는 가운데서 고린도 교회로부터 물질적, 정신적 차원의 이익을 취하려 하는 것이다.

바울은 이런 형편을 두고 11:21a에서 안타까운 탄식을 한다. "우리가 약한 것 같이 내가 욕되게 말하노라." 바울의 미묘한 어감을 그대로 옮기는 것이 쉽지 않은 문장이다. 좀 더 어감을 잘 살린다면, 그 의미는 '내가 부끄럽게 말하거니와, 우리는 이런 면에서 약하였구나' 라는 뜻이 될 수 있을 것이다. 바울은 여기에서도 하나의 아이러니 표현을 사용한다. 사실은 바울이 부끄러울 것이 아무것도 없다. 그의 대적자들이 육체에 따른 자랑을 앞세워 요령 좋게 고린도 교인들을 갈취하는 데 강한 면을 가졌다면, 그들처럼 그렇게 하지 못한 것이 약한 것처럼 보일지 모른다. 그러나 예수 그리스도의 기준으로 본다면, 이것은 결코 약한 것도 아니며 부끄러운 것도 아니다. 다만 고린도 교인들이 복음으로 그들을 섬기는 바울의 진정한 가치를 알지 못하기 때문에 안타까운 마음에서 바울이 이와 같이 미묘한 표현을 사용한 것이다.

11:22b 하반절에서부터는 바울이 유대인 선전자들에 비해 조금도 뒤지지 않는 자신의 유대적 배경을 언급한다. 히브리인, 이스라엘인, 아브라함의 씨와 같은 표현들이 실상은 다 동일한 것을 가리킨다. 그러나 그 어감은

조금씩 차이가 있다. 바울은 그 어떤 측면에서 보더라도 유대적 배경에서 뒤떨어지는 것이 없다.

뿐만 아니라 그들이 그리스도의 일꾼임을 자처하고 나온다면 바울은 이 면에서도 그 누구보다 더 많은 수고를 한 사람이다. 바울의 유명한 고난의 리스트(11:23~27)는 그리스도의 복음을 위하여 일하는 과정 속에서 당하였던 구체적인 고난들을 담고 있다. 그 하나하나를 실제의 역사적 상황들과 일치시키는 데는 기록의 한계가 있겠지만, 그 많은 부분들을 우리는 사도행전 등을 통해 확인할 수 있다.

외적[9] 고난뿐만 아니라 바울은 교회를 위한 내적 수고에 대해서도 언급한다. 그것은 모든 교회들을 생각할 때마다 가지는 '눌리는 일'(부담)과 '염려' 다. 세상의 일들이 그에게 부담과 염려를 주는 것이 아니라, 교회와 교인들의 상황이 그로 하여금 때로는 함께 약하게 만들고 또 때로는 '애타하게'(불타다) 곧 그의 마음을 아픔과 열심으로 불타오르게 만드는 것이다. 자신뿐만 아니라 다른 지체들의 약함까지 함께 짊어지는 이런 모든 약함이 바울의 자랑이다(11:30). 이것이 그리스도의 십자가와 일치되는 길이기 때문이다. 바울은 자신의 수고와 관련하여 그가 한 업적들 그 자체를 자랑으로 내세우지 않는다. 오히려 그 가운데서 그가 얼마나 약하였느냐 하는 것이 그의 자랑이다. 이는 뒤에 가서 보다 명확히 표현하지만, 약한 그때에 그리스도의 능력으로 말미암아 그에게 강함이 나타나기 때문이다(12:9~10).

바울이 11:32~33에서 다메섹에서의 경험을 이야기하는 것은, 그가 회심한 이후 그리스도를 위하여 일하기 시작한 처음 순간부터 죽음의 고난이 그의 몫이었음을 보여 주기 위한 목적 때문인 것으로 보인다. 이 부분이 사도행전 9:23~25의 기록과 약간의 차이를 보이는 것은, 그를 잡으려 한 것이 유대인들이 아니라 아레다 왕의 방백이라고 말하는 부분이다. 아레다 왕은 나바테아 왕국의 통치자로서 그의 통치 기간 동안 어떤 형태로든지 다메섹에 대한 관할권을 행사하던 것으로 보인다.[10] 다메섹 안에서 일정한 영향력을 행사하던 아레다 왕의 방백이 유대인들의 요청에 따라 위험인물로 부각되던 바울을 성문에서 잡으려 했던 것으로 볼 수 있다. 바울에게는 이와 같이 처음부터 생명의 위험이 따르는 고난의 길이 마련되어 있었지만, 사람의 손길보다 더 강한 주님의 손길의 보호와 인도를 따라 지금까지 사역할 수 있었다.

12:1~10에서, 바울은 자신의 환상과 계시의 경험에 대하여 언급한다. 특히 '세째 하늘'의 경험과 관련하여 바울이 3인칭적 어법을 사용한 것을 본다. 마치 다른 사람 이야기를 하는 것 같지만, 우리는 그 당사자가 바울 자신인 것을 의심할 필요가 없다. 아마도 경험과 계시를 자랑거리로 들고 나왔을 침입자들을 고려하여 자신의 환상의 경험을 언급하지 않을 수 없었겠지만, 그러면서도 이를 조심스러워 하는 바울의 모습을 본다.

'셋째 하늘'에 대한 언급은 바울 당시의 천상계 이해를 그대로 반영한다 (1 Enoch, Apocalypse of Moses 등의 자료들에서처럼). 바울은 '셋째 하늘'(4절에서는 '낙원')에 "이끌려"(ἁρπάζω하르파조, 살전 4:17의 '끌어 올려'와 같이) 가서 "말할 수 없는 말들"을 듣는다. 바울은 이런 말들이 어떤 것인지를 밝히지 않는다. 이런 표현 자체도 신약에서 오직 여기에만 등장하는데, 바울은 이것을 계시적 사건으로보다는 자신의 개인적 경험으로만 간직하려 하는 것으로 보인다.

만일 대적자들이 신비한 경험을 평가의 기준으로 들고 나온다면, 바울은 이런 면에서도 조금도 뒤지지 않는다. 그러나 이것 역시 그의 부득이한 자랑에 지나지 않는다. 그의 자랑은 오히려 그의 약한 것들일 뿐이다(12:5). 그리고 이 약한 것들 가운데는 구체적으로 그의 육체에 주어진 "가시"가 있다. 이 가시의 정체를 두고 영적인 문제나 외적 박해자에 대한 은유적 표현으로 보는 견해도 많지만,[11] 이것이 "육체에" 주어진 것임을 감안할 때, 바울을 괴롭히던 육체의 질병으로 보는 것이 더 타당할 것이다(갈 4:15의 암시). 이것을 "사단의 사자"로 부르는 것은, 육체에 대한 사탄의 제한된 작용을 언급하는 것으로 볼 수 있다.

그러나 이 문제 역시 사탄이 주권적 권한을 가지지는 못하며 오히려 하나님께서 이 모든 상황을 관장하고 계신다. 바울은 이를 통한 하나님의 뜻이 그가 "너무 자고하지 않게 하려 하심이라"고 밝힌다. 이 문구를 바울은 12:7에서 두 번이나 반복한다.[12] 하나님의 특별한 은혜에는 이와 같이 인간의 약함을 견제하기 위한 브레이크 장치가 첨부되어 있는 것을 볼 수 있다.

바울은 이 "가시"가 자신에게서 떠나기를 위하여 세 번 간구하였지만, 결국에는 그 자체의 제거보다 이것을 남겨두시는 하나님의 더 큰 은혜를 발견한다. 그에게 있는 이 약함이 그리스도의 능력을 자신 속에 머물게 하는 통로임을 깨닫게 된 것이다. 그리스도의 능력 자체가 그의 십자가의 약함을 통해 나타났다. '약함을 통한 능력'은 그리스도의 길을 따르는 자들에게 패스워드와 같은 역할을 한다. 이 능력의 비결이 있기에 바울은 약함 가운데서, 공개적 모욕 가운데서, 궁핍 가운데서, 박해 가운데서 그리고 운신하기 힘든 곤란의 상황 가운데서도 기뻐할 수 있다(12:10). 물론 약함 그 자체를 즐기는 것이 아니다. 이 모든 상황들을 "그리스도를 위하여"(ὑπὲρ Χριστοῦ휘페르 크리스투) 기꺼이 취할 때, 그 가운데서 우리를 능하게 하시는 그리스도의 능력을 체험할 수 있는 것이다.

바울은 이 단락을 정리하면서 참된 사도의 표가 무엇인지를 밝힌다. "사도의 표 된 것은 내가 너희 가운데서 모든 참음과 표적과 기사와 능력을 행한 것이라"(12:12). 참음 자체는 사도의 표가 아니다. 오히려 세 가지 사도의 표인 "표적과 기사와 능력"을 모든 참음 가운데서 수행하였음을 말한다. 그리스도께서 그를 자신의 사도로 세우셨다는 표시가 그를 통해 나타내신 표적과 기사와 능력으로 입증된 것이다.

고린도 교인들은 그 사도 사역의 산 결과다. 이제 그들이 자신의 사도를 버리고 육신적 자랑을 등에 업고 나오는 거짓 사도들에게로 향하여 간다면, 바울은 그들로 하여금 이런 표들을 가지고 그들을 점검할 것을 요구하는 셈이다. 과연 그들 속에 주님이 함께 하심으로 인하여 나타나는 표적과 기사와 능력들이 따르는가? 그리고 바울 자신이 그들 속에서 보여 주었던 것처럼 십자가의 주님을 십자가의 삶으로 증거하기 위해 말과 삶이 일치하는 사역을 그들이 모든 참음 가운데서 수행하는가?

설교와의 연결

이 부분의 핵심은 그리스도인의 참 능력이 무엇인지에 대한 사도 바울의 놀라운 정의다. 옛날이나 오늘이나 세상이 능력에 대해 생각하는 것은 외면적이고 물리적인 힘과 영향력이다. 그러나 그리스도인의 능력은 이런 관점에서 볼 때는 약함일 뿐이다. 하지만 능력이 우리에게나 우리가 사용하는 제반 수단들에 있는 것이 아니라, 예수 그리스도께 있기 때문에 우리의 약함이 오히려 그리스도의 능력이 나타나는 통로가 된다. '약함을 통한 능력', 이것이 그리스도인의 능력의 핵심 개념이다.

오늘날 교회는 갈수록 세상을 닮아가고 있다. 그것은 교회를 사로잡고 있는 신화 속에 드러난다. 교회의 영향력이 크면 곧 능력이 있다고 생각하는 신화, 뭔가 큰일을 하기 위해서는 큰 수단들을 사용할 수 있어야 한다는 신화, 이런 것이 교회로 하여금 물량주의나 승리주의의 유혹 앞에 무릎 꿇게 만들고 있다. 그 가운데 약함은 세상 속에서뿐만 아니라 교회에서조차 기피와 수치의 대상이 되고 있다. 교회 또한 약한 자들을 그다지 반기지 않는다. 그러다 보니 약한 자들이 교회 안에서 수치를 느낀다. 우리 모두가 약한 자가 아닌가? 바울도 약한 자가 아닌가? 예수님께서도 약한 자로 십자가에 못 박히신 것이 아닌가? 그런데 교회 안에서 왜 약한 자가 수치를 당해야 하는가?

약함은 그리스도의 능력을 자신 속에 머물게 하는 통로다. 이 진리가 살아 있을 때 그리고 오직 그때에만 교회는 세상을 변화시킬 수 있다. 세상이 자랑하는 능력을 부끄럽게 만들 뿐만 아니라, 세상이 부끄럽게 여기는 자들이 주 안에서 진정으로 능력 있는 자들로 바뀌게 됨으로써 세상을 놀라게 만들 수 있는 것이다.

정리와 적용

바울은 고린도 교회 안에 들어온 모든 세속주의적 요소들과 힘겨운 싸움을 벌인다. 한 면에서 보면 세속주의적 요소들은 달콤한 것들을 약속한다. 세상의 좋은 것들을 그리스도의 이름으로 누릴 수 있다면야 얼마나 일석이조의 즐거움이 되겠는가? 더군다나 그들의 허영심을 채워 줄 수 있는 지도자들이 그럴듯한 자랑거리들을 앞세우고 들어와서 그들을 미혹한다면 더욱 길을 잃고 미혹되기 쉬운 것이다.

그러나 이런 달콤한 약속들이 주지 못하는 것이 한 가지 있다. 그것은 그리스도 안에서의 기쁨이고 그리스도 안에서의 능력이다. 이런 기쁨과 능력은 세상과 자아를 추구하는 곳에서는 결코 맛볼 수 없다. 오직 그리스도와 일치된 길을 따르는 사람만이 세상을 이기는 기쁨과 능력을 누릴 수 있다. 바울은 우리를 이런 사역의 길로 부른다. 그리고 오늘의 한국 교회를 향해서도, 복음의 명운을 걸고 교회 안의 세속주의와 싸우도록 독려한다. 이 싸움에서 이길 때 우리는 세상을 이길 수 있다.

축도의 손으로 쓴 편지

고린도후서 12:14~13:13의 주해와 적용

내용 요약과 구성

이 글에서 다룰 고린도후서 12:14~13:13은 고린도후서의 마지막 부분이다. 그동안 자신을 힘들게 했던 고린도 교인들과의 관계가 회복되자 바울은 고린도 교회를 방문하고자 했다. 그는 세 번째 방문을 앞두고 몇 가지 권고의 말을 당부한다.

12:14~13:13은 크게 두 부분으로 나눌 수 있다. 첫 번째 부분(12:14~13:10)은 소위 '눈물의 편지'라고 불리는 부분(10:1~13:10)의 마지막에 해당된다. 12:14~13:10은 다시 12:14~21과 13:1~10로 구성되는데, 각각 세 번째 고린도 교회 방문에 대한 언급으로 시작한다(12:14; 13:1 참조). 여기서 바울은 자신이 고린도 교회를 방문하더라도 그들에게 폐를 끼치지 않겠노라고 말한다. 앞서 바울은 고린도 교회에 침투한 그의 대적자들에게서 그가 고린도 교인들을 이용하여 경제적 이득을 취하려고 한다는 비난을 받은 바 있기 때문에 자신의 방문 목적이 순수함을 다시 강조할 필요를 느낀 것 같다.

동시에 바울은 고린도 교인들이 비록 자신에게 돌아왔지만, 아직까지 청산하지 못한 악한 일들이 있음을 지적하면서 우려와 경고를 표명한다. 그러나 지금까지 그래왔듯 바울은 고린도 교인들의 잘못에 대해 때로 엄격

함을 보이지만, 결국 그들을 품고 용납하는 모습을 보인다. 바울은 진정 고린도 교인들이 주께서 그들 가운데 계심을 믿고 복음에 따라 진리의 삶을 살아가는 자가 되기를 바란다.

13:11~13은 고린도후서 전체를 마감하는 부분이다. 먼저, 바울은 5개의 간결한 권고문을 말한다(11절). 이 5개의 권고는 고린도후서의 핵심 주제를 요약한 것으로 볼 수 있는데, 마지막까지 고린도 교인들을 바로 세우려는 목회자의 의지가 나타나 있다. 둘째, 바울은 그들에게 문안인사를 당부한다(12절).[1] 셋째, 축도로서 그들을 축복한다(13절).

본문 주해와 적용

1. 진실된 목회자의 청렴과 자기희생적 사랑(12:14~18)

a. 바울이 고린도 교인들에게 구하는 것(14~15절)
1) 바울이 고린도 교인들에게 구하는 것은 물질이 아니라, 고린도 교인
   들 자신이었다.

바울은 고린도 교인들에게 그의 세 번째 방문을 알리면서, 그들에게 결코 폐를 끼치지 않을 것이라고 말한다(14절). 여기서 '폐를 끼친다'(καταναρκάω 카타나르카오)는 말은 경제적인 부담을 지운다는 의미다. 바로 앞에서도(13절) 바울은 자신이 지금까지 고린도 교인들에게 폐를 끼치지 않았음을 밝혔다.

바울이 이 문제에 대해 이렇게 민감하게 반응하는 이유는 고린도 교회에 침투한 그의 대적자들에게서 그가 고린도 교인들에게 이를 취하려 한다는 모함을 받은 적이 있기 때문이다(11:9). 또 바울은 자신과 고린도 교인들과의 관계가 후견인(patron)과 피후견인(client)의 관계가 아니라, 부모와 자녀의 관계라고 생각했다. 후견인-피후견인의 관계 속에서는 마땅히 바울이 고린도 교인들에게 물질을 받을 수 있겠지만, 바울은 고린도 교인들을

자신이 복음 안에서 낳은 자녀라고 생각했기 때문에(고전 4:14~15 참조), 이 관계를 지키기 위해 그들에게서 재정적 지원을 받지 않았던 것이다.[2]

바울은 안타까운 심정으로 고린도 교인들에게 다시 한 번 말한다. 내가 여러분들에게 구하는 것은 물질이 아니라 그대들이라고. 이것은 복음 안에서 고린도 교인들을 향한 바울의 진실된 사랑을 보여 준다.

2) 바울은 자녀 된 고린도 교인들을 위해 자신을 허비하는 목회자였다.

바울은 고린도 교인들에게 자신의 유익을 위해 재물을 받을 생각을 아예 하지 않았을 뿐만 아니라, 오히려 고린도 교인들을 위해 자신이 재물을 '허비하였다'고 말한다. 여기서 재물이란 돈을 말하기보다는, 바울이 고린도 교인들을 위해 바친 시간, 노력, 수고 등을 뜻하는 것으로 보인다. 고린도 교인들을 향한 바울의 헌신적 사랑은 재물을 허비하는 데 그치지 않고 자기 자신을 허비할 것이라는, 그것도 크게 기뻐하며 허비할 것이라는 의지적 표현에서 극치를 이룬다(빌 2:17도 참조).

이렇게 고린도 교인들을 향한 바울의 사랑은 헌신적이었기 때문에 바울은 고린도 교인들이 자신의 사랑을 알아 주기를 바랐다. "너희를 더욱 사랑할 수록 나는 덜 사랑을 받겠느냐?"라는 말 속에는 자신의 사랑을 제대로 알아 주지 못하는 고린도 교인들에게 대한 못내 아쉬운 감정이 배어 있다.

b. 바울의 결백(16~18절)
1) 바울은 사기를 치지 않았다.

바울은 고린도 교인들에게 재물을 원하지 않았을 뿐만 아니라 사기를 치지도 아니하였다. 고린도 교회에 침입한 자들은 바울이 비록 고린도 교인들에게 물질적인 부담을 주지 않았을지라도(16절), 바울은 '공교한 자'(간교한 자)여서 사기를 쳤다고 비난하였다. 그들이 주장하는 바 바울이 행한 사기는 구제헌금을 유용한 것으로 보인다. 바울은 이러한 근거 없는 비난에 대해 자신의 결백함을 주장한다. 앞서 바울은 자신이 복음을 전할 때도 간교하게 행하지 않았으며, 부끄러워서 숨길 일이 없다고 말한 바 있다(4:2). 그는 복음전파와 물질 모두에서 깨끗하였던 것이다.

2) 바울의 동역자들도 돈을 구하지 않았다.

바울은 자기 자신뿐만 아니라 그가 고린도 교회에 보냈던 그의 동역자들(디도, 디모데 등)도 이득을 취하지 않았으며, 자신과 그들이 공모하여 그들을 속이지도 않았다고 말한다(고후 2:11; 7:2 참조). 이 점을 역설하기 위해서 바울은 4가지 수사학적 의문문을 사용한다(17~18절).

> "내가 너희에게 보낸 자 중에 누구로 너희의 이를 취하더냐
> 내가 디도를 권하고 함께한 형제를 보내었으니 디도가 너희의 이를 취하더냐
> 우리가 동일한 성령으로 행하지 아니하더냐
> 동일한 보조로 하지 아니하더냐"(고후 12:1~18).

바울이 보낸 사람들은 바울의 말만 전하는 데 그치지 않고, 바울이 보낸 사신으로서 흠잡을 데 없이 행동하였다. 이것이 가능했던 이유는 이들이 같은 성령으로 하나가 되었기 때문이다(18절). 바울의 선교와 교회 개척은 팀으로 이루었는데, 이 팀 사역이 가능했던 이유가 바로 여기에 있다. 사역자들이 한 마음 될 수 있었던 비결, 그것은 성령 안에서 하나가 되는 것이다.

2. 바울에게 세 번째 만남이 두려운 이유들(12:19~21)

a. 변명과 하나님 앞에서 말하는 것의 차이(19절)

바울은 앞서 자신의 결백함을 주장한 것이 결코 고린도 교인들에게 변명하는 것이 아니라, 그리스도 안에서 하나님 앞에서 말하는 것이라고 주장한다. 바울의 이 주장은 언뜻 생각하면 맞지 않다. 고린도후서를 통해 바울은 그에 대한 여러 비난에 대해 고린도 교인들에게 자신을 변호해왔다.

그럼에도 불구하고 바울은 자신이 하는 말은 변명이 아니라, 그리스도 안에서 하나님 앞에서 말하는 것이라고 한다.

그 근거는 무엇인가? 바울이 앞서 말한 모든 것의 목적이 자신의 유익을 구하는 것이 아니라, 고린도 교인들의 덕을 세우기 위해서기 때문이다. 변명이 나의 유익을 구하는 것이라면, 하나님 앞에서 말하는 것의 목적은 상대방을 세우는 데 있다. 바울은 앞서 주께서 자기에게 주신 권세 역시 그들을 세우라고 주신 것이지, 그들을 누르고 넘어뜨리라고 주신 것이 아님을 말한 바 있다(10:8. 또한 13:10도 참조). 바울은 말로만 '사랑은 세우는 것'(고전 8:1)이라고 하지 않았다. 그는 말한 대로 실천하는 사람이었다. 바울은 무엇이나 고린도 교인들을 세우기 위한 목적으로 말하고 행하기 때문에 그들을 '사랑하는 자들'이라고 부를 수 있었다.

b. 바울의 두려움(20~21절)

20~21절에 나타난 바울의 심정은 한마디로 '두려움'이다. 개역한글성경에 따르면 '두려워하다'라는 단어가 4회 반복되는 것에 주목하라. 바울이 두려워하는 이유는 무엇인가?

첫째, 고린도 교회에 침입한 외부의 어떤 자들 때문에 일어난 바울에 대한 고린도 교인들의 오해가 풀리기는 했지만, 그들 가운데 여전히 문제가 있었다. 20절에 언급된 8개의 악덕 목록(다툼, 시기, 분냄, 당 짓는 것, 중상함, 수군수군하는 것, 거만함, 어지러운 것)은 당시 고린도 교회의 상황을 보여 준다.

뿐만 아니라 일부 교인들은 더러움,[3] 음란함, 호색함과 같은 성적인 죄를 범했음에도 불구하고 여전히 회개하지 않았던 것 같다(21절). 바울은 이미 고린도전서 5~6장에서 고린도 교인들에게 성적인 범죄에 대해 단호하게 대처할 것을 요구하였다. 그러나 그들은 여전히 회개하지 않고 있었다. 바울은 이들과의 껄끄러운 만남을 두려워하거나 그들을 다시 만나 질책할 때 발생할지도 모르는 불미스러운 사태를 걱정하는 것이 아니었다. 바울은 그들이 여전히 회개치 않음을 불쌍히 여긴 것이다.

바울이 두려움을 가진 두 번째 이유는 하나님이 고린도 교인들 앞에서 또 '다시'[4] 자신을 낮출 것 같았기 때문이다. 그렇다면 하나님이 전에 바울을 낮추신 적이 있는가? 아마도 바울은 그가 고린도 교회를 두 번째 방문했을 때 그들에게서 냉대를 받은 사건을 염두에 둔 것 같다. 바울은 이 사건을 하나님이 자신을 낮추신 사건이라고 말한다. 이것은 하나님이 바울에게 잘못한 것이 있어서 벌을 주는 차원에서 고린도 교인들로부터 냉대를 받았다는 의미가 아니다. 바울은 자신이 당한 그 상처를 하나님이 자신을 더욱 겸손한 사람으로 만들기 위한 사건으로 받아들였다. 여기서 바울의 성숙한 신앙의 면모를 엿볼 수 있다. 그러나 그렇다고 할지라도 바울은 고린도 교인들과 껄끄럽게 만나고 싶지 않았다. 결국 바울은 고린도 교인들의 회개를 촉구한 것이다.

3. 사도의 권위와 경고(13:1~10)

a. 사도의 권위
1) 사도의 권위는 절차를 밟는 신중함에 있다(1~2절).
앞서 고린도 교인들의 잘못을 지적하던 바울은 좀 더 강한 어조로 그들에게 경고한다. 먼저 바울은 신명기 19:15의 말씀을 인용한다. 이 말씀에 따르면 모든 소송 사건은 두세 증인의 말을 근거로 하여 결정지어야 한다. 이것은 바울이 세 번째로 고린도 교회를 방문할때 재판을 열겠다는 뜻이 아니다. 여기서 '증인'은 회개하지 않는 자들에 대한 바울의 경고를 의미하는 것으로 보인다. 바울은 이미 고린도 교회를 두 번째 방문 했을 때 범죄한 자들에게 경고한 바 있다. 그리고 이제 세 번째 방문을 앞두고 다시 한 번 그들에게 경고한다. 합해서 두 번 경고한 셈이 된다. 바울은 자신이 곧 방문하여 범죄한 고린도 교인들을 책망하는 일이 감정을 이기지 못해 충동적으로 행하는 것이 아니라, 구약의 율법에 따라 절차를 밟아 신중하게 행하는 것임을 보여 준다.

2) 사도의 권위는 예수 그리스도를 따라 약함(죽음) 속에서 강함(부활)을
   드러내는 데 있다(3~4절).

고린도 교인들이 바울에게 준 가장 큰 상처는 역시 사도로서의 그의 권위를 의심한 것이었다. 그들이 생각하기에 그리스도께서 바울을 통해 말씀하신다면 마땅히 바울은 강한 모습을 보여 주어야 했다. 그런데 그들이 보기에 바울에게는 강함이 없었다. 그래서 그들은 바울을 사도의 권위를 가진 자로 인정할 수 없었던 것이다. 이 점에 대해 바울은 고린도후서 전체를 통해 '약함과 강함'의 역설적 관계를 설명해 왔고, 이제 다시 한 번 이 부분을 최종적으로 정리한다.

바울의 신학과 목회의 준거점은 언제나 예수 그리스도의 십자가와 부활이었다. 예수님은 인간의 육신을 입으셨기에 인간의 나약함을 고스란히 갖고 계셨다. 그래서 십자가에 못박혀 죽으셨다. 그러나 예수님은 하나님의 능력으로 다시 부활하셨다. 죽음을 극복하시고 다시 살아나신 그리스도야말로 전능하신 주가 아닐 수 없다. 예수님과 고린도 교인들과의 관계에 대해서도 동일한 원리가 적용된다. 예수님은 고린도 교인들에게 결코 나약하지 않으며, 강력한 능력으로 그들 가운데 현존하신다. 그 강력한 현존이 바울의 사역을 통해서 드러난다.

그런데 바울은 그리스도 안에 있는 자이기에 예수 그리스도의 약함과 강함의 역설적 관계가 그의 사역에 나타날 수밖에 없다. 바울이 그들에게 약한 자로 비춰졌을지라도, 실상 바울의 사역은 성령의 나타남과 능력으로 이루어졌다(고전 2:3~4). 고린도 교인들이 예수 그리스도의 이 약함과 강함의 관계를 제대로 깨닫는다면 바울의 사역을 이해할 수 있을 것이며, 바울에게 사도의 권위가 있음을 인정할 것이다.

b. 버리운 자와 옳은 자(5~10절)

바울은 5~10절에서 '버리운 자'(5, 6, 7절)와 '옳은 자'(7절)라는 두 개의 핵심어를 대조시킨다. '버리운 자'(ἀδόκιμοι 아도키모이)는 헬라어 원문에 따라

직역하면 '테스트를 통과하지 못한 사람'을 뜻하고, '옳은 자'(δόκιμοι도키모이)는 '테스트를 통과한 자'를 의미한다. 그렇다면 본 단락에서는 어떤 의미로 사용되는가?

1) 버리운 자란 예수 그리스도께서 약함 속에서 그러나 강력하게 우리 가운데 살아 역사하심을 믿지 못하는 자다.

고린도 교인들은 과연 예수님이 바울을 통해 말씀하시는가 의심(=시험)하며 그 증거를 구하였다. 이번에는 역으로 바울이 그들에게 질문한다. "고린도 교인들이여, 과연 그대들이 믿음 안에 있는지 시험해 보라. 그 증거를 대 보라." 그러면 믿음 안에 있다는 것은 무엇을 의미하는가?

바울은 자신의 사역을 통해 예수 그리스도께서 고린도 교인들 가운데 현존하고 계심을 확신하였다. 그런데 고린도 교인들은 그것을 알지 못한 채 바울에게 사도로서의 권위를 요구하였던 것이다. 요컨대, 바울의 사역은 약함 속에서 강함이 드러나는 사역이었다. 그리스도는 바울의 이러한 사역을 통해 고린도 교인들 가운데 임재해 계시다. 만약 고린도 교인들이 이 사실을 알지 못한다면 그들은 자신이 믿음 안에 있는 자임을 입증하지 못하는 것이다. 즉 그들은 '버리운 자'다. 바울은 진심으로 고린도 교인들이 약하게 보이나 실제는 강한 그리스도의 모습을 자신의 사역을 통해 깨닫기를 바랐다.

2) 옳은 자란 부활하신 그리스도께서 자신 안에 있음을 깨닫고 복음의 진리를 따라 살아가는 자다.

바울은 앞서 고린도 교인들의 윤리적인 문제를 지적한 바 있다(12:20). 특히 일부 교인들의 성적인 타락(12:21)에 대해 그는 심각한 우려와 경고를 표한 바 있다. 바울은 고린도 교인들이 그같은 죄악들을 버리고 선을 행하는 자 곧 바울이 그들에게 전해 준 복음의 진리를 따라 살아가기를 바랐다. 한마디로 고린도 교인들이 '온전하게 되는 것'(κατάρτισις카타르티시스, 9절)이었다. 바울은 정말 고린도 교인들이 온전하게 되기를 바랐다. 그들이 자신들 가운데 부활하신 그리스도께서 현존하고 계심을 깨닫고, 죽음을 이기신 그분의 능력을 의지하여 모든 죄악을 회개하고 복음의 진리에 따라 살아가는 자가 된다면(이것이 바로 고린도 교인들이 진정한 의미에서 강하게 되는 것이다!) 바울은 기뻐할 것이다.

고린도후서를 통해 그는 '약함의 신학'을 역설하며 자신이 약하게 보이나 실상은 강한 자임을 누누이 말해왔고, 마지막 13장에서도 말한다. 그러나 고린도 교인들이 온전하게 될 수 있다면 바울은 강한 모습을 포기할 수 있다고 말한다. 그것이 참다운 사도의 권위라고 확신하기 때문이다. 그래서 바울은 다시 한 번 말한다. 내가 세 번째로 너희를 방문할 때 그리스도께서 자신에게 주신 권세가 있기에 마땅히 너희의 잘못을 질책할 수 있고 그렇게 하여 강한 모습을 보일 수도 있지만 그렇지 않게 되기를 바란다고 (10절).

4. 상처입은 목회자의 마지막 권면과 축도(13:11~13)

a. 상처를 극복한 목회자가 교인들에게 주는 마지막 당부 5가지(11~12절)
1) 다시 고린도 교인들을 '형제'로 부르다.
바울은 고린도후서를 마감하면서 마지막으로 그들에게 5가지 당부를 한다. 그런데 권고에 앞서 그들을 부르는 호칭이 예사롭지 않다. "형제들아!" 바울에게 고린도 교인들이 누구였던가? 그들은 바울의 사도적 권위를 의심했던 자요, 외부 침입자의 말에 홀려 바울을 문전박대했던 자들이다. 그러나 바울은 그 모든 상처를 십자가의 사랑으로 덮고 그들을 '형제'라 부른다.

2) 삶 속에 실천되기를 바라는 마음으로 주는 5가지 당부
바울의 첫 번째 권고는 '기뻐하라'였다. 바로 앞서 9절에서 바울은 자신

이 비록 약하더라도 고린도 교인들이 강할 수 있다면, 즉 그들이 복음의 진리를 따라 살아가는 온전한 자가 될 수 있다면 기뻐하겠다고 말한 바 있다. 바울의 기쁨은 항상 이런 것이었다. 자신을 통해 복음을 받은 자들이 비록 일시적으로 잘못을 범했어도, 회개하고 자신과 화해하며 복음 안에서 살아가는 것, 이것이 그의 기쁨이었다(2:3; 7:7, 9, 13, 16 참조). 그렇다면 바울의 이 권고는 고린도 교인들이 온전한 자가 되는 것에 대한 그의 믿음과 소망의 표현이라 하겠다.

둘째, 바울은 그들이 온전케 되기를 바랐다. 9절에서 그의 바램을 다시 한 번 말한다.

셋째, 바울은 그들이 위로를 받기 원했다. 하나님의 위로를 체험한 그였기에(1:4, 6), 이제 모든 아픔을 다 잊고 하나님이 그들을 위로해 주시기를 바란다.

넷째, 바울은 그들이 다시는 분열되지 않고 한 마음이 되기를 바랐다.

마지막으로, 바울은 그들 가운데 평화가 있기를 바랐다. 교인들 사이의 내분이 종식되고, 자신과 그들과의 갈등이 사라진 후 이제 평화만이 있기를 바라는 것이다. 바울은 이 일이 분명 가능할 것이라고 믿었다. 왜냐하면 그들에게는 사랑과 평강의 하나님이 함께하실 것이기 때문이다.

3) 거룩한 입맞춤을 '명령' 한 이유는?

바울은 고린도 교인들에게 거룩하게 입맞춤으로 서로 문안하라고 '명령한다.' 왜냐하면 '거룩한 입맞춤' 은 그들이 인간적인 차이와 갈등을 모두 내려놓고 그리스도 안에서 믿음의 식구가 되었음을 보여 주기 때문이다.[5] 바울은 거룩한 입맞춤을 통해 그들이 진정 하나가 되었음을 피부로 느끼기 원했던 것은 아닐까?

b. 축도로 끝맺는 바울(13절)

매주 목회자가 행하는 축도의 본문이 되는 구절이다. 고린도후서 13:13

외에도 바울은 그의 서신을 마감하면서 축도로 끝내는 경우가 자주 있다(롬 16:20; 고전 16:23; 갈 6:18; 빌 4:23; 살전 5:28; 몬 25). 그런데 대부분은 '주 예수 그리스도의 은혜'만이 언급될 뿐이다(고전 16:23에는 '나[바울]의 사랑'이 추가되어 있다). 이와는 달리 고린도후서 13:13의 축도문은 주 예수 그리스도의 은혜, 하나님의 사랑, 성령의 교통하심 등 삼위일체 하나님이 언급되는 것이 특징이다.

여기서 주 예수 그리스도의 은혜는 죄인인 우리를 위해 죽으신 십자가의 은혜를 말하고, 예수의 십자가는 우리 인간이 범죄하였음에도 불구하고 먼저 화해하신 하나님의 사랑을 보여 준다. 특별히 '하나님의 사랑'이 언급된 배경에는 바울이 자신에게 상처 준 고린도 교인들을 용서하고 그들을 사랑으로 품고자 하는 마음이 있는 것 같다. 이 은혜와 사랑을 체험한 자들에게 주어지는 성령(고후 1:22)은 우리와 교제하시며 우리를 이끄시고, 성도 간에 교제를 이루어 아름답고 거룩한 공동체를 만들어 가신다. 여기에는 고린도 교인들간에 분열이 사라지고 죄악이 일소되기를 바라는 바울의 마음이 암시되어 있다.

맺는 말

고린도후서 12:14~13:13은 사도의 진정한 권위, 진실된 목회자의 모습이 무엇인지 보여 준다. 즉 그리스도의 십자가와 부활에 따라 약함 속에서 진정한 강함을 드러내는 것이다. 바울은 여기에 참된 사도의 권위가 있음을 보여 준 사람이다. 특히 고린도후서가 삼위일체 하나님께 드리는 축도로 끝맺고 있음은 매우 의미심장하다.

바울은 자신이 세운 교회의 교인들에게서 좀처럼 아물기 어려운 상처를 받았다. 고린도 교인들이 회개하고 돌아왔다고 하지만, 여전히 그들 가운데는 악함이 온전히 일소되지 않았다. 무엇이 참된 사도의 권위인지 아직도 분별치 못하는 자들이 있었던 것이다. 그러한 교인들을 향해 바울은 축도의 손을 높이 치켜들었다. 나는 자문해본다. 나도 저들에게 축도의 손을 들 수 있는가?

주(註)

1부

1장

1. 대표적으로 M. E. Thrall, *The Second Epistle to the Corinthians* (ICC; Edinburgh: T.&T. Clark, 2 vols. 1994, 2000).
2. 고린도후서의 문학적 통일성에 대해 M. J. Harris, *The Second Epistle to the Corinthians* (NIGTC; Eerdmans, 2005)를 참조하시오.
3. 어떤 학자들은 고린도후서 6:14~7:1이 삽입되었다고 주장한다(예, H. D. Betz).
4. 고린도후서에 나오는 주요 신학적 주제들에 관해 M. J. Harris, *The Second Epistle to the Corinthians*, pp. 114~125를 참조하시오.
5. 고린도후서에 나타난 성령의 사역에 대한 상세한 논의는 Gordon D. Fee, *God's Empowering Presence: The Holy Spirit in the Letters of Paul* (Hendrickson: Peabody, Massachusetts, 1994), pp. 282~366를 참조하시오.
6. 예루살렘 교회를 위한 헌금에 대한 논의는 많은 학자들에 의해 진행되었다. H. D. Betz, *2 Cor 8 and 9: A Commentary on Two Administrative Letters of the Apostle Paul* (Hermeneia; philadelphia: Fortress, 1985); D. Georgi, *Remembering the Poor: The History of Paul's Collection for Jerusalem* (Nashville: Abingdon, 1992); J. F. Nickle, *The Collection: A Study of Paul's Strategy* (London, SCM, 1966). 보다 간략하고 유익한 논의를 위해 Harris, *The Second Epistle to the Corinthians*, pp. 87~101를 참조하시오.
7. 고린도후서에 나타난 죽음에 대한 바울의 이해에 대해 M. J. Harris, "Paul's View of Death in 2 Corinthians 5:1~10," *New Dimensions in New Testament* (eds. R. N. Longenecker and M. C. Tenney; Grand Rapids: Zondervan, 1974), pp. 317~328.

4장

참고문헌

김광수, 「바울서신 다시 읽기: 고린도후서」(은성, 1999).
바네트 폴, 정옥배 역, 「고린도후서 강해」(한국기독학생회출판부, 2002).
박익수, 「누가 과연 그리스도의 참 사도인가?」(대학기독교서회, 1999).
정규남, 「고린도후서 강해」(도서출판 엠마오, 1994).
Garland David E., *2 Corinthians* (Nashville: Broadman, 1999).
Hafemann, Scott J., *Suffering & Ministry in the Spirit* (Grand Rapids: Eerdmans, 1990).
Hughes, R. Kent, *2 Corinthians* (Wheaton, IL: Crossway Books, 2006).
Ludemann, Gerd., *Opposition to Paul in Jewish Christianity* (Minneapolis: Fortress, 1989).

Martin, Ralph P., "2 Corinthians," *WBC* 40 (Waco: Word Books, 1986).

McCant, Jerry W., *2 Corinthians* (Sheffield: Sheffield Academic Press, 1999).

Witherington III, Ben, *Conflict & Community in Corinth: A Socio-Rhetorical Commentary on 1 and 2 Corinthians* (Grand Rapids: Eerdmans, 1995).

5장

1. R. Bultmann, *Theologie des Neuen Testaments*, J. C. B. (Mohrverlag: Tübingen, 1977), pp. 191~238; 동일인, *Römer 7 und die Anthropologie des Paulus, ntl. Exegetica* (Tübingen, 1967), pp. 198~209; 동일인 *thanatos, ThWNT III*, pp. 7~25; H. Conzelmann, *Grundriss der Theologie des Neuen Testaments* (Kaiserverlag: München, 1976), pp. 195~206; E. Schweizer, *Die hellenistische Komponente, ntl. sarx Begriff, ZNW* 48 (1957), pp. 237~252; 동일인, *Die Leiblichkeit des Menschen. Leben-Tod-Auferstehung, E. Theol.* 29 (1969), pp. 40~55; 동일인, *Dying and Rising with Christ, NTS* 14 (1967/1968), pp. 1~14; E. Käsemann, "Zur Paulinischen Anthropologie," *Paulinische Perspektiven* (Tübingen, 1969), pp. 9~60; R. Pesch, *Anthropologie II, Biblische Anthropologie, SM* I, pp. 168~176; H. Hegermann, Mensch, *Theologische Realenzyklopädie, BD.* XII, 1992, pp. 481~493; P. Althaus, *Paulus und Luther über den Menschen, Ein Vergleich* (Gütersloh, 1951), pp. 31~67 등 참조.

2. G. Lohfink, *Der Tod ist nicht das letzte Wort* (Freiburg, 1978) 및 G. Greshake/G. Lohfink, *Naherwartung, Auferstehung, Unsterblichkeit* (Freiburg, 1985) 참조. 최근 국내 논문으로는 김명용, "부활의 시기와 죽은 자의 중간기에 대한 연구", 「장신논단」 13집(장신 대출판부, 1997), pp. 136~161 참조.

3. 여기에 대해서 성종현, "신약성서의 종말론", 「신약성서의 중심주제들」(장신대출판부, 1998), pp. 112~119; 김지철, 「고린도전서」, 대한기독교서회 창립100주년 기념주석(대한 기독교서회, 1999), pp. 608~611 참조.

4. 바울의 몸 사상에 대해서는 E. Schweizer, *soma, Exegetisches Wörterbuch zum Neuen Testament(EWNT)*, Bd. III (Stuttgart, 1983), pp. 770~779; 동일인, "Die Leiblichkeit des Menschen. Leben-Tod-Auferstehung," *ders., Beiträge zur Theologie des NT*, (Zürich, 1970), pp. 165~182; H. Hegermann, "Mensch," *Theologische Realenzyklopädie (TRE)*, BD. 22 (Berlin, 1992), pp. 481~493 참조.

5. 그러나 L. J. Kreitzer는 다르게 해석한다. "고린도후서 5:1~10은 헬라적 사고의 강한 특징 인 육체와 영혼의 '이원론'을 반영하기 때문에 때로는 고린도전서 15장과 대조를 이룬다고 주장되기도 한다. 고린도전서 15장은 훨씬 더 히브리적 사고의 전통 속에 서 있으며 미래 의 부활을 육체와 영혼의 '통일체'로서 제시한다." L. J. Kreitzer, 김병국 역, 「고린도후서」 (이레서원: 2000), p. 164.

6. sarx에 대해서 A. Sound, *sarx, Exegetisches Wörterbuch zum Neuen Testament (EWNT)*, BD. III, pp. 5~557; E. Brandenburger, *Fleisch und Geist. Paulus und die dualistische Weisheit(WMANT)*, BD. 29 (Neukirchen, 1968), pp. 42~58; H. H. Schrey, "Leib,

Leiblichkeit," *Theologische Realenziklopädie (TRE)*, Bd. 20, pp. 638~643. 참조.

7. "바울이 여기에서 말하는 '육의 몸'과 '영의 몸'은 한편으로는 연속성을 지니나, 다른 한편 으로는 연속성이 없다. 즉 자기 정체성 문제에서 양자는 연속성을 지니지만 그 몸의 존재 양식에서는 연속성이 없다. 하나님께서는 동일한 자기 정체성을 가진 몸에 전혀 새로운 존 재 방식에 맞는 몸인 영적인 몸을 허락하시는 것이다. 그것은 '살리는 영'이신 그리스도에 의해 창조되는 몸이다"(45절); 김지철, 「고린도전서」, 대한기독교서회 100주년기념주석(대 한기독교서회, 1999), p. 611.

8. 여기에 대해서 R. Bultmann, "Römer 7 und die Anthropologie des Paulus," *Exegetica* (Tübingen, 1967), pp. 198~209; 동일인, *Theologie des Neuen Testaments* (Tübingen, 1977), pp. 367~385, 422~445; J. Jeremias, "anthropos," *Theologisches Wörterbuch zum Neuen Testament (ThWNT)*, Bd. I, pp. 365~367; P. Althaus, *Paulus und Luther über den Menschen. Ein Vergleich* (Gütersloh, 1951), pp. 31~67; 김명용, "부활의 시기와 죽은 자 의 중간기에 대한 연구", 「장신논단」 13집(장신대출판부, 1997), pp. 140~161; 성종현, "신 약성서의 종말론", 「신약성서의 중심 주제들」(장신대출판부, 1998), pp. 107~110 참조.

9. 여기에 대해서 F. Laub, *1. und 2. Thessalonicherbrief, Die Echter Bibel*, Bd. 13 (Würzburg, 1985), pp. 34~35; 오우성, 「데살로니가전후서」, 대한기독교서회창립100주년 기념주석(대한기독교서회, 1995), pp. 185~186.; E. Käsemann, "Zur Paulinischen Anthropologie," *Paulinischen Perspektiren* (Tübingen, 1969), pp. 25 이하 참조.

10. 여기에 대해서 김판임, 「고린도후서」, 대한기독교서회 창립100주년기념주석(대한기독교 서회, 1999), pp. 132~137 참조; 그중에서도 바울의 인간관이 헬라적-이원론적 인간관 이 아닌 유대 전통 아래 있는 통전적인 인간관이라는 지적을 주목할 필요가 있다. "바울이 겉사람과 속사람이라는 이원론적인 표현을 쓰기는 하지만 그의 인간이해는 이원론적이 아니라 다른 유대인들과 마찬가지로 인간을 통전적으로 이해한다"(p. 137).
   그밖에도 C. K. Barrett, 「고린도후서」, 국제성서주석(한국신학연구소, 1986), pp. 190~193 참조.

11. 이 주제에 대해서 W. Bieder, "thanatos," *Exegetisches Wörterbuch zum Neuen Testament (EWNT)* Bd. Ⅱ, pp. 319~329; W. Dietrich/ S. Vollenweider, "Tod," *Theologische Realenziklopädie (TRE)* Bd. 33, pp. 582~600. 및 A. Peters, *Der Tod in der neueren theologischen Anthropologie, NZFST*, Bd. (1972), p. 14, 참조.

12. "어찌하여 죽는 것이 유익한가에 대해 몇 가지 견해가 있다. 1) 죽음은 고통과 근심, 모든 고난에서의 해방을 가져오므로(Palmer, Hawthorne), 2) 죽음은 그리스도를 증거할 좋은 기회이므로(Martin, Collange, Lohmeyer), 3) 죽음은 그리스도와 함께 있게 하므로 (Brine). 23절을 보아 바울은 1)과 3)을 함께 취한다." 박수암, 「옥중서신」(대한기독교서 회, 1997), p. 249.

13. "'그리스도와 함께 있는 것'은 바울이 현세를 떠나는 목적을 보여 준다. 그가 이 세상을 떠나고자 하는 이유는 고대 헬라인들처럼 영원불멸을 소원해서도 혹은 육체의 감옥으로 부터 해방받기 위해서도 아니고, 그리스도와 함께 있기 위해서였다. … 그에게서 이 세상 을 떠남과 그리스도와 함께 있는 것은 불가분의 관계에 있었다." 박수암, 「옥중서신」(대한 기독교서회, 1997), p. 251.

14. "바울이 석방이 되어 이 땅에 더 사는 것은 빌립보 교회에 유익이 된다. 그리고 이 유익 때문에 그가 사는 것이 죽는 것보다 더 유익한 것이다." 박수암, 「옥중서신」(대한기독교서회, 1997), p. 252.

15. "이 단락은 난해하기로 유명하다. … 이 단락에서는 보이는 것과 보이지 않는 것이 다루어질 뿐만 아니라 현재와 미래, 즉 속사람이 새로워지는 그때에 현존하는 그 미래가 다루어진다. … 여기서도 죽은 뒤의 삶에 관한 문제를 독특한 필치로 다룬다. 그러나 바울은 여기에서도 고린도전서 15장처럼 이 문제를 체계적으로 다루지는 않는다." C. K. Barrett, 「고린도후서」, 국제성서주석(한국신학연구소, 1986), p. 198.

16. 여기에 대해서 김명용, "부활의 시기와 죽은 자의 중간기에 대한 연구", 「장신논단」 13집 (장신대출판부, 1997), pp. 138 이하; 성종현, "신약성서의 종말론", 「신약성서의 중심 주제들」(장신대출판부, 1998), pp. 124~128 참조.

17. L. J. Kreitzer/ 김병국 역, 「고린도후서」(이레서원, 2000), pp. 161~165 참조.

18. 구약과 유대교 문헌 속에 나타난 전통적인 부활의 주제에 대해서는 H. Gese, "Der Tod im Alten Testament," *Zur biblischen Theologie* (München, 1977), pp. 31~54; P. Stuhlmacher, "Biblische Theologie des Neuen Testaments," Bd. 1 (Göttingen, 1992), pp. 166~168; G. Stemberger, "Auferstehung," *Theologische Realenziklopädie (TRE)*, Bd. 4, pp. 442~450참조.

19. 유대교의 죽음이해에 대해서는 G. Stemberger, "Tod," *Theologische Realenziopädie (TRE)*, Bd. 33, (Berlin, 2002), pp. 600~605; L. Wächter, "Spekulationen über den Tod im rabbinischen Judentum," *Kairos* 20 (1978), pp. 81~97; H. Strack/ P. Billerbeck, *Kommentar zum Neuen Testament aus Talmud und Midrasch*, Bd. Ⅲ, p. 481 이하 참조.

20. "죽음의 사건에서 자연적인 몸은 씨가 뿌려지고, 영적인 몸은 일으켜진다(고전 15:44). 그러나 씨를 뿌리는 일 뒤에 곧 일으키는 일이 뒤따르지는 않는다. 그렇다면 그 사이에는 어떤 일이 일어나는가? 이때는 기다림의 기간이다." C. K. Barrett, 「고린도후서」, 국제성서주석(한국신학연구소, 1986), p. 204.

21. 이와 다른 해석으로 김판임, 「고린도후서」, 대한기독교서회100주년기념주석(대한기독교서회: 1999), p. 150; "이같이 본문을 이해할 때 개개인의 죽음이 곧 주님과 함께하는 삶으로 이어진다고 볼 수는 없다. 곧 다가올 주의 재림에 관한 기대는 바울서신 전체에 지배적이고 … 고린도후서 본문에서도 몸을 떠난 직후, 즉 죽음 직후 주와 영원히 함께한다는 것을 의미하는 것이 아니라 주의 재림과 함께 이루어질 종말 심판이 고려되기 때문이다." 그러나 고린도후서 5:1~10 본문에는 미래적 부활과 심판사상뿐만 아니라 죽음 직후의 그리스도와의 연합 사상이 분명히 내포되어 있고(8절; 빌 1:23참조) 이러한 현상은 전통적인 낙원 사상의 맥락에서만 올바르게 풀이될 수 있다.

22. P. Stuhlmacher/ 장흥길 역, 「로마서 주석」(장신대출판부, 2002), p. 244 참조.

23. 김판임, 「고린도후서」, 대한기독교서회창립100주년기념주석(대한기독교서회, 1999), pp. 149~150 참조.

6장

1. 이것에 대한 것은 배재욱, "바울의 생명사상 I. 바울의 생명관의 문제와 그 배경에 대한 이해", 「기독교 사상」 577(2007년 1월호), p. 213을 참조하라.
2. 배재욱, "바울의 새롭게 됨 사상과 1907년 평양대부흥운동": 고린도후서 5:11~21의 '새로운 피조물'을 중심으로, 평양대부흥운동의 성경신학적 조명. 회개와 새롭게 됨, 평양대부흥운동 100주년 기념 성서학심포지엄 자료집, 한국신학정보연구원(주관), 2007.5.25, p. 330.
3. '땅에 있는 장막 집'과 '하늘에 있는 영원한 집'에 대한 설명은 박익수, 「바울의 서신들과 신학 I」(서울: 대한기독교서회, 1994), p. 166을 참조하라.
4. '그리스도 안'에 대해서는 성종현, "엔 크리스토", 「기독교사상」 373(1990년 1월호), pp. 232~239를 보라.
5. 성종현, "엔 크리스토", p. 234를 보라.
6. 배재욱, "그리스도 예수 안에 있는 생명의 성령", 「기독교 사상」 580(2007년 4월호), p. 167.
7. 배재욱, "그리스도 예수 안에 있는 생명의 성령", p. 167.
8. 이것에 대해서는 성종현, "엔 크리스토", p. 236f.를 참조하라.
9. James Denney, *The Death of Christ* (Tyndale Press, 1960), 83와 비교하라.
10. 오스카 쿨만, 김근수 역, 「신약의 기독론」(서울: 도서출판 나단, 2001), p. 216.
11. 성종현, "엔 크리스토", p. 235.
12. H. Lichtenberger, "Neuschfung und Wiedergeburt. erlegung zu ihrer eschatologischen Bedeutung im Neuen Testament," *Öfentliche Antrittsvorlesung* (unverfentlichte Arbeit), Tübingen 14.5.1986, p. 8f.를 참조하라.
13. Peter Stuhlmacher, *Der Brief an die Rer*, NTD 6, (Götingen: Vandenhoeck & Ruprecht 1998), p. 109.
14. 배재욱, "바울의 생명사상 IV. 그리스도 예수 안에 있는 생명의 성령", 「기독교 사상」 580(2007년 4월호), p. 167.
15. 이것에 대한 토론에 대해서는 김희성, 「부활신앙으로 본 신약의 성령론」(서울: 대한기독교서회, 2001), p. 137ff.를 보라.
16. 그러나 이 반대로 "영은 주다"라는 공식은 나타나지 않는다. 그리스도와 영의 관계에 대한 토론은 배재욱, "바울의 생명사상 IV. 그리스도 예수 안에 있는 생명의 성령", 「기독교 사상」 580(2007년 4월호), p. 168을 참조하라.
17. 배재욱, "바울의 생명사상 IV. 그리스도 예수 안에 있는 생명의 성령", 「기독교 사상」 580(2007년 4월호), p. 168f.
18. 배재욱, 「짤쯔부르그에서 바울에게 길을 묻다: 젊은세대를 위한 로마서 이해」(서울: 한국학술정보(주), 2007), p. 130f.를 참조하라.
19. Peter Stuhlmacher, *Der Brief an die Rer*, p. 127을 참조하라.
20. 36:26에서 하나님의 행위에 의해 성취되는 '새로운 마음'과 '새로운 영'이 비록 병렬적으로 나타나지만, 이것은 하나님이 맑은 물을 뿌리는 구원 행위에 의해 동시에 일어나는 사건이다.
21. 배재욱, "디도서 3:4~7에서의 중생($\pi\alpha\lambda\iota\gamma\gamma\epsilon\nu\epsilon\sigma\iota\alpha$)과 그의 전 역사", 「신약논단」 제12권 제4호 (2005년 겨울), 특히 pp. 929f.를 참조하라.

22. 참조. 막 14:24; 고전 11:25; 히 12:24; 13:20.

7장

1. J. Eckert, "Die Kollekte des Paulus für Jerusalem," *Kontinuität und Einheit* (Freiburg: Herder, 1981), p. 73.
2. J. Eckert, 앞의 논문 (1981), p. 73.
3. D. Lührmann, *Der Brief an die Galater* (Zürich: Theologischer Verlag Zürich, 1988), p. 39.
4. D. Lührmann, 앞의 책(1988), p. 39.
5. 박익수, 「누가 과연 참 그리스도인인가?」(서울: 대한기독교서회, 2002), p. 494. 각주 592 참조.
6. 박익수, 앞의 책(2002), p. 494.
7. 페터 슈툴마허/장흥길 역, 「로마서주석」(서울: 장로회대학출판부, 2005), pp. 400~401.
8. 페터 슈툴마허, 앞의 책 (2005), p. 403.
9. F. 랑/문병구 역, 「고린도후서주석」(서울: 성경아카데미, 2007), p. 162.
10. H. Windisch, *Der zweite Korintherbrief* (Göttingen: Vandenhoeck & Ruprecht, 1924), p. 243.
11. H. Windisch, 앞의 책 (1924), p. 243.
12. F. 랑, 앞의 책 (2007), p. 163.
13. F. 랑, 앞의 책 (2007), p. 165.
14. O. Merk, *Handeln aus Glauben* (Marburg: Elwert, 1968), p. 153. Merk 교수는 바울이 여기서 선재하신 그리스도에 대한 믿음 안에서 인간행위의 모범자로 그리스도를 제시한 다고 보았다.
15. 제임스 D. G. 던/박문재 역, 「바울신학」(서울: 크리스챤다이제스트 2003), p. 931.
16. F. 랑, 앞의 책 (2007), p. 168.
17. F. 랑, 앞의 책 (2007), p. 169.
18. 배럿트/번역실역, 「고린도후서」(서울: 한국신학연구소, 1989), p. 295.
19. H. Windisch, 앞의 책 (1924); H. D. Betz, *2 Korinther 8 und 9* (München: Gütersloh 1993). 이들은 처음 시작하는 헬라어 문구(περι μεν γαρ)를 들어서 9장의 독립성을 주장 한다. 이들은 이 두 장이 고린도와 그 주변 지역을 여행하려는 바울의 여행계획들을 제시 하는 행정서신으로 본다. 김판임, 「고린도후서」(서울: 대한기독교서회, 1992), pp. 202~203.
20. F. 랑, 앞의 책 (2007), p. 171; L. 크라이쳐/김병국 역, 「고린도후서」(서울: 이레서원, 2000), pp. 38~39.
21. F. 랑, 앞의 책 (2007), p. 174.
22. Christian Wolf, *Der zweite Brief des Paulus an die Korinther* (Berlin: Evangelische Verlaganstalt Berlin, 1989), p. 185.
23. F. 랑, 앞의 책 (2007), p. 175. 아타락시아란 스토아의 핵심개념으로서, 세상과 거리둠을

통하여 얻는 여유로움이다. 바울은 하나님 은혜의 풍성함의 상태를 이와 같이 전하며 성
도들의 이해를 도왔다.

24. D. Georgi, *Der Armen zu Gedenken* (Neukirche-Vluyn: Neukirchener Verlag, 1994),
p. 73.
25. D. Georgi, 앞의 책 (1994), p. 73.
26. K. Berger, "Charis," *EWNT* III, (1097).
27. H. Windisch, 앞의 책 (1924), p. 281.
28. K. H. Schelkle, "Jerusalem und Rom im Neuen Testament," *ThGl* 40 (1950), pp.
97~119.

참고문헌

김판임, 「고린도후서」(서울: 대한기독교서회, 1992).
랑 F./ 문병구 역, 「고린도후서 주석」(서울: 성경아카데미, 2007).
박익수, 「누가 과연 참 그리스도인인가?」(서울: 대한기독교서회, 2002).
배럿트/번역실역, 「고린도후서」(서울: 한국신학연구소, 1989).
제임스 D. G. 던/박문재 역, 「바울신학」(서울: 크리스챤다이제스트, 2003).
크라이쳐 L./김병국 역, 「고린도후서」(서울: 이레서원, 2000).
페터 슈툴마허/장흥길 역, 「로마서 주석」(서울: 장로회대학출판부, 2005).
Berger, K., "Charis," *EWNT* III (1097).
Betz, H. D., 2. *Korinther 8 und 9* (München: Gütersloh, 1993).
Eckert, J., "Die Kollekte des Paulus für Jerusalem," *Kontinuität und Einheit* (Freiburg:
Herder, 1981).
Georgi, D., *Der Armen zu Gedenken* (Neukirche-Vluyn: Neukirschener Verlag, 1994).
Lührmann, D., *Der Brief an die Galater* (Zürich: Theologischer Verlag Zürich, 1988).
Merk, O., *Handeln aus Glauben* (Marburg: Elwert, 1968).
Schelkle, K. H. "Jerusalem und Rom im Neuen Testament," *ThGl* 40 (1950), pp.
97~119.
Windisch, H., *Der zweite Korintherbrief* (Göttingen: Vandenhoeck & Ruprecht, 1924).
Wolf, C., *Der zweite Brief des Paulus an die Korinther* (Berlin: Evangelische Verlaganstalt
Berlin, 1989).

8장

1. 이 글은 필자가 「신약논단」 13권 1호(2006년 봄), pp. 111~146에 발표한 동일한 제목의 논
문을 요약한 것이다. 참고문헌이나 보다 상세한 논의에 대해서는 이 논문을 참고하라.
2. 이 논문에서 다룰 수 없는 또 다른 논쟁점은 바울의 화해 사상의 종교사적인 기원에 관한
것이다. 헬라주의 세속문헌에서 기원한 것이냐(대표자 C. Breytenback) 아니면 구약성경-
유대교의 종교문헌에서 기원한 것이냐(대표자 P. Stuhlmacher; O. Hofius)에 대한 논란은
아직도 뜨겁게 진행되고 있다. 필자의 견해로는 형식적인 차원에서는 헬라의 세속문헌에

서, 내용적으로는 구약성경-유대교의 종교문헌에서, 그리고 바울 고유의 사상적 핵심은 그의 다메섹 체험에서 형성된 것(김세윤)이라고 생각한다.

3. C. Breytenbach가 헬라의 세속적인 정치 문헌을 바울의 화해 사상의 '종교사적인 기원으로 주장하는데 가장 커다란 '문제점이 바로 이 점이다.

4. O. Hofius, "Erwägungen zur Gestalt und Herkunft des paulinischen Versöhnungsgedankens", ders., *Paulusstudien* (Tübingen: J. C. B. Mohr Paul Siebeck, 1989), p. 4.

5. Klementinische Liturgie ConstAp VIII, 12, 31.

6. 1984년과 1985년에 독일의 조직신학자 G. Wenz는 19세기와 20세기 독일 개신교 조직신학에서 논의된 화해론의 역사를 각기 약 500여 쪽에 달하는 두 권의 책으로 저술했다. *Geschichte der Versöhnungslehre in der evangelischen Theologie der Neuzeit*, 2 Bde. (München: Chr. Kaiser Verlag, 1984/1985). 물론 Wenz는 이 책에서 만족설의 원조라고 할 수 있는 11세기의 켄터베리의 안셀름이나 스콜라신학 그리고 종교개혁자들의 화해론도 간단하게 다루고 있다.

7. 안셀름의 만족설-화해론도 결국은 하나님 이해로부터 나온다. G. Wenz, 앞의 책, Bd.1, p. 47 이하 참고. 바울의 화해론도 그의 하나님 이해로부터 출발하는데, 바울의 하나님 이해는 고린도후서 5장 19절에 분명히 나타나 있듯이 "그리스도 안에 계신 하나님"이다. 십자가에서 죽으신 분은 다름 아닌 하나님 자신이다.

8. H.-J. Kraus, 박재순 옮김, 「조직신학. 하느님의 나라-하느님의 자유」(서울: 한국신학연구소 1986), pp. 336~356, 인용은 338에서.

9. O. Hofius, 앞의 책, p. 5.

10. O. Hofius, 앞의 책, pp. 6~9.

11. W. Klaiber, *Ruf und Antwort. Biblische Grundlagen einer Theologie der Evangelisation* (Stuttgart: Christliches Verlagshaus 1990), p. 66.

12. 이러한 바울의 신학과 의도는 바울 이후의 서신, 특히 목회서신에서 보다 분명한 프로그램으로 나타난다. 이단자들의 잘못된 가르침에 맞서서 바울이 '부탁한 것' 곧 바울로부터 출발한 복음을 지키는 것은 바울 이후 시대에 바울의 전통에 서 있는 모든 교회의 지도자들의 가장 중요한 사명이다. 이에 대해서는 조경철, "목회서신이 가르치는 거짓 가르침(이단)에 대한 대처 방식," 「신학과 세계」 제52호(2005년 봄), pp. 41~69, 특히 pp. 52~58 참고.

2부

1장

1. 필자에게 주어졌던 주해의 범위는 원래 2:12~13을 포함하고 있었다. 하지만 이 마지막 두 절의 주 내용이 7:5 이하로 이어진다고 보기 때문에 이 곳에서 따로 다루지 않고자 한다.

2. 그러나 이런 비난이 나오게 된 사건의 진행을 정확하게 재구성할 길은 없는 것 같다. 고린

도후서가 애초에는 여러 편의 편지였는데 보전과정에서 하나의 문헌으로 묶였을 가능성이 높기 때문에 13:1의 세 번째 방문 계획의 언급에 기초해 여기서 바울이 두 번째 방문이 이루어지고 난 뒤의 일에 대해 언급한다고 확정지을 수도 없다. 에베소에서 쓴 고린도전서의 말미에는 마게도냐를 지나 그들에게 가서 상당 기간 머물 것을 언급한다(고전 16:5~6). 반면 이곳에서는 고린도를 지나 마게도냐에 갔다가 다시 고린도에 가기로 했던 일정을 말한다(16절). 따라서 바울의 고린도 방문 숫자와 순서를 정확하게 재구성하는 일은 학술적 소명을 가진 분들에게 맡겨야 할 것 같다. 여기서는 언급된 내용의 범위 내에서 바울의 해명을 듣고 그 해명에 담긴 신학적 메시지를 조명하는 것으로 충분할 것이다.

3. 이것이 어떤 편지를 가리키는지 확정할 수 있는 길은 없다. 하지만 혹자들이 주장하듯이 바울의 자기변명, 고린도 교인들에 대한 책망의 정도가 강한 풍자, 적지 않은 경고가 담겨 있는 10~13장(13:1 참고)이 여기서 말하는 '눈물의 편지'일 가능성은 그렇게 낮지 않다.

2장

1. 바울이 적대자들에 대해 보다 더 강렬하게 반응하고, 자신의 사도직을 변증하는 부분은 10~13장이다.
2. 여기에서 사용된 "향기"라는 상징어는 승리자의 개선행렬때에 길가에 향기로운 연기를 피우는 관습을 배경으로 하는 것으로 보인다.
3. 특별한 언급이 없을 땐, 성경 본문은 개역개정판을 사용한다.
4. 일반적으로 개선행렬의 맨 앞에는 트럼펫 연주자들이, 그 다음에는 적들에게서 획득한 전리품과 포로들이, 그 다음에는 적군의 왕이, 그 다음에 승리한 로마군의 장교들이, 그 다음에는 춤추고, 연주하는 음악인들이 그리고 맨 마지막에 승리한 장군이 행진한다.
5. C. K. Barett, 「국제성서주석-고린도후서」(한국신학연구소 역, 1986), pp. 143~144.

5장

1. 보통은 "연보"라는 말을 사용하나, 여기서는 좀 더 일반적인 표현인 "구제금"이라는 말을 사용한다.
2. 자세한 연구를 위해서는 Byung-Mo Kim, *Die paulinische Kollekte*, TANZ 38 (Tübingen & Basel, 2002)를 참고하라.
3. 안디옥 사건은 그 동안에는 이방 그리스도인을 중심으로 일상생활을 해 오던 안디옥 교회로 하여금 이제는 유대 그리스도인을 중심으로 일상생활을 하게 하는 결과를 가져왔다.
4. 이전의 안디옥 교회의 구제금(행 11:29~30)과 지금의 바울 교회들의 구제금은 그 성격은 같지만, 추진한 주체가 다르다는 점에서 서로 구분되어야 한다. 바울의 구제금은 바울이 세운 교회들이 추진한 구제금을 말한다.
5. Almosen에 대해서는 Klaus Berger, *Almosen für Israel. Zum historischen Kontext der paulinischen Kollekte*, NTS 23(1977), pp. 180~204를 보면 좋다.
6. 9:11~12를 보면, 예루살렘 교회는 고린도 교회의 구제금을 받고 고린도 교회에게가 아니라 하나님께 감사한다.

7. 롬 15:31; 고후 8:4; 9:1,12,13; 행 11:29; 12:25 참조.
8. 예를 들어 H. J. Klauck, *2 Korintherbrief* (NEB. NT 8), p. 67.
9. 예를 들어 H. Windisch, *Der zweite Korintherbrief* (KEK 6), p. 246.
10. 예를 들어 R. Bultmann, *Der zweite Brief an die Korinther* (KEK. S.), p. 255.
11. 예를 들어 Chr. Wolff, *Der zweite Brief des Paulus an die Korinther* (ThHK 8), p. 168.
12. F. Blass/A. Debrunner, *Grammatik des neutestamentlichen Griechisch* (Göttingen 171990), *∬*167, 2 참조.
13. '카리스' 는 고전 16:3; 고후 8:6, 7, 19과 마찬가지로 여기서도 구제금을 지칭한다.
14. '코이노니아' 는 롬 15:26과 마찬가지로 여기서도 구제금을 지칭한다.
15. 그들이 그리스도의 복음을 받아들였다는 것은 '카리스' 를 받았다는 것과 같은 말이다.
16. 8:4의 '코이노니아' 는 교제의 선물인 구제금 자체를 가리키지만, 9:13의 '코이노니아' 는 이 구제금을 통하여 제공자들과 수혜자들 사이에 이미 형성되어 있는 것으로 드러나는 교제의 관계를 가리킨다.
17. 고린도는 아가야 지방에 속해 있다.
18. he diakonia tes leitourgias tautes(이 예배라는 봉사). 구제금의 또 다른 명칭인 이 표현의 구조는 12절 전체의 구조와도 잘 맞는다. 12a절은 물질적인 봉사인 diakonia에 대한 언급이고, 12b절은 하나님을 예배하는 leitourgia에 대한 언급이다.

6장

1. 이에 관해서는 전래적으로 두 가지 가설이 지배적이다. 하나는 Hausrath 가설로 고린도후서 10~13장이 별도의 편지로 고린도후서 1~9장을 앞선다는 이론이며, 다른 하나는 Semler 가설로 고린도후서 10~13장이 고린도후서 1~9장에 이어지지만 역시 별도의 편지로 보는 견해다. 현대의 학자들 중에도 이런 가설들을 수용, 변형시키는 사람들이 많다.
2. 이 논란과 관련하여 Thrall은 이들을 히브리인 출신의 외부인들로 본다. 그들이 외부에서부터 온 자들임은 고린도후서 11:4이 보여 주며, 그들의 유대적 배경은 고린도후서 11:22 등이 보여 준다. 참고, Margaret E. Thrall, *I and II Corinthians* (CBC; Cambridge: Cambridge University Press, 1965), p. 167.
3. Murray J. Harris, *The Second Epistle to the Corinthians* (NIGTC; Grand Rapids: Eerdmans, 2005), p. 663.
4. John Chrysostom, *The Homilies of S. John Chrysostom on the Second Epistle of St. Paul the Apostle to the Corinthians* (Oxford: John Henry Parker, 1848), p. 241.
5. 이에 관한 논의는 참고, Ralph P. Martin, *2 Corinthians* (WBC; Waco: Word Books, 1986), p. 307.
6. Martin, *2 Corinthians*, p. 309.
7. 실제로 대적자들이 예수와는 다른 인물을 '다른 예수' 로 전하였다고 보기는 어렵다. 동일한 예수를 전하면서도 그를 다르게 전하였던 것으로 볼 수 있다. 곧 예수를 율법의 준수와 연관시켜서 전하였던 것으로 보인다. 그러기에 이것은 바울이 전하였던 것과는 '다른 복음' 이 될 수밖에 없다. 이에 관한 논의를 위해서는 참고, Gordon D. Fee, "'Another

Gospel Which You Did Not Embrace': 2 Corinthians 11:4 and the Theology of 1 and 2 Corinthians," *To What End Exegesis?* (Grand Rapids: Eerdmans, 2001), pp. 245~50.

8. 여기에 대해서는 필자의 글, '그리스도인 권리의 올바른 사용: 고전 8~9장 주해와 적용', 「그말씀」 2005년 6월호, pp. 18~27 참고.

9. 고린도후서 11:28의 시작 부분에 나오는 *parektos*(외적인)는 두 가지로 읽는 것이 가능하다. 하나는 공간상 바깥에서부터의 '외적'인 것을 의미할 수도 있고, 또 하나는 문장 안에서 하나의 전환문구로서 '그밖에도'의 의미로 읽을 수도 있다. 여기서는 전자의 의미를 취한다.

10. 다메섹의 관할권이 나바테아 왕국에 넘어가 있었는지, 아니면 관할권은 여전히 로마에 속하지만 이 도시 안에서 자치권을 누리던 나바테아인들을 나바테아의 방백이 관장하고 있었는지에 관해 이견이 존재한다. 자세한 논의를 위해서는 참고, Harris, *The Second Epistle to the Corinthians*, pp. 821~822. Harris는 Burton, Bruce 등의 견해를 따라 후자의 입장을 취한다.

11. 이런 견해들에 대해서는 참고, Harris, *The Second Epistle to the Corinthians*, pp. 858~859; Martin, *2 Corinthians*, pp. 413~416.

12. 사본상 두 번째의 '*hina me hyperairomai*'가 빠져 있는 사본들이 더러 있다(ℵ* A D G 등). 그러나 다른 중요한 사본들(P46 B syr cop 등)이 이것을 포함하며, Metzger는 이것을 포함하는 본문에 B의 등급을 준다. Bruce M. Metzger, *A Textual Commentary on the Greek New Testament* (2nd edn; United Bible Societies and Deutsche Bibelgesellschaft, 1994), p. 517를 보라.

7장

1. 개역한글성경에는 '거룩한 입맞춤으로 문안하라'는 바울의 권고가 11절에 있지만, 헬라어 원문에는 12절에 있다.

2. 그렇다면 바울은 왜 마게도냐 교회들에게 물질적 도움을 받았는가(11:9) 하는 질문을 할 수 있다. 바울과 마게도냐 교회들과의 관계가 후견인-피후견인의 관계였기 때문에 물질적 도움을 받은 것은 아니었다. 바울은 마게도냐 교회 역시 자신의 영적인 자녀로 생각했다(살전 2:7~8, 11 참조). 그러나 이때도 바울은 마게도냐 교회에 누를 끼치지 않기 위해 일하면서 선교하였다(살전 2:9). 바울이 물질적 도움을 받고 그렇지 않고는 그 물질을 제공하는 교회의 신앙 수준과 상황에 따라 달라졌던 것으로 보인다.

3. 헬라어 '아카싸르시아'(ἀκαθαρσία)는 도덕적으로, 특히 성적인 면에서 타락한 상태를 가리킨다(롬 1:24; 6:19; 갈 5:19; 엡 4:19; 5:3; 골 3:5; 살전 2:3; 4:7 참조).

4. 21절의 '다시'가 '간다'를 수식한다고 볼 수도 있지만, 필자는 '낮추다'를 수식하는 것으로 해석한다.

5. 그 밖에 데살로니가전서 5:26; 고린도전서 16:20; 로마서 16:16를 참조하라. 교인들의 입맞춤이 '거룩한' 이유는 그들이 예수의 피로 거룩해진 존재기 때문이다. 또 그 입맞춤으로 표현된 일치를 이루어갈 때 그들은 거룩한 공동체가 되기 때문이다.

원어 일람표(히브리어/헬라어)

238

p. 236

파렉토스 παρεκτὸς
히나 메 휘페라이로마이
　　ἵνα μὴ ὑπεραίρωμαι
아카싸르시아 ἀκαθαρσία

* θ 는 원칙적으로 'ㅆ'로 음역했으나, 필자가 'ㅌ' 혹은 'ㄸ'를 선호한 경우 필자의 의견을 존중했습니다.
* υ 는 원칙적으로 'ㅟ'로 음역했으나, 필자가 'ㅜ'를 선호한 경우 필자의 의견을 존중했습니다.